KB111846

맹자

백성의 것을 억지로 빼앗지 마라

孟子 바른 삶에 이르는 길 ①
백성의 것을 억지로 빼앗지 마라

지은이 윤재근
펴낸이 양동현
펴낸곳 도서출판 나들목
출판등록 제6-483호
주소 136-034, 서울 성북구 동소문로13가길 27번지
전화 02) 927-2345 팩스 02) 927-3199

초판 1쇄 발행 2004년 6월 10일
초판 2쇄 발행 2014년 3월 10일

ISBN 978-89-90517-22-7 / 04150
978-89-90517-21-4(진 3권)

잘못 만들어진 책은 구입한 곳에서 바꾸어 드립니다.

www.iacademybook.com

맹자

백성의 것을 억지로 빼앗지 마라

尹在根 지음

나들목

■ 복간 서문

'인간이 이룩한 문명이 인간을 도둑질해 간 지 이미 오래다. 도둑질 당한 인간을 다시 찾아줄 수 있는 선생이 곧 성현이다. 성현은 어떤 사상(思想)의 창시자라기보다는 인생의 으뜸가는 선생이다. 삶의 지혜를 주는 분이 곧 성현인 까닭이다.'

10년 전에 《孟子》를 내면서 위와 같이 말한 적이 있었다. 지금도 그 생각은 여전하다. 맹자를 직접 만나 뵙고 말씀을 들어보면 누구나 저 나름대로 일깨움을 받을 수 있다는 생각 역시 바뀌지 않았다. 맹자를 성현(聖賢)으로 뵈면 될 일이지 철인(哲人)으로 만나야 하는 것은 아니다. 맹자는 성현이므로 그 말씀을 귀담아 듣게 되면 반드시 누구나 자신을 되돌아보고 만나보는 순간을 얻게 된다. 성현은 늘 남보다 자신을 먼저 만나 보라고 절실하게 가르쳐 준다. 이 가르침이야말로 사람이 사람으로서 살아가는 데 틀림없는 길잡이가 되어 준다.

맹자의 말씀을 성치 사상 쪽으로 무게를 두어야 하는 것은 아니다. 맹자는 무엇보다 먼저 사람이라면 당연히 사람이 되어야 함을 일깨워 주려고 한다. 맹자께서 밝혀 주는 왕자(王者)니 귀덕(貴德)이니 행인(行仁)이니 하는 말씀들은 모두 사람이 되는 길목이다.

그 길목을 벗어나지 말기를 바라는 성현의 뜻을 소중히 여기고 맹자의 말씀들을 책으로 묶었던 초심(初心)을 새삼 다짐해 두고 싶다. 성현의 말씀을 외면하는 세태가 갈수록 세차다는 느낌이 들어 그럴수록 더욱 성현의 말씀을 세상에 드러내고 싶어진다.

맹자께서는 살 만할수록 반락태오(般樂怠敖)를 두려워하라 한다. 늘 놀아나기만 하고〔般樂〕 나태하고 방자한〔怠敖〕 세상은 앞날이 어둡다는 것이다. 이를 모르면 온 천지가 노들강변인 양 먹고 놀자판 세태가 아우성친다고 한다. 지금 그런 소용돌이에 우리가 빠져든 게 아닌가 싶어 두려울 지경이다. 지금 세태는 마치 몸〔肉體〕 하나로만 살면 그만이라는 듯이 마음가짐을 소홀히하고 심하게 팽개쳐 두고 있다. 이러한 세태는 결국 소중한 삶을 소모해 버리게 하는 불행을 불러 올 뿐이다. 그 불행을 어느 누가 일깨워줄 수 있겠는가? 법치(法治)로써도 그 불행을 다잡을 수 없고, 강압(强壓)으로써도 제치지 못한다. 이런 세태를 고쳐 갈 길은 오직 성현밖에는 가르쳐 줄 분이 없다고 확신한다.

맹자께서는 그런 길을 어느 성현보다 열렬하게 터 주고 있다. 그래서 맹자의 말씀을 귀담아 듣게 되면 그만큼 자신의 삶을 소중히 갈무리할 수 있다고 확신한다. 이런 뜻을 받아들여 《孟子》를 새로 단장하고 오자(誤字)들을 말끔히 고쳐서 복간(復刊)해 준 〈나들목〉 양동현 사장님께 감사드린다.

2004년 6월

尹在根

■ 머리말

행복의 주인이 되는 길

공맹(孔孟)과 노장(老莊)의 말씀을 담아 둔 고전을 읽을 때마다 이 네 분의 성현(聖賢)을 보통 사람들의 선생으로 모셔야 한다는 생각이 들었다. 특히 70년대에 접어들면서부터 그런 생각이 부쩍 강해졌다. 그래서 성현들의 말씀을 들을 때마다 사람과 삶을 위한 지혜로 들었다.

노자(老子)와 장자(莊子), 그리고 공자(孔子)의 말씀을 듣고 보통 사람으로서 느낀 바를 책으로 묶어 냈다. 그리고 끝으로 맹자(孟子)의 말씀을 들어 두었던 것을 정리해 이렇게 묶어 내게 되었다. 네 분을 차례를 두고 만난 것은 아니다. 수시로 이분, 저분을 뵙고 사람이 되고 제대로 살아가는 방법을 새기려 했다. 맹자의 말씀은 가장 현실적으로 인간과 삶의 지혜를 비춰 주는 거울과 같다.

성현은 우리를 부끄럽게 한 다음 뉘우치게 한다. 꾸중을 한다거나 벌을 주지 않고 허물을 지었으면 벗을 줄 알면 된다고 다독거려 준다. 또한 성현은 목숨이 얼마나 성스럽고, 산다는 일이 얼마나 소중하고 위대한가를 깨우쳐 준다. 그래서 괴롭고 고통스러울수록 성현을 만나면 마음이 편해진다. 맹자가 들려주는 지혜들이 사라져 세상이 막막하고 잔인해져 간다고 보아도 된다.

인간이 이룩한 문명이 인간을 도둑질해 간 지 이미 오래다. 도둑질 당한 인간을 다시 찾아 줄 수 있는 선생이 곧 성현이다. 성현은 어떤 사상의 창시자라기보다는 인생의 으뜸가는 선생이다. 삶의 지혜를 주는 분이 곧 성현인 까닭이다.

문명이 토해 내는 지식은 날로 폭포처럼 쏟아져 인간을 지성(知性)의 화신(化身)으로 끌고 가고 있다. 성현의 지혜는 이미 멀어져 우리는 덕성(德性)을 잊어버리고 산다. 지성은 날카롭고 잔혹해 삶을 막막하게 하고 인간을 영악하게 몰아간다. 그러나 덕성은 삶을 부드럽고 너그럽게 하여 인간을 착하게 한다. 착한 인간이 되는 방법을 터득하려면 맹자를 선생으로 모시는 것이 가장 좋다. 현대 문명을 이룩하는 동시에 착해진다면 인간은 안팎으로 행복의 주인이 될 수 있다.

나는 철학(哲學)을 전공한 것도 아니고 한학(漢學)을 전공한 것도 아니다. 다만 보통 사람의 입장에서 손자가 할아버지를 뵙는 심정으로 노장(老莊)과 공맹(孔孟)을 만나며 나를 다스리는 지혜를 얻어 보려고 했을 뿐이다. 모든 대중들이 이 네 분의 성현을 선생으로 모신다면 미래를 불안해할 이유가 없을 것이라는 생각이 든다. 도둑질 당한 인간을 다시 찾아 주는 데는 위 네 분의 동양의 성현들이 말씀해 놓은 지혜들이 틀림없는 포도대장이 되는 까닭이다.

윤재근

차 례

공손추장구(公孫丑章句)

등문공장구(滕文公章句)

맹자는 누구인가

맹자(孟子)의 성은 맹(孟), 이름은 가(軻)라고 알려져 있다. 조기(趙岐)는 맹자를 밝히는 글에서 맹자를 추(鄒) 나라 사람이라고 했다. 그러나 맹자가 추 나라에서 태어났는지, 아닌지는 확실하지 않다. 추 나라는 뒷날 노(魯) 나라에 병합된 한 고을이란 설도 있지만 맹자를 노 나라 사람이 아닌 추 나라 사람으로 여겨도 무방할 듯하다.

맹자가 언제 태어나 언제 세상을 떴는지 정확히 알고 있는 사람은 없다. 일흔네 살에 졸(卒)했다고 하기도 하고, 여든네 살에 타계했다고 하기도 하며, 아흔넷이나 아흔일곱까지 수를 누렸다는 설도 있다. 이 중에서 여든넷에 세상을 떠났다는 설이 가장 타당한 것으로 받아들여지고 있다. 지금으로서는 B.C. 372년~289년 사이에 살았다는 주장이 가장 설득력 있다.

맹자의 부모가 누구였는지도 모른다. 다만 어려서 아버지를 잃고 편모 슬하에서 자랐다는 것만은 분명하다. 아들을 사랑하는 방법을 알았던 자상한 어머니 밑에서 자란 맹자의 성품은 어려서부터 천품(天稟)을 지니고 있었다고 알려져 있다. 아들을 바로 키우기 위해 어머니가 세 번이나 이사를 다녔다는 맹모삼천지교(孟母三遷之敎)는 널리 알려진 고사(故事)다. 맹자가 어머니의 따뜻한 사랑을 받고 바르게 자랐다는 사실 하나만으로도 족하리라. 맹자가 언제 어디서 태어났는지 모른다고 해서 탈이 될 것은 없다. 맹자의 생졸(生卒)과 본적지가 우리에게 무슨 문제가 되겠는가. 맹자가 남긴 《맹자(孟子)》를 읽고 새겨 그분이 곧 성현임을 알게 되는 것만으로도 충분할 것이다. 《맹자》를 읽고 맹자가 바라던 인간과 삶, 세상을 잊지 않는다면 그것만으로도 충분하다.

인간의 본성은 선(善)하다. 이것이 곧 맹자의 성선설(性善說)이다. 인간이라는 존재 그 자체가 선이라는 사상을 현실화하기 위해 맹자는 일생 동안 천하를 돌아다녔다. 그러나 맹자의 말에 귀를 기울여 준 군왕(君王)은 하나도 없었다. 선을 무자비하게 짓밟고 힘으로 밀어붙여 천하를 소유하려고 혈안이 되어 있던 군왕들이 악마처럼 설치던 전국 시대(戰國時代)에 맹자의 외침은 쇠귀에 경을 읽어 주는 꼴이었을 것이다. 그러나 맹자는 굴하지 않았다.

성선설을 천명(天命)을 꿰뚫어 보고 깨우친 성현의 선언이라고 보아도 무방하리라. 인간이란 존재가 선하다는 맹자의 선언은 인간을 믿는다는 선언이기도 하다. 맹자는 인간을 믿었기 때문에 인간을 사랑했고 인간의 행복을 그리워했다. 서로 사랑하며 바르게 살아라. 이것이 공맹의 인의(仁義)가 아닌가.

그러나 순자(荀子)의 성악설(性惡說)은 인간을 믿을 수 없다는 선언이다. 의심하면 믿음은 사라지고, 믿음이 사라지면 다스려야 한다는 방책을 세우게 될 뿐이다. 순자는 그러한 방책을 예(禮)라고 주장했다. 악하게 태어난 인간을 선하게 개조해야 한다는 순자의 성악설은 맹자를 분노하게 했다. 선하게 태어난 인간을 괴롭히는 현실이 인간을 악하게 한다는 것을 맹자는 알고 있었던 것이다.

전국 시대를 살았던 맹자, 맹자의 눈에 비친 시대는 비참하고 참담했다. 백성들은 굶주리고, 들에는 굶어 죽은 시체가 여기저기 널려 있었다. 맹자는 그것을 외면하지 않았다. 선이 굶어 죽고 악이 기세를 올리는 현실을 읽었다. 그래서 맹자는 버려 두면 잃을 것이요, 찾으면 얻을 것이라고 했다. 무엇을 잃는단 말인가? 그것은 선이다. 그리고 무엇을 찾는단 말인가? 그것 또한 선이다.

선이란 무엇인가? 본성을 따르는 것〔率性〕이 선 아닌가. 본성을 벗어나 횡포를 일삼는 치자(治者)들에게 맹자는 백성을 짓밟는 짓은 하늘의 뜻이 아니라고 따끔하게 질타한다. 맹자가 밝혀 놓은 선은 우리로 하여금 생존의 자유를, 생존의 평등을, 나아가 생존의 행복을 체험하게 한다. 이러한 체험이야말로 성현이 우리에게 베풀어 준 선물이다. 그렇게 베풀어진 선물을 열어 보라. 그 속에는 귀한 삶을 피울 수 있는 소중한 씨앗이 들어 있을 것이다.

맹자의 성선설은 천명(天命)이란 이치는 살게 하는 것이지 죽게 하는 것이 아님을 체험하게 한다. 위로 어버이를 모실 줄 모르고, 아래로 자녀를 먹여 살리는 데 부족할 만큼 궁핍하다는 맹자의 증언은 틀려먹은 세상을 맹자가 외면하지 않았다는 증거이기도 하다. 공자는 인간을 직(直)이라고 하지 않았던가. 맹자는 세상을 대하는 데 곧았을 뿐 변명하지 않았다. 궁핍한 시대일수록 부족해지는 것은 시대정신(時代精神)의 정직성이다. 맹자는 그 정직성을 통해 인간에 의한 인간의 모반을 제압하려고 몸부림쳤다.

인간이 인간임을 잊는 것보다 더한 참상은 없다. 자식이 제 어버이를 죽이고 부귀와 영달에만 눈이 멀어 있으면서도 사람들은 부끄러워할 줄 모른다. 이렇게 타락한 인간을 맹자는 고발한다. 맹자의 이러한 고발이 어찌 당대에만 그치겠는가? 지금도 그러한 타락이 점철(點綴)되고 있음을 지금 우리가 목격하고 있지 않은가. 성현의 말은 언제나 낡지 않고 살아 숨쉰다. 성현의 말은 우리의 썩은 폐부에 신선하고 싱싱한 새 바람을 불어넣어 준다. 이것은 우리에게 있어 하나의 깨우침이요, 뉘우침이다.

성현(聖賢)은 베푸는 사람이다. 마음의 씀씀이를 베풀어 주는 것을 성(聖)이라 하고, 물질의 씀씀이를 베풀어 주는 것을 현(賢)이라고 한다. 마음을 잘 쓰도록 하고 물질을 잘 쓰도록 하는 사람이 곧 성현이라는 선생이다. 맹자는 시대에 구애받지 않는 선생의 구실을《맹자》를 통해 남김없이 밝히고 있다.

인간은 선하다는 깨우침을 주는 맹자의 말은 모든 이를 뉘우치게 하는 동시에 부끄럽게 하지만 인간을 당당한 존재로 높여 준다. 매서우면서도 자상하고, 냉엄하면서도 따뜻한 어루만짐은 버릴 수 없고 벗어날 수 없는 길이 어디에 있는지를 가르쳐 준다. 남을 사랑할 줄 아느냐고 묻고 부끄러워할 줄 아느냐고 묻는다. 받들고 모실 줄 아느냐고 묻고 옳고 그름을 가림에 있어 감춘 것이 없느냐고 묻는다. 이렇게 자문하게 하는 맹자는 인간의 선생이요, 삶의 선생이며 시대의 선생이다.

사람을 바르게, 삶을 바르게 하는 길

성현의 눈에는 세상이 어미 속을 태우는 청개구리의 소굴처럼 보인다. 성현은 웃고 싶을 때는 울음을 생각하고 울고 싶을 때는 웃음을 생각하는 지혜의 빗으로 마음결을 빗어 보라고 간청한다. 항상 비단옷 차려입고 밤길을 가는 꼴을 당할지라도 성현은 빗질을 포기하지 않는다.

공자가 인(仁)을 앞세우고 의(義)를 따르게 했다면, 맹자는 의를 앞세우고 인을 따르게 한다. 아마도 공자가 살았던 춘추 시대(春秋時代)보다 맹자가 살았던 전국 시대의 인간들이 더 타락했던 모양이다. 어디 맹자의 시대만 추했겠는가. 사람이 문화를 확대하면서 탐욕스럽고 게걸스럽게 이욕(利欲)을 밝혀 온 것이 사실이다. 맹자는 의(義)가 이(利)를 제압해야 한다는 이치를 밝혀 사람을 바르게, 삶을 바르게 빗질하고 있다.

공맹의 손에 들려진 빗을 인의(仁義)라 한다면 노장의 손에 들린 빗은 자연(自然)이라 할 수 있다. 빗질하는 모습은 서로 다르지만 그것은 결국 한 점으로 통한다. 공맹과 노장을 시비(是非)의 저울이 아니라 지혜(智慧)의 저울로 단다면 모두 한 눈금에 있음을 체험할 수 있을 것이다. 그 눈금에는 아마도 이런 말이 새겨져 있을 것이다.

'바르게 제대로 살아라.'

공맹과 노장은 모두 선(善)을 확신하고 믿었다. 다만, 공맹은 그 선이 인간에게 있다고 믿었고 노장은 그 선이 자연에 있다고 믿었다. 그래서 공자는 자신을 닦으라〔修己〕 했고 맹자는 자신을 지키라〔守己〕고 했으며, 노자는 자기를 버리라〔舍己〕 했고 장자는 자기를 없애라〔無己〕고 했다. 이렇게 서로 말은 다르지만 그것은 결국 하나로 모인다.

'이욕(利欲)을 버려라.'

이(利)를 앞세우면 빼앗지 않고는 만족하지 못한다고 맹자는 분명히 밝히고 있다. 구백 냥을 가진 자가 백 냥을 가진 자를 시기하는 것이 욕심의 너울이다. 백 냥을 빼앗아 천 냥을 만들고 싶어하는 심보에는 한이 없다. 밥도 알맞게 먹어야 뱃속이 편한 것처럼 욕심이 적으면 마음이 편하다. 욕심을 사납게 부려서 불편한 것은 마땅히 받아야 하는 벌이다. 하지만 사나운 욕심 탓에 옆 사람이 불행해지고 비참해지는 경우가 있어서 문제다. 욕심이란 곧 도둑놈이다. 맹자는 무엇보다 내 속에 있는 도둑놈을 잡아 내라고 한다.

대인(大人)은 이(利)를 악으로 보고 소인(小人)은 이(利)를 선이라고 착각한다. 이(利)를 악으로 볼 줄 알면 길흉(吉凶)을 찾아내 행복〔吉〕을 누리고 불행〔凶〕에서 벗어날 수 있다. 그러나 이(利)를 선이라고 착각하면 그 길흉을 분별하지 못해 행복인 줄 알고 좇다가 불행의 늪에 빠지게 된다. 그렇게 되면 쇠고랑을 차고 감옥으로 가거나 밤잠을 설치며 불안해한다.

그대여, 편하게 살고 싶은가? 그렇다면 맹자의 가르침을 들으면 된다. '의를 앞세워라.'

그대여, 불편하게 살고 싶은가? 그렇다면 맹자의 가르침을 어기면 된다. '욕심을 사납게 부려라.'

의란 무엇인가? 맹자는 부끄럽게 하는 것이라고 한다. 어째서 부끄럽단 말인가? 나를 이롭게 하려고 남을 해롭게 했기 때문이다. 내 배를 채우기 위해 남을 굶게 했다면 그러한 짓거리를 부끄러워하라는 말이다.

도둑질을 하고 사기를 치고 부정을 저지른 썩어 버린 자신을 부끄러워하라. 그러한 뉘우침이 바로 의로 통하는 길이요, 그 길을 당당하게 걷는 이가 바로 대장부(大丈夫)다. 대장부가 천하를 다스리면 모두가 잘살게 되지만 졸장부가 천하를 다스리면 하나만 잘살뿐 아흔아홉은 굶주리게 된다. 지금 우리가 세상을 개혁하지 않으면 안 된다고 아우성치는 것도 다스리는 자리에 졸장부가 많기 때문이다.

맹자는 의를 실천하는 길을 효제(孝弟)라고 밝힌다. 효(孝)란 아랫사람이 윗사람을 받들어 모시는 마음이다. 제(弟)란 윗사람이 아랫사람을 소중한 마음으로 아끼는 것이다. 《주역(周易)》의 〈태괘(泰卦)〉와 〈비괘(否卦)〉를 보면 어떻게 하면 맹자의 효제를 가능케 할 수 있는지를 알 수 있다. 그 두 괘는 어떻게 하면 손(損)이 되고 어떻게 하면 익(益)이 되는가를 점치게 한다. 효제란 위아래가 서로 유익(有益)하게 되는 것이다.

위의 것을 덜어내 아래의 것에 보태 주는 것이 익(益)이다. 아래의 것을 덜어내 위의 것에 더해 주는 것이 손(損)이다. 윗사람이 아랫사람을 윽박지르면 효는 사라지고 아랫사람이 윗사람을 업신여기고 홀대하면 제 또한 없어진다. 인간과 인간 사이에 이러한 효제가 없다면 서로 경계하고 상대의 약점을 노려 급소를 찾아 반격하려고만 할 것이다. 우리의 삶이 매일매일 전투와 같다면 이 세상은 아마 서로가 의를 멸시하고 이만을 앞세우며 베풀 줄 모르는 삶의 씨름장이 될 것이다.

그대가 부유하더라도 너그럽게 하라. 그대가 가난하더라도 비굴하게 굴지 마라. 그대가 강하더라도 위세부리지 마라. 그대가 약하더라도 교활하지 마라. 그러면 맹자가 밝히는 의가 삶을 어떻게 바르게 하는가를 새길 수 있다.

"천하라는 넓은 집에 살면서 올바른 자리에 서고 걸림 없는 길을 걸어 뜻을 세운다면 모든 사람들과 더불어 살 것이며, 그렇지 못하다면 큰일을 하기 위해서 무서운 시련을 참고 견뎌 내야만 할 것이다."

맹자는 이렇게 대장부의 삶을 알려 준다.

뉘우칠 줄 모르고 세상을 탓하는 것은 뻔뻔한 짓이다. 뻔뻔하면 부끄러워할 줄 모르며 부끄러워할 줄 모르면 제 앞가림을 하지 못하는 법이다. 무슨 일이 잘되면 내 덕이라고 우쭐해하고 무슨 일이 잘못되면 남의 탓으로 돌릴 구실을 찾아 헤매는 소인배는 항상 제가 만든 덫에 제가 걸려 막막하고 답답해진다. 맹자라는 대장부는 이런 사실을 가르쳐 준다.

맹자는 인간을 믿는다

득실거리는 빈대를 잡기 위해 초가 삼간을 태울 수는 없다. 마찬가지로 빈대 같은 인간들이 득실거리는 현실이지만 그 현실을 부정하면 인간은 살 곳이 없다. 노장은 더럽고 추한 인간 세상을 버리고 늘 깨끗하고 맑은 자연의 천하로 돌아가라고 한다. 하지만 공맹은 삶의 거리가 더럽고 추하면 쓸고 닦아 내어 거기서 살아야 한다고 한다.

밭에 심은 곡식이 잘 자라지 않을수록 김을 매주고 북을 주고 거름을 주어야 한다. 곡식이 잘 자라지 않는다고 해서 팽개쳐 두면 농사는 영영 그르치고 말 뿐이다. 인생이란 밭을 가꾸어야 그 속에 사는 인간들이 틈실해질 것이 아닌가.

무익(無益)하다고 내버려두는 사람은 김을 매 주지 않는 사람이다. 무리해서 잘되게 하려는 사람은 싹을 뽑아 버리는 자이다. 그러나 이런 짓은 무익할 뿐만 아니라 오히려 해치는 짓이다. 여기서 맹자의 가르침이 어떻게 이루어져 있는지를 알 수 있다.

여물고 탐스런 열매를 맺으려면 내 속에 기생하는 잡초를 뽑아내야 한다. 나를 버려두면 내가 나를 잃을 것이요, 나를 찾는다면 내가 나를 얻을 것이다. 맹자가 나를 지키라〔守己〕고 한 것은 결국 이를 두고 한 말이다.

욕망이 넘치는 지금 세상에서 성취하면 그만이지 선악이 어디 있냐고 빈정대는 사람은 분명 맹자의 말을 듣기가 거북할 것이다. 욕망을 향해 달리는 전차에서 내려오기가 여간해서는 쉽지 않을 것이기 때문이다. 그러나 그 전차가 궤도를 따라 달린다고는 여기지 마라. 욕망이라는 전차에는 궤도가 없다. 마구 치달을 뿐 속도를 조절할 줄은 모른다. 빛을 탐해 날아드는 하루살이는 결국 미친 듯이 치닫다가 제 몸을 태우고 만다. 이제는 마구 치닫는 욕망의 전차에 제동 장치를 주는 맹자를 만나야 한다.

마음을 수양하는 데 있어 욕망을 줄이는 것보다 더 좋은 것은 없다. 사람 됨됨이에 욕망이 적으면 본심을 잃어버리는 경우가 있다 해도 그 정도가 심하지 않다. 그러나 사람 됨됨이에 욕망이 넘치면 그 본심을 보전할 수 있다 해도 보전하는 정도가 미약하다. 이렇게 말하는 맹자 앞에서 숙연해진다면 다행이다. 그런 사람은 그나마 욕망이란 전차에 스스로 제동 장치를 마련할 수 있는 까닭이다.

맹자는 욕망의 전차를 멈추게 하는 제동 장치를 '성찰(省察)하라'는 말로 대신한다. 성찰은 명(明)을 근본으로 삼고 지(智)를 말단으로 삼으라는 뜻이다. 명(明)은 내가 내 자신을 알아보는 것이요, 지(智)는 내 바깥 것들을 알아보려는 것이다. 남은 알려고 하면서 자기 자신은 돌이켜 살필 줄 모른다면 성찰은 불가능하다. 성찰은 곧 존심(存心)이다.

존심이란 무엇인가? 내가 내 마음을 가다듬어 살피는 것이다.

그렇게 하면 성찰은 절로 이루어지고 마음속은 밝아진다.

남을 아끼는 데 있어 남이 가까워지지 않으면 자신의 인자함이 철저하지 않은가를 되살펴 보라. 남을 다스리는 데 있어 다스려지지 않으면 지혜가 모자라지는 않은지 반성해 보라. 남을 예(禮)로써 대함에도 불구하고 반응이 없다면 공경하는 마음이 성실하지 않은가를 반성해 보라. 행해서 기대했던 것을 얻지 못했다면 그 원인을 자신에게서 찾으려고 노력해 보라. 자기 자신이 올바르면 천하는 자신을 향해 돌아온다. 이처럼 맹자는 자기 완성(自己完成)을 철저하게 하라 한다.

자기 완성은 자기 자신을 스스로 살펴보는 데서 출발한다. 이는 곧 마음속에 스스로를 들여다볼 수 있는 거울을 걸어 두라는 뜻이다. 나를 밝게 보려면 내 속에 걸어 둔 거울이 깨끗해야 한다. 성찰은 나를 닦아 주는 비누도 되고 내게 묻어 있는 먼지를 털어 내는 먼지떨이도 된다. 똥 묻은 개가 겨 묻은 개를 흉보는 것은 성찰할 줄 모르기 때문이다.

성찰하라. 그러면 나에게 선생 아닌 것이 없다. 한 우물을 파듯이 나를 살펴라. 그러면 든든한 사람이 된다.

목마르면 우물을 파라. 아홉 길을 파도 물이 나오지 않는다고 푸념하지 마라. 열 길을 파고 스무 길을 파더라도 물이 나올 것을 확신하라. 이런 뜻에서 맹자는 이렇게 말했다.

"우물을 아홉 길이나 파도 샘물이 나오는 데까지 이르지 못했다면 그것은 우물 파기를 포기한 것과 같다."

바르고 제대로 살기 위해서는 태어나 철들 무렵부터 죽을 때까지 한 우물을 파야 한다. 그렇게 파야 하는 우물을 성찰이라고 한다. 장자는 잊어야 할 것은 기억하고 잊지 말아야 할 것은 잊어버리는 것을 성망(誠忘)이라 했다. 성망이 욕심사나운 나를 잊어버리라는 말이라면, 성찰은 욕심을 줄여서 잃어 가는 나를 찾아내라는 말이다. 성망을 깨우치면 그것이 곧 성찰 아니겠는가.

성찰하는 사람은 남을 탓하지 않는다. 왜 맹자는 우리에게 남을 탓하지 않는 사람이 되라고 했을까? 제 욕심을 채우려고 하다가 안 되면 남의 탓으로 돌리고 원망하는 자를 누가 믿겠는가? 누구나 선하면 믿고 악하면 의심한다. 맹자는 이러한 인간의 성정(性情)을 믿었다.

밉든 곱든 인간은 귀하다. 노자도 인간은 길가에 버려진 헌 짚신짝처럼 거덜날 수 있지만 인간은 천지만큼 크다고 보았다. 하늘도 땅도 사람도 크다는 것이다. 이렇게 귀한 존재로 태어난 인간이 자기 스스로 누추하고 너절해지는 것보다 더한 모멸은 없다. 인간은 스스로 위대해질 수 있다. 그렇게 할 수 있는 지렛대가 곧 공맹의 인의(仁義)다.

인간이여, 사랑하는 방법을 잊지 마라. 빼앗지 마라. 베풀어라. 그러면 모든 사람의 마음에 사랑〔愛〕이 자리잡고, 옳지 못함을 부끄러워하는 마음〔義〕이 자리잡아 누구나 주경(主敬)의 뜰에서 시(是)를 취하고 비(非)를 버리며 살 수 있을 것이다. 맹자는 이러한 인간의 성품을 믿었다. 인간을 믿었으므로 천하도 믿었다. 그래서 천하를 더럽히고 어지럽히는 무리들을 찾아가 인간이 왜 선한 존재인가를 알려 준 것이다.

양혜왕장구 상
梁惠王章句 上

■ 양혜왕장구 상(梁惠王章句 上)에 대하여

〈양혜왕장구 상〉은 모두 일곱 개의 장으로 이루어져 있다. 1장에서 5장까지는 맹자와 위(魏) 나라 혜 왕(惠王)이 만나 대담한 내용이고, 6장은 위(魏) 나라 양 왕(讓王)과의 대담 내용이다. 그리고 7장(七章)은 제(齊) 나라 선 왕(宣王)과 만나 나눈 대담이다.

양 혜 왕(梁惠王)은 위 나라의 왕이었다. 성은 위(魏)이고 이름은 위영(魏瑩)이었으며 혜(惠)는 사후에 붙여진 이름이다. 위(魏)는 혜 왕 때 지금의 하남 성(河南省) 개봉(開封) 지방이었기 때문에 양(梁)으로 불린다. 양 왕(讓王)은 혜 왕의 아들로, 혜 왕이 죽은 뒤 왕이 되었다. 이름은 혁(赫)이었고 양(讓)은 사후에 붙여진 이름이다.

제 선 왕(齊宣王)은 제 나라의 왕이었다. 성은 전(田)이고 이름은 벽강(僻疆)이며 선(宣)은 사후에 붙여진 이름이다. 제는 후자국(侯爵國)이었지만 스스로를 왕이라고 칭했다. 전화(田和)가 연강(姜) 씨 문벌로부터 제 나라를 찬탈하여 제는 전 씨의 나라가 되었는데, 선 왕(宣王)은 전화의 증손자였다.

맹자는 〈양혜왕장구 상〉을 통해 전쟁을 일삼고 천하의 패자(覇

者)가 되기 위해 애쓰는 세 왕을 만나 패도(覇道)를 버리고 왕도(王道)로써 왕 노릇을 하라고 간언하고 있다.

패도는 힘만 믿고 천하를 소유하려고 한다. 그러나 왕도는 어진 마음으로 천하를 삶의 둥지가 되게 한다. 패자(覇者)는 자신의 야심을 충족하려고 학정(虐政)으로 세상을 시름하게 하고, 왕자(王者)는 백성이 더불어 평등하게 살아갈 수 있는 박애(博愛)로 다스림으로써 펼쳐 간다. 패자가 악이라면 왕자는 선이다. 이 장구(章句)는 정치의 선악(善惡)을 분간할 수 있게 하는 동시에 욕망의 동물인 인간을 어떻게 다스려야 하는지를 살펴보게 한다.

어찌 이(利)를 앞세우는가

맹자가 위(魏) 나라의 혜 왕(惠王)을 만나게 되었다. 맹자를 만난 혜 왕은 이렇게 물었다.

"내 나라를 이롭게 하는 것이 또 있습니까〔亦將有以利吾國乎〕?"

또 있느냐는 혜 왕의 말투〔亦〕로 미루어 보아 허다한 논객들이 찾아와 나라를 이롭게 하는 달콤한 방책을 구슬려 주고 갔던 모양이다. 이익을 따지는 사람은 달콤한 말만 받아들이고 거슬리는 말은 뱉는 법이다. 그런 사람은 단 것은 입맛을 앗아가고 쓴 것은 약이 된다는 이치를 모른다.

혜 왕의 말에 맹자가 맞장구쳤을 리 없다. 맹자는 이(利)라는 것이 얼마나 인간을 아프게 하는지를 알고 있었기 때문이다. 이에 맹자는 다음과 같이 거침없이 맞받았다.

"어찌 하필이면 이익을 말하는 것입니까〔何必曰利〕? 오히려 사랑하는 것과 부끄러워하는 것이 있을 뿐입니다〔亦有仁義而已矣〕."

적당히 신경을 거슬리게 하지 않고 단호하게 절단내는 말투〔已矣〕에서 맹자의 위엄이 선연하게 드러난다.

조랑말은 머리맡에 달아 놓은 당근이 먹고 싶어서 힘겨운 짐을 지고 허덕인다. 이(利)는 그런 당근처럼 사람을 유혹한다. 낚싯바늘에 걸려 있는 미끼에 미늘이 숨겨져 있는 것을 모르고 한입에 덜컥 미끼를 물어 버린 물고기는 낚시꾼의 횟감으로 전락하고 만다. 이(利)에는 미늘이 숨겨져 있어서 이익만 좇다 보면 험한 함정에 빠지고 만다.

그러나 혜 왕은 맹자의 단호함에 어줍어 했을 것이다. 인의(仁義) 따위로 어떻게 나라를 이롭게 할 수 있겠냐는 표정을 지었을 것이다. 하지만 맹자는 이(利)를 밝히면 나라가 이로울 수 없음을 단호하고 조리 있게 부언해 준다.

"임금이 어떻게 하면 나라를 이롭게 할 수 있을 것인가를 말하면, 신하는 어떻게 하면 제 문중을 유익하게 할 것인가를 생각할 것이고, 백성들은 어떻게 하면 자신을 유익하게 할 것인가를 생각하게 됩니다. 위아래가 이익 다툼을 벌이면 나라는 위태로워지고 말 뿐입니다."

이(利)는 욕(欲)의 밥과 같아서 아무리 먹어도 배가 부르지 않은 법이다. 결국 이는 사람을 헛배부르게 하여 자신을 위태롭게 하고 세상을 위태롭게 한다는 것을 맹자는 혜 왕에게 직언하고 있는 셈이다. 그런 다음 맹자는 인의로 나라를 다스리면 왜 나라가 이롭게 되는가를 혜 왕에게 말해 준다.

"만일 의를 뒤로하고 이를 앞세운다면 빼앗지 않고서는 아무도 만족하지 못하게 될 것입니다. 어질면서도 제 어버이를 버린 자는 아직 없었고, 의로우면서도 제 왕을 배반한 자는 아직 없었습니다. 왕께서도 다시 한번 인의를 생각해야지 왜 이를 말하는 것입니까?"

혜 왕은 맹자의 이 말을 듣고 부끄러워했을까? 모를 일이다. 오히려 못마땅하게 여겼을 수도 있다. 땅을 넓혀 천하를 틀어쥐기 위해 백성의 목숨을 파리처럼 여겼던 군왕들이 아닌가? 전국 시대의 군왕들이 맹자의 말을 귀담아 들었더라면 야망과 야심과 욕망 때문에 세상을 피로 물들이지는 않았을 것이고, 권문세도가들이 백성을 후리지는 않았을 것이다. 맹자가 지금 와서 집권자를 만나 혜 왕에게 했던 말을 그대로 다시 반복한다고 해도 아마 달라지는 것은 없을 것이다.

의리(義理)를 분별하는 순간 나는 현명해질 수도 있고 멍청해질 수도 있다. 옳지 못한 이익이 손해만 못하다는 것을 살필 줄 안다면 내가 추해질 리 없고 내 인생이 더러워질 까닭이 없다.

위아래가 서로 이익을 취하려고 다투면 나라가 위태롭다[上下交征利而國危矣].

만일 의를 뒤로하고 이를 앞세운다면 빼앗지 않고서는 만족하지 못할 것이다[苟爲後義而先利 不奪不饜].

어질어야 즐길 수 있다

맹자가 늪 근처에 서 있는 혜 왕을 만났다. 위에서는 기러기와 고니가 떼지어 노닐고 늪가에서는 사슴이 풀을 뜯고 있었다. 그 모습을 바라보던 혜 왕이 어진 사람도 이런 것들을 즐기느냐고 맹자에게 물었다. 이에 맹자가 대답했다.

"어진 사람이 된 뒤에야 이런 것들을 즐길 수 있습니다. 어질지 않은 사람은 비록 이런 것을 가지고 있다 해도 즐기지 못합니다."

어진 사람은 소유하지 않는다. 어진 사람은 무엇을 지니고 있더라도 그것을 맡아서 보관해 둔 것 정도로 여긴다. 현자(賢者)는 무엇이든 맡아서 소중히 간직해 둘 뿐 제 것으로 독차지하려고 하지 않는다. 소유하면 불편해지는 법이다. 도둑맞을까 봐 불안하기 때문이다. 마음이 불안하면 아무것도 즐길 수 없다. 즐기려면 먼저 마음이 자유로워야 한다. 무엇이든 소유하려고 하면 마음속은 부자유(不自由)를 짊어져야 한다.

맹자는 혜 왕에게 이렇게 밝힌 다음 다시 문 왕(文王)의 옛 일을 말해 주었다.

"문 왕은 백성의 힘으로 대(臺)를 만들고 못을 만들었습니다. 백성은 그것들을 기뻐하고 즐겼지요. 그 대를 영대(靈臺)라 이름 지었고 그 늪을 영소(靈沼)라고 불렀답니다. 영대에서는 사슴들이 뛰어놀았고, 영소에서는 물고기와 자라들이 노닐었답니다. 옛 사람들은 백성과 더불어 함께 즐겼습니다. 그래서 능히 즐길 수 있었던 것입니다."

천하의 폭군(暴君)을 대라면 많은 사람들이 은(殷) 나라의 주왕(紂王)을 든다. 백성을 못살게 굴면서도 자신은 호사의 극치를 누렸던 주 왕은 상아로 젓가락을 만들어 음식을 들었다. 폭군 노릇을 그만두라고 직간하는 숙부 비간(比干)의 심장을 갈기갈기 찢어 강물에 던졌던 주는 천하를 제 것인 양 착각한 탓에 야수처럼 굴었던 것이다. 백성은 굶주리고 있는데 자기 혼자만 호화로운 궁궐 안에서 호사를 부렸다.

호사하지 마라〔去奢〕. 호사는 사치(奢侈)를 좋아해 소유의 과시로 통한다. 그러한 과시욕은 분간할 줄 몰라 한이 없고 나눌 줄을 모른다. 그래서 사람을 미치게 만들고야 만다. 어진 사람은 거사(去奢)를 삶의 지팡이처럼 생각한다. 주(周) 나라 문 왕은 거사해야 하는 이유를 알았던 선한 임금이다. 선한 임금은 백성과 더불어 즐기고, 악한 임금은 백성을 등지고 자기 혼자만 호사를 부린다.

맹자는 왜 혜 왕에게 문 왕의 고사를 말해 주었을까? 아마도 성군(聖君)과 폭군(暴君)의 차이를 혜 왕으로 하여금 헤아려 보게 하려는 뜻에서 그랬을 성싶다. 불가(佛家)의 유마거사(維摩居士)에게 왜 병들어 아프냐고 물었다. 이에 유마거사는 온 백성이 병들고 아프니 나도 병들고 아프다고 했다 한다. 유마거사의 경지가 곧 즐기는 경지인 것이다. 서로 행복을 나눈다고 즐거운 것은 아니다. 불행도 서로 나누면 즐거운 법이다. 그래서 즐기는 것은 쾌락이 아니다.

어질어야 즐길 수 있다. 인(仁)의 보람이 곧 낙(樂) 아닌가. 어질다 함은 베풀고 돕고 어루만져 주는 마음의 근원이다. 쾌(快)는 그 낙을 독점하고 탕진하는 외곬으로 빠져 버린다. 낙을 소유로 생각하면 혼자서 지나치게 탐닉하게 되고, 그렇게 되면 자기 스스로 방탕해진다. 방탕하면 포악한 울안에 갇히기 쉬워 더러운 흔적을 남기게 된다.

나는 내 인생에서 폭군이 될 것인가, 성군이 될 것인가? 맹자의 말은 이렇게 스스로 자문하게 한다.

맹자는 문 왕의 고사로만 멈추지 않는다. 혜 왕으로 하여금 자신을 돌이켜 보게 하는 무서운 말을 계속해서 던진다.

"'이 해는 언제 없어지는가? 나는 너와 함께 죽겠다.' 《서경(書經)》의 〈탕서(湯書)〉에 보면 이런 대목이 나옵니다. 백성이 함께 죽기를 바란다면 대와 못과 새와 짐승이 있다 한들 어찌 혼자서 즐길 수 있겠습니까?"

〈탕서〉는 은 나라를 세운 탕 왕(湯王)이 하(夏) 나라의 폭군이었던 걸(桀)을 정벌하기 위해 나갈 때 밝힌 선언문이다. 주 왕에 버금가는 걸은 스스로 자신을 하늘에 있는 해와 같다고 호언했다. 백성이 봉기하려는 것을 본 걸은 이렇게 말했다.

"이 해가 언제 없어진 적이 있었느냐? 만일 해가 없어진다면 나와 너 모두가 없어질 것이다."

걸은 이렇게 낯짝 없는 폭군이었다. '해'는 곧 걸 자신을 말한다. 이렇게 목숨을 던진 백성 앞에서 임금 따위는 조각난 쪽배에 불과할 뿐이다. 조선조(朝鮮朝)의 남명 조식(曺植, 1501~1572) 선생도 임금이 쪽배라면 백성은 강물이라고 직언했다.

맹자의 말은 들은 혜 왕은 기분이 어땠을까? 아마도 간담이 서늘해졌을 것이다. 어질지 못하면 세상을 다스릴 생각을 버려야 하고 삶이 행복하기를 바라지 말아야 한다. 인생을 소유욕의 씨름판처럼 생각하는 사람이 있다면 스스로 감옥을 만들어 옥살이를 해야 한다. 이 얼마나 딱하고 어리석어 막다른 골목으로 치닫는 꼴인가.

그대여, 삶의 숨통을 터라. 그러려면 어질어야 한다. 어질면 삶을 더불어 즐길 수 있다.

맹자는 이러한 지혜를 우리로 하여금 새기게 한다.

어진 사람이 된 다음에야 즐길 수 있다[賢者而後樂].

백성과 더불어 다 함께 즐길 수 있어야 능히 즐길 수 있다[與民偕樂故能樂].

해(偕)는 '함께, 다 같이'라는 뜻이다.

이 해는 언제 없어지려나? 내 너와 함께 죽으리라[時日害喪 予及女偕亡].

시일(時日)의 시(時)는 시(是)와 통한다. '이 해'란 뜻이다.

여(予)는 1인칭 '나', 여(女)는 2인칭 '너'이다.

왜 백성이 늘지 않는가

혜 왕이 맹자에게 실토했다.

"나는 나라에 있어서는 마음을 다할 뿐이오. 하내(河內)에 흉년이 들면 백성을 하동(河東)으로 이주시키고, 하동에 흉년이 들면 하내로 옮기지요. 그런데 이웃 나라의 정치를 보면 나처럼 마음을 다하는 것 같지 않은데 이웃 나라의 백성은 더 줄지 않고 내 나라의 백성은 더 늘지 않으니 무슨 연유요?"

혜 왕은 배만 부르게 하면 다 되는 줄 알았다. 사람은 굶어서도 안 되지만 마음이 불편하거나 불안해서도 안 된다. 다스린다는 것은 안인(安人)이다. 모든 사람을 편안하게〔安人〕 해 주지 못하면 다스리는 일은 언제나 흠을 남긴다.

혜 왕의 실토를 듣고 맹자는 이렇게 풀어 준다.

"왕께서 전쟁을 좋아하시니 전쟁을 예로 들어 말씀드리겠습니다. 북을 둥둥 울려 무기와 날을 접하게 되자 장병들이 갑옷을 벗어 버리고 병기를 들고 달아났는데, 어떤 자는 오십 보를 도망치고 어떤 자는 백 보를 도망쳤다고 합니다. 이때 오십 보를 도망친

자가 백 보를 도망친 자를 비웃는다면 어떻겠습니까?"

이 말을 들은 혜 왕이 말했다.

"안 되오. 다만 백 보를 도망친 것이 아닐 뿐 오십 보 역시 달아난 것 아니오?"

이에 맹자는 이렇게 잘라 말했다.

"왕께서 그 점을 아신다면 백성이 이웃 나라보다 많아지기를 바라지 마십시오."

제 야망을 이루기 위해 전쟁을 마다하지 않는 자도 있고, 공을 세워 부귀영화를 누리기 위해 전쟁을 마다하지 않는 장군도 있다. 전쟁을 일삼는 집권자 밑에 어찌 백성이 붙어 있을 것이며, 공 다툼에 혈안이 된 장군 밑에 어찌 병졸이 뭉쳐 있겠는가? 제 탐욕을 채우기 위해 물불을 가리지 않고 다툼을 일삼는 사람은 어디를 가나 외톨이가 되고 따돌림을 당하게 마련이다. 전쟁을 좋아하는 혜 왕은 제 영토를 넓히는 데만 진력을 다했을 뿐 백성을 편안하게 하는 데는 등한했다. 맹자는 바로 이 점을 따끔하게 꼬집어 준 것이다.

삶은 다툼이 아니다. 그것은 서로 베풂이요, 나눔이다. 다툼으로 결판내는 전쟁은 삶을 조각낼 뿐 조금도 보탬이 되지 않는다. 전쟁을 치르고 나면 흉년이 들고 굶어 죽는 자들이 들을 덮는다. 왜 이런 일이 벌어지는가? 사람들이 불안해서 일할 생각을 하지 않는 까닭이니.

또한 맹자는 혜 왕에게 전쟁을 좋아하지 말라고 하면서 이렇게 경고했다.

"때를 놓치지 않고 농사를 지을 수만 있다면 양식을 다 먹을 수 없을 것입니다."

제때에 한 알의 씨앗을 심어 잘 가꾸어 거두면 그 씨앗은 백 톨이 넘는 이삭을 돌려준다. 그러나 강제로 끌려나가 부역을 하면 농사철을 놓치고 들녘은 잡초 밭이 되고 만다. 그러면 백성은 굶어야 한다.

"촘촘한 그물을 웅덩이나 못 속에 넣고 그물질하면 물고기와 자라를 먹을 수 없습니다."

한 술에 배부르고 한 걸음으로 천 리를 가려고 하는 영웅호걸들은 평지 풍파를 일삼는 돌개바람과 같다. 단칼에 해치우려는 야심은 탐욕의 촘촘한 그물을 치는 수작과 같다. 촘촘한 그물로 물고기를 그물질한다면 잔챙이까지 다 끌어올리게 될 것이고, 그렇게 되면 물고기는 씨가 마를 것이다. 어린 물고기는 남겨 두고 먹을 만큼만 잡아야 두고두고 물고기를 먹을 수 있다. 자연은 성긴 그물이지만 하나도 흘리지 않는다. 못 속에 어린 물고기가 남았다고 안절부절못하며 씨를 말리지 마라. 전쟁이란 인간의 씨를 말리는 불장난이 아닌가?

"다섯 이랑의 터에 뽕나무를 심으면 오십 대의 사람들이 명주옷을 입을 수 있습니다. 닭이나 개, 돼지 등의 가축이 번식할 시기를 놓치지 않는다면 칠십 대의 사람들도 고기를 먹을 수 있습니다. 백 이랑의 밭에 농사지을 때를 빼앗지 않는다면 여러 명의 식솔을 가진 가정이 굶지 않게 되고, 교육을 제대로 하면 반백이 된 자들이 이고 지고 다니지 않아도 됩니다. 칠십 대의 사람들이 명주옷을 입고 고기를 먹고 백성들이 굶주리지 않고 춥지 않게 사는데도 왕 노릇을 못한 사람은 아직까지 없었습니다."

맹자의 이 말은 노자의 말을 떠올리게 한다.

"나라를 다스릴 때는 작은 생선으로 국을 끓이듯이 하라."

행복은 사소한 데서 움을 틔우고 싹을 돋게 한다. 거창한 것을 내걸고 수수하고 소소한 삶을 파괴하면 삶은 흉년을 맞아 아프게 된다.

"개돼지가 사람의 양식을 먹어 치워도 거둬들일 줄 모르고, 사람이 굶어 죽어도 내가 한 것이 아니라 흉년이 한 것이라고 한다면 사람을 죽여 놓고 내가 한 것이 아니라 무기가 했다고 하는 것과 무엇이 다르겠습니까? 왕께서 흉년을 탓하는 일이 없다면 천하의 백성이 모여들 것입니다."

전쟁을 일삼는 나라에는 흉년이 밤낮처럼 찾아든다. 흉년이 들어 굶어 죽는 땅은 어느 누구도 좋아하지 않는다.

혜 왕은 전쟁 탓에 흉년이 잦았던 까닭을 몰랐던 모양이다. 맹자는 혜 왕에게 그 점을 남김 없이 일러 주었으니 굶주리는 백성의 편에 서서 왕을 나무랐던 셈이다.

성현은 임금의 구미에 맞추지 않는다. 백성을 생각하고 모든 사람의 행복을 생각할 뿐이다.

농사지을 때를 어기지 않으면 곡식을 이루 다 먹을 수 없다[不違農時穀不可勝食也].

살아 있는 사람을 잘 길러 주고 죽은 이를 잘 장사 지내는 데 서운함이 없게 하는 것이 왕도의 첫걸음이다[養生喪死無憾王道之始也].

백성이 굶주리지 않고 춥지 않게 하고도 왕 노릇을 못한 사람은 아직까지 없었다[黎民不飢不寒 然而不王者 未之有也].
여(黎)는 '무리[衆]' 로 통한다.
기(飢)는 '굶주리다' 는 뜻이다.

백성을 굶주리게 하지 마라

맹자의 바르고 꼿꼿한 말을 듣고 혜 왕도 느낀 바가 있었던 모양이다. 혜 왕은 맹자를 바라보며 이렇게 간청했다.

"원하건대 가르침을 받자옵고 싶습니다."

이에 맹자는 거침없이 응해 주었다.

"성현은 배우고 싶어하는 자에게 인색한 법이 없습니다. 나아가 배우는 데에도 성현은 때와 장소를 가리지 않지요. 모르면 배우고, 아는 것은 남김없이 베푸는 성현의 마음은 참으로 인간의 등불입니다."

그러면서 맹자가 혜 왕에게 물었다.

"사람을 몽둥이로 죽이는 것과 칼로 죽이는 것이 서로 다릅니까?"

"다른 점이 없습니다."

"칼로 죽이는 것과 정치로 죽이는 것은 다른 점이 있습니까?"

"다른 점이 없습니다."

이처럼 맹자의 물음은 간명하고 그 비유 또한 천하일품이다.

이와 같은 문답을 대하면 시비의 가늠이 분명해진다. 진실은 시비를 분명히 하고 허위는 시비를 얼버무려 빠져나갈 구멍을 찾는다. 그래서 진실하면 당당하고 거짓되면 추잡스러워지는 것이다.

"주방에는 살진 고기가 있고 마구간에는 살진 말이 있지만 백성은 굶주린 기색이 돌고 들에는 굶어 죽은 시체가 있다면 이것은 짐승을 몰아다가 사람을 잡아먹게 하는 짓입니다."

맹자가 혜 왕에게 들려준 이 이야기는 썩은 정치를 질타하고 있다. 이러한 참상은 《춘향전》에도 나온다. 이 도령은 변학도의 술상은 질편하지만 남원 고을 백성들은 피를 말리며 허리띠를 졸라매야 했음을 비유하여 노래로 불렀다. 장자도 정치가 썩은 양고기덩이처럼 되면 백성이 굶주린다고 했다. 정치가 주방의 살진 고기처럼 되고 마구간의 살진 말이 전쟁의 수단으로 쓰일 때 죽어나는 것은 백성이다. 맹자는 이를 질타했으니 백성의 편에서 보면 맹자는 영원한 양심이다.

백성을 굶주리게 하면서 야욕을 채우려 해서는 안 된다는 맹자의 말은 노자의 정치관과도 통한다. 정치란 무엇인가? 이에 대해 노자는 '마음을 비우고〔虛其心〕 배를 부르게 하는 것〔實其腹〕'이라고 했다. 누구의 마음을 비워야 한단 말인가? 치자, 즉 다스리는 자의 마음을 비워야 한다는 것이다. 누구의 배를 부르게 한단 말인가? 백성의 배를 부르게 해야 한다는 것이다. 그러나 백성이 어렵게 낸 세금을 정치가 착복한다면 정치는 도둑이 되고, 치자는 장물아비가 된다. 맹자는 이를 뜯어고치기 위해 현실을 외면하지 않았다. 그러므로 맹자는 영원한 양심이다.

인간은 쓰고 마는 물건이 아니다. 인간의 존귀함을 모른다면 왕 노릇을 하지 말아야 하고, 대통령이 되어서도 안 된다. 아전 같은 말단 관리일지라도 백성이 귀한 줄 모르면 관청의 문턱을 밟지 말아야 한다는 것이다.

"'나무를 깎아 처음 인형을 만든 자에게는 아마도 후손이 없었을 것이다.' 공자께서는 이렇게 말씀하셨습니다. 왜 그렇게 말씀하셨는가 하면 그 자가 사람의 형상을 만들어 썼기 때문입니다. 어떻게 백성들을 굶주려 죽게 한단 말입니까?"

이처럼 맹자는 왕 앞에서도 준엄했다.

왕 앞에 나가 무조건 지당하다고 읊조리며 성은이 망극하다고 말하는 무리들은 맹자의 말을 흉내조차 낼 수 없다. 장자의 말을 빌린다면 녹(祿)을 받아먹는 오만한 벼슬아치들이란 왕의 치질을 빨아 주는 무리들인 까닭이다.

사람을 물건처럼 이용 가치를 따져 저울질하지 마라. 인간은 존엄하다. 나라를 앞세워 백성의 행복을 저당 잡지 마라. 저마다 마음을 편하게 하고 집안이 화목하도록 해야 천하에 산들바람이 부는 법이다. 이러한 이치를 안다면 유가(儒家)에서 정치관을 안인(安人)에 두었던 철학을 알 수 있을 것이다.

남을 편안하게 하려면 나를 먼저 닦아야 한다. 내가 먼저 사람이 되어야 한다. 맹자라는 선생을 만나 사람이 되는 법을 배운 혜왕처럼 사람은 사람으로서 마땅한 존재가 되어야 한다. 남을 편안하게 해야 하는 이치를 안다면 이 세상의 부정부패(不正腐敗)는 없어질 것이요, 피눈물나게 하는 전쟁도 야욕의 살풀이로 되풀이되지 않을 것이다.

백성을 굶주리게 하지 마라. 이보다 더 절실한 말은 없다. 부익

부(富益富) 빈익빈(貧益貧)의 추한 수레바퀴가 굴러가는 한 정치는 썩어 문드러져 결국 세상은 백성의 손으로 다시 비질해야 하는 경우를 당하게 된다. 독재자와 썩은 치자들이 온갖 권모술수로 아무리 백성을 속이려고 해 봤자 그것은 손바닥으로 하늘을 가리는 짓에 불과하다.

어디 정치만 그렇겠는가? 인간사에서 어질지 못하면 결국 누구나 무거운 짐을 지고 신음해야 한다. 빼앗아 정복하고 착복하려고 하지 마라. 지렁이도 밟으면 꿈틀거린다. 사람을 짓밟으면 하늘이 노하고 땅이 노한다. 그러나 서로 돕고 베풀면 온 천하가 벗이 된다. 그러므로 원한을 사는 인간은 못난 존재이고, 은혜를 짓는 인간은 크다.

몽둥이로 사람을 죽이는 것은 칼로 사람을 죽이는 것이 서로 무엇이 다른가[殺人以杖與刃有以異乎]?
장(杖)은 '막대기' 이다.

주방에는 살진 고기가 있고 마구간에는 살진 말이 있지만 백성은 굶주리는 기색이 있다[庖有肥肉 廐有肥馬 民有飢色].
포(庖)는 음식을 만드는 '주방' 이다.
구(廐)는 말을 매두는 '마구간' 이다.

어진 것에는 적이 없다

나라가 이루어지면서 무기를 들고 싸우는 전쟁이 더욱 심해졌다. 무기는 날로 발전하고, 싸움터는 넓어지고, 죽어 가는 목숨은 헤아릴 수 없이 불어나고 있다. 전국 시대가 그 좋은 본보기다. 서로 대국이 되기 위해 강한 나라가 약한 나라를 집어삼키는 전쟁을 일삼던 전국 시대는 지금도 사라지지 않았다.

정쟁의 역사를 평화의 역사로 되돌려 놓기 위해 전쟁을 멀리하고 천하를 다스렸던 요순 시대(堯舜時代)를 상기하며 춘추 시대의 천하를 주유했던 공자처럼 맹자 역시 동분서주했다. 공맹은 다 같이 싸우지 않고도 이길 수 있는 비책(秘策)을 알려 주고 싶어했다. 공맹이 역설한 인의(仁義)가 곧 그 비책이다.

혜 왕은 패전의 몸살로 가위눌림을 당하고 있었던 모양이다. 혜 왕은 그러한 심회를 맹자에게 이렇게 실토했다.

"천하에 진(晋) 나라보다 더 강한 나라가 없다는 것을 노인장께서도 잘 아시겠지요? 내 시대에 와서 동쪽으로는 제 나라에게 패하여 큰아들이 죽었고 서쪽으로는 진 나라에게 칠백 리의 영토를 빼앗겼지요. 남쪽으로는 초(楚) 나라에게 치욕을 당했습니다. 나는 이런 것들이 부끄럽습니다. 죽은 자들을 위해 그 치욕을 씻어 버리고 싶은데 어찌하면 좋겠습니까?"

이에 맹자가 답한다.

"땅이 사방으로 백 리가 되면 그것으로 왕 노릇을 할 수 있습니다. 만일 왕께서 백성에게 어진 정치를 베풀고, 형벌을 낮추고, 세금을 적게 징수하고, 밭을 깊게 갈고, 열심히 김을 매게 하고, 젊은 사람들로 하여금 쉬는 날에는 효성과 우애와 충성과 신용을 얻는 법을 배우게 하고, 밖에 나가서는 나이 든 사람들을 섬기도록 하신다면 몽둥이 하나로도 초 나라의 견고한 갑옷과 예리한 무기를 쳐부술 수 있습니다."

바로 이것이 맹자가 혜 왕의 실토에 응해 준 처방이다. 맹자가 혜 왕에게 제시한 처방은 바로 인정(仁政)이다.

'연약하고 부드러운 것이 굳고 강한 것을 이긴다〔柔弱勝剛强〕.' 이것은 노자가 밝힌 말씀이다. 이러한 노자의 생각은 맹자의 생각과도 통한다. 맹자가 혜 왕에게 들려준 인정(仁政)은 패자의 눈에는 힘이 없고 연약해 보인다. 그러나 패자(覇者)는 힘만 믿다가 패자(敗者)가 되고 인자(仁者)는 사랑을 믿어서 승자(勝者)가 된다는 비책을 맹자는 혜 왕에게 알려 준 셈이다.

힘으로 치욕을 씻으려는 혜 왕의 귀에 맹자의 말이 얼마나 무게를 얻을 수 있었을까? 모를 일이다. 패자는 인자를 얕보고 인자는 패자를 안타까워한다.

"왕께서 복수하고자 하는 상대국의 왕들이 백성들이 일할 수 있는 시간을 빼앗아 버려 밭을 갈지 못하고 김을 매지 못하여 부모는 추위에 얼고 굶주리며 형제와 처자식은 흩어져 버렸습니다. 저들이 백성들을 곤경에 빠지게 하는데, 왕께서 저들을 징벌하신다면 그 누가 왕을 대적하겠습니까? 그래서 어진 사람에게는 적이 없다고 하는 것입니다. 왕께서는 이 점을 의심하지 마십시오."

서로 으뜸가는 패자가 되기 위해 아귀다툼하는 틈바구니에서 맹자가 혜 왕에게 어진 왕이 되어 달라고 간언한 대목이다.

항우(項羽)는 태산을 뽑아 올릴 힘을 지니고도 싸움에 져 피눈물을 흘렸다. 어질면 이기고 어질지 못하면 진다. 힘은 승자와 패자라는 명암(明暗)으로 갈려 돌고 돌지만 인에는 그러한 명암이 없다. 힘은 고락(苦樂)을 분별해 고(苦)를 버리고 낙(樂)을 쟁취하기 위해 싸우지만, 인(仁)은 고락을 함께하며 낙이든 고든 서로 나누기 때문에 싸울 일이 없다. 서로 싸우지 않으면 승패란 없다. 세상을 벗으로 여기면 싸울 일이 없어지지만 세상을 적으로 여기면 싸울 일만 남는다.

지금 우리는 무한 경쟁 시대에 살고 있다. 그러나 그것을 힘의 경쟁으로 여긴다면 나라와 나라가 전국 시대가 되는 것은 물론 개인과 개인도 전국 시대가 된다. 그런데도 지금 세상은 강하면 이기고 약하면 진다는 것을 하나의 명제(命題)처럼 여겨 신앙하고 있다. 명제는 맞고 틀림을 동시에 지니고 있다. 그러므로 강하면 이기고 약하면 진다는 명제를 참이라고 단정짓지 마라. 잘못된 명제도 있기 때문이다. 힘만으로 강해지기를 바란다면 그릇된 명제가 되기 쉽다. 그러나 인으로 강하기를 바란다면 그것은 옳은 명제가 된다.

힘은 나를 취하고 남을 정복하려고 한다. 그러나 어진 것〔仁〕은 네가 있으므로 내가 있다는 세상사와 인간사의 사실을 따뜻하게 받아들인다. 그래서 인은 서로 믿고 의지하는 길을 튼다. 이러한 길을 공맹은 애인(愛人)이라고 했다. 애인이란 남을 먼저 사랑하라는 것이다. 인정(仁政)이란 무엇인가? 공맹의 애인을 현실화하는 것, 그것이 곧 인정이다.

패자의 틈바구니 속에서 으뜸가는 패자가 되려는 혜 왕을 맹자는 진정 불쌍히 여긴다. 힘으로 싸우는 패거리〔兵家〕들은 이기고 지는 일이 돌고 돈다는 것을 모른다. 여치 위에 사마귀가 있고, 사마귀 위에 까치가 있고, 까치 위에 솔개가 있다는 장자의 우화가 있다. 이는 곧 기는 놈 위에 뛰는 놈 있고, 뛰는 놈 위에 나는 놈이 있다는 말이다. 그러나 패자들은 이러한 이치를 모르고 승패의 놀음을 멈추지 않는다. 어느 성현이든 이러한 놀음을 철없고 부질없는 소모라고 여긴다. 그러나 인간들은 이것이 가장 큰 어리석음임을 모른다. 그래서 인간은 아프고 신음한다.

어진 자에게는 적이 없다[仁者無敵].

내려가는 물길은 막지 못한다

맹자가 위 나라의 양 왕(讓王)을 만나 자신과 왕의 됨됨이를 분명히 했다. 왜냐하면 맹자는 그를 두고 왕 같지 않은 왕이라고 말하기 때문이다. 맹자가 인정하는 왕은 무엇보다 어진 데가 있어야 한다. 그런 면에서 양 왕은 어진 왕이 아니었던가 보다.

어진 왕이라면 무슨 말이 필요하겠는가. 말하지 않고 미소로만 예를 갖추어도 충분하다. 그러나 힘만을 믿고 앞세우는 왕 앞에서는 단호하게 그래서는 안 되는 연유를 밝혀야 한다. 맹자 같은 성현이 그른 것을 보고 맞장구를 칠 리가 없다.

"양 왕을 보았더니 왕 같지가 않았다. 그 앞에 가까이 나가도 두려워할 데가 보이지 않았다."

이것이 양 왕에 대한 맹자의 품평이다.

양 왕이 맹자에게 느닷없이 천하가 어떻게 정해지겠느냐고 묻자 맹자는 이렇게 단언했다.

"하나로 정해질 것〔定于一〕입니다."

천하가 하나로 정해지리라는 말에 귀가 번쩍한 양 왕이 다시 물었다.

"그렇다면 누가 천하를 하나로 정하는가?"

"사람 죽이기를 좋아하지 않는 사람이 천하를 통일할 수 있습니다."

양 왕은 이 말에 실망했다. 그러더니 이번에는 이렇게 물었다.

"그럼 어느 누가 그러한 자의 편을 들겠느냐?"

이에 맹자는 서슴없이 잘라 말했다.

"천하에 그의 편을 드는 사람은 없을 것입니다.

힘만 믿고 힘을 앞세우는 자는 하나만 알고 둘은 모른다. 말의 목을 매어 강가로 끌고 갈 줄만 알지 그 말에게 억지로 물을 먹일 수 없음을 모른다. 백성이 목말라 물을 찾을 때 마실 물을 마련해 주는 것이 곧 왕 아닌가? 백성의 목을 매어 죽음의 골로 몰고 가는 독재자는 언제나 천하를 제 호주머니 속에 든 손수건쯤으로 여긴다.

"왕께서는 곡식의 싹을 아시는지요? 칠팔월에 비가 오지 않아 가뭄이 들면 싹은 말라 버립니다. 반대로 하늘에서 구름이 이루어져 비를 죽죽 쏟으면 싹이 뻗어 오릅니다. 이를 어느 누가 막을 수 있겠습니까? 지금 사람을 기르는 자 가운데 사람 죽이기를 싫어하는 분은 없습니다. 만일 사람 죽이기를 좋아하지 않는 분이 나타난다면 온 천하의 사람들이 목을 빼고 그분을 바라볼 것입니다. 진실로 그와 같이 한다면 백성들이 그에게로 돌아가는 모습이 물이 아래로 흘러가는 것과 같을 터인데 어느 누가 그것을 막을 수 있겠습니까?"

이렇게 맹자는 양 왕에게 타일러 주었다.

곡식의 싹 위로 내리는 단비 같은 사람을 어느 누가 싫어하고 멀리하겠는가? 삶을 돋아나게 하는 단비 같은 것을 덕(德)이라고 한다. 어진 것이 곧 덕이다〔仁德〕. '어진 자에게는 적이 없다〔仁者無敵〕'는 말은 곧 '덕은 외롭지 않다〔德者不孤〕'는 말이다. 어질지 못해 덕이 없다면 외톨이가 될 수밖에 없다. 제 욕심만 차리면 앞에서는 흥하는 것처럼 보일지라도 뒤로는 망하는 이치와 같다.

'서고 싶다면 남을 먼저 세워 주고 가지고 싶다면 남에게 먼저 주어라. 그러면 군자(君子)가 된다.' 공자는 이렇게 말했지만 그 말을 들어 줄 사람이 없다는 것은 너도나도 다 소인이 되기를 바라는 까닭이다. 소인은 누구인가? 이(利)를 밝히는 자이다. 그렇다면 대인은 누구인가? 의(義)를 밝히는 자이다.

나만 이로우면 족하다는 것은 소인이 바라는 이(利)요, 남을 이롭게 하면 나 또한 이롭게 된다는 것은 대인의 이(利)이다. 이러한 대인의 이를 실현하지 못함을 부끄러워할 줄 아는 것이 곧 의(義)이다. 바로 이러한 의에서 인이 꽃을 피워 열매를 여물게 한다. 하늘에서 내리는 단비, 그리고 아래로만 흐르는 물길은 곧 인의(仁義)의 모습인 셈이다.

《주역》의 〈계사전(繫辭傳)〉에는 이런 말이 나온다. '짐을 지고 말을 타면 도둑을 불러온다〔負且乘致寇至〕.'

이는 곧 소인이 군자인 척하면서 욕심을 부리면 도둑을 불러온다는 말이다. 양 왕은 어질지 않으면서 천하를 통일하려는 욕심을 부린 탓에 사방으로 싸움을 벌여 치욕만 당한 것이다.

전쟁으로 인해 칠팔월에 가뭄이 들어 곡식의 싹을 메마르게 하는 것과 같이 경쟁을 전투로 일삼는 자는 그 자신의 싹을 메말라

타 버리게 할 뿐이다. 양 왕이 뜻을 바꾸지 않으면 날마다 치욕을 지고 군마(軍馬)를 타고 씩씩거려야 할 것이다.

양 왕처럼 군마를 타고 인생을 요리하지 마라. 그러면 사방에서 도적이 몰려와 하루도 마음 편한 날이 없을 것이고, 또 주변에 사람도 남아나지 않을 것이다.

살아가는 데 도적보다 더 무서운 적은 없다. 도적을 좋아해 함께할 사람은 아무도 없다. 대도(大盜)의 종자가 곧 욕심이다. 욕심을 사납게 부리면 온 세상이 전쟁터가 된다. 내 마음에서 불길처럼 솟아나는 욕심으로부터 나를 지키려고 하는 마음씨가 곧 맹자가 말하는 수기(守己)이다.

양 왕은 병력(兵力)으로 나라를 지킨다고 하지만 실제로는 자기 하나도 지키지 못하고 있는 셈이다. 《대학(大學)》에 이런 구절이 나온다. '천하를 얻는 일은 먼저 나부터 닦는 데 있다.'

나를 저버리고 남을 얻고자 한다면 무슨 일이 되겠는가? 세상이 내 뜻대로 안 된다고 투덜대는 것도 자신이 스스로 짓는 허물에 불과하다. 맹자가 밝힌 '사람 죽이기를 좋아하지 않는 자〔不嗜殺人者〕'는 공자로 말하면 군자(君子)요, 맹자로 말하면 대장부(大丈夫)이며, 노장으로 말하면 지인(至人)이다.

사람 죽이기를 싫어하는 자가 천하를 통일한다[不嗜殺人者能一天下].
칠팔월에 가물면 곡식의 싹이 말라 버린다[七八月之間旱則苗槁].

소를 죽이기 위해 끌고 가지 마라

맹자가 제 나라 선 왕(宣王)을 만나게 되었다. 맹자를 만난 선 왕은 제 나라 환공(桓公)과 진 나라 문공(文公)에 관한 이야기를 들을 수 있겠느냐고 물었다. 이에 맹자는 공자의 제자 중에 환공과 문공을 이야기한 적이 없다고 하며 선 왕의 제의를 거절했다.

《논어(論語)》의 〈헌문 편(憲問 篇)〉에 보면 공자의 제자들이 환공과 문공의 패업(霸業)에 관해 이야기하는 내용이 나온다. 그런데도 왜 맹자는 그런 일이 없다고 했을까?

이는 맹자가 패자를 다루기 위해 선 왕을 만나러 온 것이 아님을 분명히 하기 위함이었다고 새겨도 되리라.

춘추 시대에 싸움을 벌여 제 나라 환공이 패자가 되었고, 환공이 죽자 진 나라 문공이 다시 싸움을 벌여 패자가 되었던 일을 맹자가 몰랐을 리 없다. 알면서도 모른다 한 것은 이야기거리가 되지 않는 까닭이다. 맹자는 선 왕에게 이야기를 그만두지 않으려거든 왕 노릇을 제대로 해야 한다고 알려 주려 한 것이다.

선 왕이 물었다.

“덕이 어떠해야 왕 노릇을 할 수 있는지요?”

“백성을 편안하게 한다면 그것을 하지 못하게 막을 수가 없습니다.”

다시 선 왕이 물었다.

“나 같은 사람도 백성을 편안하게 해 줄 수 있는지요?”

“하실 수 있습니다.”

“무엇으로 내가 그렇게 할 수 있다는 것을 알지요?”

“신하 호흘(胡齕)에게 들어 압니다.”

언젠가 선 왕이 당상에 앉아 있는데 당상 아래로 소를 끌고 가는 사람이 보였다. 선 왕은 그 사람을 불러 소를 어디로 끌고 가느냐고 물었다. 소를 끌고 가던 사람은 이 소로 종에 피를 바르려 한다고 대답했다. 그 말에 선 왕은 '그 소를 그냥 내버려두어라. 그 소가 무서워 죽을상을 하고 있는 모습을 보니 죄 없이 죽을 곳으로 끌려가는 것 같아 차마 보지 못하겠다' 고 했다. 소를 끌고 가던 사람이 '그러시면 종에 피 바르는 것을 그만두어도 되겠느냐' 고 묻자 선 왕은 '어떻게 그만둘 수 있겠느냐' 하면서 양으로 바꿔서 하라고 했다.

이것이 호흘이란 신하가 맹자에게 들려 준 선 왕의 일화다. 맹자가 이런 일이 사실이냐고 묻자 선 왕은 그런 일이 있다고 했다.

“그런 마음가짐이면 넉넉히 왕 노릇을 할 수 있습니다. 백성들은 왕께서 소를 아낀 것이라고 말합니다만 나는 왕께서 죽으러 가는 꼴을 차마 볼 수 없으셔서 그렇게 하신 것으로 알고 있습니다.”

맹자는 이렇게 선 왕에게 속마음을 전했다. 소가 죽으러 가는 모습을 차마 볼 수 없었다면 사람이 죽으러 가는 모습은 더욱 볼 수 없을 것이다. 사람이 죽으러 가는 곳은 어디인가? 전쟁을 하는 싸움터이다. 죽으러 가는 모습을 차마 볼 수 없는 왕이라면 전쟁을 일으켜 사람을 죽이는 일을 좋아하지 않을 것이란 다짐도 된다.

맹자의 말을 들은 선 왕은 그렇다고 했다. 그리고는 선 왕이 소를 아꼈기 때문이라는 백성의 말뜻을 새겨듣는다면서 이렇게 말했다.

"제 나라가 비록 작긴 하지만 어찌 소 한 마리를 아끼겠습니까? 그 소가 무서워하며 죽을상을 하고 끌려가는 것 같아 차마 볼 수 없어서 양으로 바꿔 쓰게 한 것입니다."

이에 맹자는 선 왕의 측은해하는 마음씨를 기뻐하며 이렇게 말했다.

"왕께서 소를 아꼈기 때문이라는 백성의 말을 이상하게 받아들이지 마십시오. 작은 것으로 큰 것을 바꾸었으니 백성들이 그 심정을 어찌 알겠습니까. 왕께서 만약 그 소가 죽을 곳으로 끌려가는 것을 측은히 여겼다면 어찌 소와 양의 구별이 있었겠습니까?"

측은해하는 마음, 그것이 곧 인(仁)이다. 인은 무엇을 사랑할 수 있는 마음의 본바탕인 까닭이다.

맹자의 말을 들은 선 왕은 웃으면서 독백하듯이 자신의 속마음을 털어놓았다.

"죽을 곳으로 끌려가는 소를 막았던 것은 대체 무슨 마음에서였을까? 나는 그런 재물을 아낀 것이 아니었는데, 그것을 양으로 바꿔 쓰게 했으니 백성들이 내가 소를 아낀 때문이라고 말한 것은 틀림이 없지요."

"괴로워하실 것 없습니다. 그것이야말로 인(仁)의 방법입니다. 소는 보시고 양은 보지 않으셨기 때문입니다. 군자는 살아 있는 짐승이 죽어 가는 모습을 참지 못합니다. 그 소리를 듣고서는 차마 그 고기를 먹지 못합니다. 그렇기 때문에 군자는 주방을 멀리 하는 것입니다."

소를 대신해서 양을 죽게 한 것마저 괴로워하는 선 왕에게 맹자는 괴로워하지 않아도 되는 연유를 밝혀 주었다. 말하자면 맹자는 선 왕이 미처 몰랐던 인이 무엇인가를 해명해 준 셈이다. 그제야 선 왕도 마음에 있던 꺼림칙한 마음을 털어 낼 수 있었던 모양이다. 왜냐하면 선 왕은 《시경(詩經)》에 있는 구절로 고마움을 대신했기 때문이다.

'남이 마음을 지니고 있는데〔他人有心〕 나는 마음속을 헤아려 안다〔予忖度之〕."

선생 같은 분을 두고 한 말일 것이라고 선 왕은 맹자를 알아 모셨다.

감동을 받은 선 왕은 다시 측은해하는 마음을 갖는 것이 왕 노릇하는 데 합당하냐고 물었다. 이에 맹자는 이렇게 밝혀 주었다.

"내 힘은 삼천 근을 들기에는 넉넉하지만 새털 하나를 들기에는 부족하고, 시력은 가을 털끝을 살피기에는 넉넉하나 수레에 실은 땔나무는 보이지 않는다고 왕께 여쭙는 자가 있다면 그자의 말을 믿겠습니까?"

이에 선 왕은 이렇게 잘라 대답했다. "믿지 않습니다."

마음이 어질면 서로 통한다. 어진 마음은 술수를 부리지 않는 까닭에 밝고 맑다. 선악을 두루 다 보고, 선하면 사랑하고 악하면 버리는 마음은 사랑하는 마음씨를 아낌없이 쓴다. 안 될 일을 된다 하고 될 일을 안 된다 하는 마음은 어질 수가 없다. 어진 마음은 마음을 서로 통하게 하여 사람을 다스리고 세상을 다스린다. 그래서 인생(人生)이 인생(仁生)이면 모든 것이 태평하다.

"이제 사랑하는 마음가짐이 짐승에까지 미칠 만큼 넉넉하면서도 백성에까지 미치지 않는 연유는 무엇입니까? 새털 하나가 들리지 않는 것은 드는 힘을 쓰지 않기 때문이고, 수레에 실은 땔나무가 보이지 않는 것은 시력을 쓰지 않는 까닭이며, 백성들이 편안하지 못한 것은 은혜를 베풀지 않는 까닭입니다. 선 왕께서 왕 노릇을 하지 못하는 것 역시 하지 않기 때문이지 못하기 때문이 아닙니다."

이처럼 맹자는 선 왕의 마음속에 있는 측은해하는 마음〔仁〕을 왜 백성에게 베풀지 않느냐고 다잡아 준다. 그렇게 다잡아도 선 왕의 마음속에 인이 들어 있음을 확인한 다음이므로 선 왕은 귀담아들을 수 있을 것이다. 참으로 맹자의 대화술(對話術)은 천하일품이다.

하지 않는 것과 하지 못하는 것은 어떻게 다르냐는 선 왕의 물음에 맹자는 이렇게 딱 부러지게 해명해 준다.

"사람들에게 태산을 겨드랑이에 끼고 북해를 뛰어넘지 못한다고 하면 그것은 진실로 하지 못하는 것입니다. 그러나 사람들에게 어른을 위해 팔다리를 주물러 주지 못한다고 하면 그것은 하지 않는 것이지 하지 못하는 것은 아닙니다. 선 왕께서 왕 노릇을 하지 못하는 것은 태산을 끼고 북해를 뛰어넘는 부류의 것이 아니라 팔다리를 주무르는 부류의 것입니다."

할 수 있으면서도 하지 않는 것은 못 하는 것이다. 그러나 할 수 없어서 안 하는 것은 못하는 것이 아니다. 맹자는 오로지 할 수 있는 것은 인의(仁義)라고 보았다. 인의를 베풀 수 있으면서도 베풀지 않는 것은 그 마음을 남김없이 쓰지 않는 탓이다.

"사랑할 것이요, 그 사랑을 베풀지 못함을 부끄러워하라."

맹자는 선 왕에게 이렇게 고한다. 이것이 어디 선 왕에게만 고하는 것이겠는가? 우리 모두에게 고하는 충고다.

맹자는 왜 선 왕에게 측은해하는 마음이 있지만 왕 노릇은 못한다고 직언했을까? 그는 천하를 정벌해 패자가 되려고 전력을 증강하는 데만 빠져 있었던 까닭이다. 연 강 씨(姜氏) 문벌에게서 제 나라를 찬탈한 전화(全和)의 증손자가 곧 선 왕이다. 증조부는 나라를 훔쳤지만 증손자는 천하를 훔치려고 패자의 야심을 갈고 있었다. 이러한 선 왕의 속셈을 맹자가 몰랐을 리 없다. 선 왕에게 어진 마음씨가 있음을 발견하고, 그 마음씨를 베풀어 패왕이 될 생각을 버리고 왕도를 걸으라고 서슴없이 직언하는 대목에서 우리는 무엇을 생각해야 하는가? 맹자의 이 말은 힘의 동물로 치닫는 인간을 반성하게 한다.

군자는 푸줏간과 부엌을 멀리한다[君子遠庖廚].
포(庖)는 '푸줏간', 주(廚)는 '부엌'을 뜻한다.

다른 사람이 마음을 지니고 있는데 나는 그 마음속을 안다[他人有心 予忖度之].
촌(忖)은 '생각한다', 탁(度)은 '헤아린다'는 뜻이다.

내 집 노인을 공경하듯이 남의 집 노인을 공경하고, 내 아이들을 사랑하듯이 남의 아이를 사랑하면 천하가 내 손바닥 위에서 움직인다[老吾老以及人之老 幼吾幼以及人之幼 天下可運於掌].

달아 본 연후에야 가벼운지 무거운지를 알고, 재어 본 후에야 긴지 짧은지를 알 수 있다[權然後知輕重 度然後知長短].

나무에 올라가 물고기를 구한다[緣木而求魚].

죄에 빠져들게 한 뒤에 죄에 따라 처벌한다면 그것은 그물로 백성을 잡는 것이다[及陷於罪然後從而刑之 是罔民也].

양혜왕장구 하
梁惠王章句 下

■ 양혜왕장구 하(梁慧王章拘 下)에 대하여

맹자가 왕과 대화를 나눈 내용은 주로 〈양혜왕장구〉 상하에 걸쳐 있다. 맹자는 왕이 아니라 보통 사람을 만났더라도 아마 같은 말을 남겼을 것이다. 넓은 뜻에서의 왕도는 인간의 삶을 바르게 하고 제대로 다스려 가는 길이기 때문이다.

맹자는 힘에 의해서 세상이 다스려지는 것을 두려워했다. 힘으로 다스리는 것을 어느 누가 좋아할 것인가? 힘이 있는 자는 그렇게 되기를 바라겠지만 힘이 없는 자는 힘으로 다스려지는 것을 두려워하고 무서워한다. 오만스럽고 거만한 힘의 횡포는 독점의 야욕에 불을 당긴다. 한 인간의 야심 탓에 온 세상이 지옥과 같아지는 경우가 역사에는 많았다. 그래서 헤겔(Georg W. F. Hegel, 1770~1831)도 인간의 역사를 보면 아프다고 했던 것 같다.

인간은 선하다. 그러므로 인간의 삶 또한 선해야 한다. 이것이 맹자의 사상을 관류하고 있는 푯대이다. 선한 존재가 악한 존재로 표변하는 것은 인간의 상실이며, 그러한 상실은 인생을 상실하게 하는 것과 같다. 이는 곧 선의 상실이다.

인간이여, 선하라! 이것이 맹자의 근본 사상이다.

힘을 앞세우는 왕 앞에서 맹자는 그 힘의 졸렬함을 서슴없이 꼬집어서 불가함을 논파했다. 그러나 맹자의 말을 듣고 실천에 옮긴 군왕은 없었다. 힘을 앞세워 백성을 굶주리게 하면서 천하를 얻으려고 했던 군왕들은 역사의 시각에서 본다면 모두 초라한 존재에 불과하다.

〈양혜왕장구〉는 생존의 바른 길이 인의에 있지 어떤 힘에 있는 것이 아님을 살펴 듣게 한다. 힘으로 세상을 저울질하는 이 시대에 이 말이 귀에 거슬리는 것은 맹자의 말이 이 시대의 아픔과, 그 아픔을 앓고 있는 인간의 의식을 다른 차원으로 이끌어 가는 또다른 힘을 지니고 있기 때문이다. 그 힘은 곧 지혜이다. 힘은 물질에서 나오고 지혜는 인간의 정신에서 나온다.

백성의 소리를 들어라

장포(莊暴)라는 자가 맹자를 찾아왔다. 장포는 제 나라 선 왕의 신하였다. 언젠가 선 왕이 장포에게 좋아하는 음악이 무엇이냐고 물었다. 그러나 장포는 왕의 물음에 어떻게 대답해야 할지를 몰랐던 모양이다. 맹자를 만난 장포는 대답할 바를 몰라 당황했던 그때의 이야기를 털어놓았다. 장포의 말을 들은 맹자는 이렇게 말했다.

"왕이 음악을 대단히 좋아한다면 그것으로 제 나라는 잘될 것이오."

음악을 좋아한다는 것〔好樂〕은 즐거움을 함께 나누기를 좋아한다 함이다. 나 홀로 음악을 들을 때는 나 홀로 즐거우면 된다. 그러나 남들과 더불어 음악을 함께 들을 때는 서로 모두 즐거워야 한다. 어느 편만 따로 즐겁다면 진실한 호락(好樂)이 아니다.

며칠 뒤, 맹자는 선 왕을 만나 장포에게 음악을 좋아한다고 말한 적이 있느냐고 물었다. 그 물음에 왕은 얼굴빛을 달리하며 이렇게 얼버무렸다.

“선왕(先王)의 음악을 좋아하는 것이 아니고 다만 세속적인 음악을 좋아할 뿐입니다.”

이에 맹자는 다시 다음과 같이 말했다.

“왕께서 음악을 대단히 좋아하신다면 제 나라는 잘될 것입니다. 지금의 음악도 옛 음악에서 비롯되었답니다.”

왕이 세속의 음악〔世俗之樂〕을 좋아한다면 백성의 심정을 읽어 들을 수 있다. 《시경》에도 민요(民謠)가 풍(風)이라는 노래로 묶여져 있지 않은가. 궁중 음악이 세속의 음악보다 세련되었다 하더라도 여염집 백성들이 부르는 민요가 더 귀한 법이다. 백성들이 나누는 삶의 목소리보다 더 절실한 음악은 없다. 고전 음악이 예술이라 해도 생활의 감정으로 들었을 때 가요(歌謠)가 더 절절한 것은 그 속에 인생의 웃음과 눈물이 함께 들어 있는 까닭이다.

맹자의 말을 들은 선 왕이 그의 이야기를 좀 더 듣고 싶어하자 맹자가 이렇게 물었다.

“혼자서 음악을 듣고 즐기는 것과 여럿이 함께 음악을 듣고 즐기는 것 중에 어느 것이 더 즐겁겠습니까?”

이에 왕은 여럿이 함께 듣는 것이 더 즐겁다는 생각을 드러냈다. 맹자가 다시 물었다.

“몇몇 사람들과 음악을 즐기는 것과 수많은 사람과 함께 음악을 즐기는 것 중에 어느 것이 더 즐겁겠습니까?”

“수많은 사람들과 함께 즐기는 것만 못하겠지요.”

이런 물음을 통해 맹자는 선 왕의 심중을 다잡아 놓은 다음 다시 폐부를 파고드는 말을 했다.

“왕께서 궁궐에서 즐기는 음악을 백성들이 듣고 다들 골치를 싸매고 콧등을 찌푸리면서 이렇게 말합니다. '우리 왕께서는 음악을 좋아하시면서 어쩌자고 우리를 이 지경에까지 이르게 하는가? 부자(父子)가 서로 만나지 못하고 형제와 처자식은 흩어져 버리다니!' 이렇게 된 것은 별다른 이유가 있기 때문이 아니라 왕께서 백성들과 함께 즐기시지 않는 까닭입니다. 왕께서 즐기시는 음악 소리를 듣고 백성들이 다들 기뻐하면서 이렇게 말했다고 칩시다. '우리 왕께서 건강하셔야지. 그렇지 않으면 어떻게 음악을 즐기시겠나.' 이렇게 되는 것은 별다른 이유가 있는 것이 아니라 왕께서 백성과 함께 즐기시기 때문입니다. 이제 백성과 함께 더불어 즐기신다면 왕 노릇을 하시게 될 것입니다."

백성과 함께 더불어 즐기면 왕 노릇을 하고 그렇지 못하면 왕 노릇을 하지 못한다는 맹자의 말이 어찌 정치적 발상에만 그치겠는가. 한 인간은 왕이 될 수도 있고 종이 될 수도 있는 법이다. 본래 왕(王)은 왕(往)으로 통한다. 왕(往)은 오고가게 하는 것이므로 공(公)이라고 한다. 사사로움을 줄이고 버리면 공이 된다. 공은 서로 나누어 누리게 하는 것이기 때문에 공평무사한 것보다 더 즐거운 것〔樂〕은 없다. 기쁨과 괴로움을 함께 나누는 것〔同苦同樂〕이 낙(樂)의 절정이다.

커도 작고 작아도 크다

제 집 주변에 높은 담을 쌓고 그 안에 정원을 가꾸며 즐기는 사람은 산천을 정원 삼아 노니는 사람의 즐거움을 모른다. 즐거움은 누리는 것이지 갖는 것이 아님을 알고 모름에 따라 열락(悅樂)도 되고 쾌락(快樂)도 된다. 낙(樂)을 소유하려고 하면 쾌락으로 치닫고, 낙을 누리려고 하면 열락으로 통한다. 누리는 것은 베풀어 나눔이요, 소유하려는 것은 독점이고 독식이다.

맹자가 선 왕을 다시 만났다. 선 왕은 맹자에게 주 나라 문 왕의 정원을 놓고 시비를 걸었다.

"문 왕의 원유(苑囿)가 사방 칠십 리나 되었다는데 그것이 사실인지요?"

이에 맹자는 전해져 오는 글에 그런 말이 있다고 답했다. 다시 선 왕이 물었다.

"그렇게까지 크고 넓었습니까?"

"그래도 백성들은 문 왕의 원유가 작다고 했답니다."

사방 칠십 리의 원유가 작다는 맹자의 말에 선 왕은 보란듯이 말했다.

"내 원유는 사방이 사십 리인데도 백성들은 그것이 크다고 하는 연유가 무엇이지요?"

맹자는 선 왕의 입에서 그런 말이 나오기를 기다렸는지도 모른다. 선 왕의 말을 대잡아 맹자는 이렇게 말했다.

"문 왕의 원유는 사방 칠십 리라 해도 가축에 먹일 꼴을 베는 사람들이나 나무를 구하는 사람들, 꿩이나 토끼를 잡는 사람들이 그곳을 드나들었습니다. 문 왕은 원유를 백성과 함께 썼으니 그것을 작다고 한 것이 옳지 않습니까? 저는 처음 제 나라 국경에 이르러 제 나라에서 해서는 안 될 일[禁令]이 무엇인지를 물어보았습니다. 들어 보니 교외 관문 안에 사방 사십 리의 원유가 있는데, 거기에 있는 사슴을 잡는 자는 사람을 죽인 것과 같은 처벌을 받는다고 했습니다. 그렇다면 사방 사십 리의 원유가 나라 가운데 있는 함정이 되는 것이니 백성들이 그것을 크다고 생각하는 것이 의당하지 않습니까?"

맹자의 물음에 선 왕은 입을 열 수 없었던지 아무런 답을 하지 못했다. 악을 범한 사람은 선 앞에서 꿀 먹은 벙어리가 되는 법이다.

원유는 어느 한 곳을 둘러막아 그 안에 온갖 새와 짐승을 기르는 곳이다. 옛 군왕들은 원유를 호사스러운 놀이터로 삼았다.

선 왕은 그러한 원유를 하나의 물건처럼 생각했다. 물건이란 크고 작음이 정해져 있다. 태산은 크고 모래알은 작다. 그러나 사람의 마음이 재는 크고 작음은 선악에 따라 달라진다. 그래서 태산은 작고 가을 털끝은 오히려 크다고 하는 것이다. 선 왕은 물건의 크고 작음만 알았지 그 물건을 바라보는 백성의 마음은 몰랐던 것이다.

주 나라 문 왕의 원유는 선(善)한 것이고 선 왕의 그것은 악(惡)한 것이다. 함께 누려야 할 것을 독점하면 그것은 좋지 않은 것〔惡〕이요, 함께 누릴 것을 더불어 나누어 누린다면 그것은 좋은 것〔善〕이다.

좋은 것은 많고 클수록 좋다. 그래서 좋은 것이 아무리 커도 마음에는 작아 보이는 것이 인간의 정(情)이다. 그러한 정이 선을 원한다면 한없이 커도 탈이 되지 않는다. 그러나 정이 악을 향하면 그것은 아무리 작아도 허물을 짓는다. 얼굴에 혹이 있으면 얼굴은 보이지 않고 혹만 보인다. 못된 미꾸라지 한 마리가 맑은 방죽 물을 흐리게 한다고 하지 않는가.

천하를 제 것인 양 착각했던 군왕들을 경멸하라. 백성을 소유물로 여기거나 독재의 담보물로 몰아간 독재자를 경멸하라. 남이야 어찌되든 간에 내 배만 부르면 그만이라던 교만하고 교활한 졸부(猝富)를 경멸하라. 자기 이익을 위해서라면 남을 등치고 후리는 짓을 서슴없이 행하는 철면피를 경멸하라. 이것이 악을 물리치는 일이요, 선을 넓히는 일이다. 그러면 인생은 단비를 맞은 새싹처럼 돋아나고, 세상은 그 싹이 자라 열매를 맺는 터전이 될 것이다.

하늘의 뜻을 즐기고 두려워하라

선 왕이 맹자에게 이웃 나라와 사귀는 데도 방법이 있느냐고 물었다.

이에 맹자는 이렇게 대답했다.

"있습니다. 오직 어진 사람만이 큰 나라로써 작은 나라를 섬길 수 있습니다. 그렇기 때문에 탕 왕은 갈(葛) 나라를 섬겼고, 문 왕은 곤이(混夷)를 섬겼습니다. 오직 지혜로운 자만이 작은 나라로써 큰 나라를 섬길 수 있습니다. 그래서 태 왕(大王)은 훈육(獯鬻)을 섬겼고, 구천(句踐)은 오(吳) 나라를 섬겼습니다."

은 나라 옆에는 갈국(葛國)이라는 작은 나라가 있었다. 갈백(葛伯)은 갈국을 쥐고 방종을 일삼고 무도하게 백성을 못살게 굴었다. 은 나라의 탕 왕은 갈백에게 온갖 선물을 보내 갈국의 백성을 선하게 다스리라고 당부했지만 갈백은 방자했나. 결국 은 나라의 탕 왕은 갈백을 징벌하고 갈국의 백성을 구했다. 맹자는 선 왕에게 이 일을 알려 준 것이다.

어진 마음이 어질지 못한 마음을 깨우치려고 노력하다가 안 되면 어진 것이 어질지 못한 것을 징벌한다는 속뜻이 숨어 있음이다. 이런 것을 두고 어질지 못하면 천벌(天罰)을 받는다고 한다.

주 나라 변경에는 곤이(混夷)라는 부족이 있었다. 곤이는 주 나라를 자주 침범했고, 급기야 수도에까지 쳐들어왔다. 주 나라 문 왕은 막강한 힘을 갖추고 있었음에도 불구하고 이들을 무력으로 징벌하지 않고 덕으로 타일러 이웃 나라를 침범하면 안 된다는 것을 깨우치게 했다는 것을 맹자는 선 왕에게 알려 주었다. 부덕(不德)한 것을 덕으로 바꾸면 더욱 큰 덕이 된다. 덕이 없으면 흉(凶)하고, 덕이 있으면 길(吉)하다. 부덕한 것이 덕을 침범할 때 덕은 그것을 맞받아 치지 않는다. 부덕한 것을 포용해 덕으로 돌려놓는다. 이러한 것을 두고 상덕(上德)이라 한다. 문 왕은 상덕으로 천하를 얻었으니 어찌 약한 줄도 모르고 덤비는 곤이를 무력으로 대항할 것인가. 덕은 싸움을 걸지 않는다. 못살게 하면 부덕이고 잘살게 하면 덕이다. 인과 덕은 한길이다.

주 나라를 세운 자는 태 왕이고 문 왕은 그 손자다. 태 왕 시절의 주 나라는 작은 나라였다. 당시에는 유목 부족인 훈육(獯鬻)이 강성했는데, 그들은 강한 힘을 믿고 주 나라를 자주 침범했다. 그러나 태 왕은 그때마다 재물을 주고 달래며 대항하지 않았다. 하지만 훈육의 욕망은 끝이 없었다. 훈육이 주 나라의 비옥한 땅을 원한다는 것을 알게 된 태 왕은 훗날을 기약하고 백성을 이주시켜 기산(岐山) 밑에 정착케 하였다. 그곳에서 백성을 전쟁 없이 평화롭게 살게 하고 어질게 다스려 덕을 쌓은 태 왕은 천하의 종주(宗主)가 되었다.

월(越) 나라 왕이었던 구천(句踐)은 회계(會稽)란 곳에서 오 나라 왕 부차(夫差)의 군사에게 포위되었음을 알고는 부차의 신하가 되겠다고 자청하여 오 나라로 끌려갔다. 부차의 말고삐까지 잡으면서 구천은 신하로서 복종하다가 월 나라로 돌아왔다. 그리고 뒷날 오 나라를 쳐서 회계에서 당한 치욕을 씻었다고 한다.

야욕에 찬 강력한 힘을 당해 낼 수 없다고 판단한 태 왕과 구천은 백성과 병사들을 소모품이 되게 할 수 없었을 것이다. 굴욕을 당하면서까지 백성과 병사들의 목숨을 구하는 것은 결코 비굴한 것이 아니다. 지혜로운 판단이며 결단이다. 태 왕과 구천 모두 무모하지 않았다.

달걀로 바위를 치는 것은 무모한 일이며 달걀이 바위를 피할 줄 알면 현명하다. 화난다고 달걀이 바위를 치면 달걀은 깨지고 만다. 인생 역시 예외가 아니다. 연약한 여치는 달려오는 수레를 피해 살아남고, 힘센 사마귀는 그 수레를 막으려 하다가 죽는 꼴을 당하는 것이다. 목숨을 내던져 해치울 만한 일은 천하에 없다. 목숨보다 더 귀한 것은 없는 까닭이다. 소중한 것을 아끼는 것은 비굴함이 아니다. 그것은 커다란 용기이다.

이렇게 맹자는 은 나라 탕 왕과 주 나라 문 왕이 큰 것으로 작은 것을 섬겼던 일과 주 나라 태 왕과 월 나라 구천이 작은 것으로 큰 것을 섬겼던 일을 말해 준 다음 다시 말을 이었다.

"큰 것으로 작은 것을 섬기는 것은 하늘의 뜻을 즐기는 것입니다. 작은 것으로 큰 것을 섬기는 것은 하늘의 뜻을 두려워하는 것입니다. 하늘의 뜻을 즐기는 것은 천하를 보전하는 일이고, 하늘의 뜻을 두려워하는 것은 나라를 보전하는 일입니다. 《시경》에 '하늘의 위엄을 두려워하나니 이리하여 나라를 보전하도다' 라는 말이 나옵니다."

하늘의 뜻을 즐기고 두려워하는 마음을 인의라 해도 무방하다. 그 마음을 선이라 불러도 되고 덕이라 불러도 틀릴 것은 없다. 그렇다면 하늘의 뜻을 어떻게 새겨들어야 할까? 백성이 희망하고 원하는 것이라고 이해하면 된다.

《노자》에 이런 구절이 나온다. '담는 것은 공평한 것〔容乃公〕이고 공평한 것은 서로 통하는 것〔公乃王〕이다.'

이 말은 '천지는 만물을 담고 있되, 공평하게 안고 있을 뿐 편애하지 않으며 서로 통하게 한다'는 뜻이다. 이런 것이 곧 하늘의 뜻〔天者〕이다. 이런 천자(天者)를 이어받아 백성을 고루 편안하게 하는 자를 천자(天子)라고 한다. 말 그대로 민주주의를 실천하는 자가 있다면 그 자가 곧 천자인 셈이다. 그러나 인간의 역사에는 가짜 천자들이 많아 백성들이 신음하고 아파한다.

큰 것으로 작은 것을 섬기는 것은 하늘의 뜻을 즐기는 것이다[以大事小者樂天者也].

작은 것으로 큰 것을 섬기는 것은 하늘의 뜻을 두려워하는 것이다[以小事大者畏天者也].

하늘의 위엄을 두려워하나니 이리하여 나라를 보전하도다[畏天之威于時保之].

4

즐거움을 독점하지 마라

제 나라 선 왕은 맹자를 빈사(賓師), 즉 왕을 가르치는 선생으로 삼아 모셨다. 제 나라의 학사(學士)들과는 달리 선 왕은 맹자를 나라의 손님으로 모시기 위해 설궁(雪宮)에서 겨울을 나게 하였다. 선 왕은 설궁으로 맹자를 찾아가 어진 사람[賢者]도 호화로운 설궁 같은 곳에서 즐거움을 갖느냐고 물었다.

이에 맹자는 현자도 즐거움을 갖지만 즐거움을 주는 것을 독점하지 않는다고 말하면서 이렇게 덧붙였다.

"사람들은 얻지 못하면 윗사람을 비난합니다. 얻지 못한다고 윗사람을 비난하는 것은 옳지 못합니다. 백성의 윗사람이 되어 백성과 더불어 즐거움을 함께하지 않는 것 또한 옳지 못합니다. 백성이 즐거워하는 것을 윗사람이 즐거워하면 백성 역시 윗사람이 즐거워하는 것을 즐거워합니다. 백성이 근심하는 것을 윗사람이 근심하면 백성도 윗사람이 근심하는 것을 근심합니다. 천하의 일로 즐기고 천하의 일로 근심하고도 천하에 왕 노릇을 하지 못한 사람은 없습니다."

맹자는 지금 선 왕이 설궁에서 즐거움을 독점하고 있음을 꼬집고 있는 것이다.

누구나 동고동락(同苦同樂)하면 다스리는 사람이 된다. 낙(樂)은 내 것이고 고(苦)는 네 것이라고 제 욕심만 부리는 자가 어찌 남을 다스릴 것인가. 즐거움을 얻는 것을 덕(德)이라 한다. 그래서 덕은 득(得)과 같다고 한다. 빼앗아 얻은 것은 착취하거나 훔친 것이고, 베풀어 얻은 것은 나눔이요, 즐거움이다. 현자의 낙은 그것을 나누어 누리는 것이지 독점하는 것이 아니다.

군림하는 자들이여, 이 점을 깨달으라. 그러면 뭇 사람들의 손가락질을 면할 수 있을 것이다.

맹자는 다시 춘추 시대 때 제 나라에 있었던 안자(晏子)를 빌려 이야기를 계속했다.

"옛날 제 나라의 경공(景公)이 안자에게 전부산(轉附山)과 조무산(朝儛山)을 구경하고 바다를 따라서 남쪽으로 낭야읍(瑯邪邑)까지 가고 싶은데, 어찌하면 선왕들이 구경한 것에 비길 수 있겠느냐고 물었답니다. 이에 안자는 이렇게 말했답니다. '정말 좋은 질문입니다. 천자(天子)가 제후(諸侯)에게 가는 것을 순수(巡狩)라고 하는데, 순수라 함은 지키고 있는 것을 둘러본다는 뜻입니다. 제후가 천자를 찾아가 뵙는 것을 술직(述職)이라 하는데, 술직이란 맡은 바 직책을 보고하는 것입니다. 그러니 일 아닌 것이 없습니다. 봄이면 밭 가는 것을 보고 부족한 것을 보급해 주고, 가을이면 추수하는 것을 살펴 모자라는 것을 도와줍니다. 한 번 봄농사를 시찰하고 한 번 추수를 시찰하는 것이 제후들의 법도였던 것입니다. 그러나 지금은 그렇지 않습니다. 군졸이 움직이면 양식을 멀리 날라다 먹어 백성이 굶주리게 되고, 일하는 사람은 쉬지 못하게 되며, 서로 흘겨보고 험담하며, 나쁜 짓을 마다하지 않게 됩니다. 그리고 왕은 선왕들의 교훈을 버리고 백성을 학대하고 음식을 물 쓰듯 낭비하며 뱃놀이와 사냥, 술타령에 빠져 제후들의 걱정거리가 됩니다. 흐름에 따라 내려가기만 하고 돌아가기를 잊는 것을 유(流)라 하고, 흐름을 따라 올라가면서 돌아오기를 잊는 것을 연(連)이라 합니다. 짐승을 사냥하는 데 빠져 싫증내지 않는 것을 황(荒)이라 하고, 술에 빠져 싫증낼 줄 모르는 것을 망(亡)이라 합니다. 선왕들께는 유련(流連)하는 낙(樂)이나 황망(荒亡)하는 낙 따위는 없었습니다. 오직 왕께서 하시는 일들만 있었습니다.' 경공은 이 말을 듣고 크게 기뻐했답니다."

경공과 안자의 이야기를 들은 선 왕의 속마음은 어떠했을까? 맹자의 이야기를 듣고 부끄러워했다면 왕 노릇을 할 수 있었겠지만 괘씸하게 여겼다면 왕 노릇을 못한 위인에 불과했을 것이다.

맹자는 선 왕의 폐부를 찔러 심금을 울리려 했던 것일까? 하필이면 춘추 시대 제 나라의 일을 들추어 이야기를 했을까? 아마도 준엄한 역사의 교훈을 통해 패자의 야심에 불타는 선 왕의 야망을 꺾어 버리고 싶었던 것이 맹자의 속셈이었는지도 모른다. 선 왕은 안자가 질책하는 부류에 드는 까닭이다.

안자는 춘추 시대 제 나라의 대부(大夫)였던 안영(晏嬰)을 높여 부르는 호칭이다. 사서(史書)에는 안영이 안평중(晏平仲)으로 되어 있다. 안영은 제 나라의 삼대(三代), 즉 영공(靈公), 장공(莊公), 경공(景公)을 섬겼고, 청빈을 몸소 실천한 인물로 잘 알려져 있다. 그가 경공에게 왕 노릇을 하려면 무엇보다 방탕함[流]을 막아야 한다고 한 일을 맹자가 선 왕에게 떠올려 준 것은 무슨 뜻이었을까? 방탕하고 방종하고 교만하지 마라. 이런 가르침으로 받아들여도 무방하리라.

방탕하고 방종하면 왕만 끝나는 것이 아니다. 사람도 끝난다. 누구나 방종하면 허물어지고, 방탕하면 그 끝이 험하다. 검소(儉素)하라. 겸허(謙虛)하라. 이런 말은 곧 삶을 두려워하라 함이다. 삶을 두려워하라 함은 생각을 삼가고 행동을 조신하게 하며 무엇이 소중한가를 살펴 살라는 의미다. 이를 하늘의 뜻이라고 한다. 이 말을 잘 새겨듣는 사람은 삶을 누리고, 그렇지 못한 사람은 제 삶을 잃고 자기 자신을 망신스럽게 한다. 그래서 어질면 하늘의 뜻을 즐기고, 현명하면 그 뜻을 두려워한다고 한다. 하늘 무서운 줄 모르는가? 이는 곧 나 자신을 살펴 방종하거나 방탕하지 말라 함이다.

윗사람이 백성이 즐거워하는 것을 즐거워하면 백성도 윗사람이 즐거워하는 것을 즐거워한다[樂民之樂者 民亦樂其樂].

군대가 움직이면 양식을 가져가기 때문에 굶는 자가 밥을 먹지 못하고, 일하는 자들이 쉴 수 없다[師行而糧食 飢者弗食 勞者弗息].
수(師)는 '군대'를 의미한다.
기(飢)는 '굶는다'는 뜻이다.
불식(弗食)이란 '먹지 못한다'는 의미다.

베푸는 데 넉넉하라

선 왕이 맹자에게 물었다.

"신하들이 태산 밑에 있는 명당(明堂)을 허물어 없애자고 주청하는데 명당을 허물어도 되겠는지요?"

선 왕의 말을 들은 맹자는 분명하게 말했다.

"무릇 명당이라는 것은 왕자의 당(堂)입니다. 임금께서 왕도의 정치를 하고 싶으시다면 명당을 허물지 마십시오."

이 말에 선 왕은 왕도에 관해 듣고 싶다고 했다.

주 나라가 천하의 종주권을 잡고 있었을 때의 일이다. 주의 왕〔天子〕은 동쪽의 제후들을 살펴보기 전에 명당에 제후들을 불러 나라를 다스리는 방법을 밝혔다. 그러나 제 나라 선 왕 때는 주 나라가 이미 약소국으로 전락한 상태였고, 명당이 있던 태산의 동북 자락은 제 나라의 수중에 들어와 있었다.

선 왕의 신하들이 주실(周室)이 선정을 베푼 본보기가 되는 명당을 허물어 없애자고 한 말이 제 나라 선 왕의 조정(朝廷)으로서는 꺼림칙했던 모양이다.

명당(明堂)의 명(明)은 밝고 맑은 것이요, 당(堂)은 집이다. 무엇을 밝고 맑게 한단 말일까? 귀신(鬼神)을 그렇게 한다 함이다. 귀(鬼)는 땅〔地〕이요, 음(陰)이며, 신(神)은 하늘〔天〕이요, 양(陽)이다. 그러므로 명당은 천지를 맑고 밝게 하는 집이다. 천지는 곧 천하로 통하고 천하에는 만물과 백성이 더불어 산다. 백성의 마음을 밝고 맑게 하려면 먼저 다스리는 쪽부터 밝고 맑아야 한다는 것이 왕도의 바탕이다.

왕도(王道)가 무엇인지 알고 싶다는 선 왕에게 맹자는 이렇게 풀어 주었다.

"옛날 주 나라 문 왕이 기산(岐山) 땅에서 다스릴 때에는 농사를 짓는 자에게 9분의 1을 과세했고, 시장의 형편을 살피기는 했으나 세금을 거두지 않았으며, 물고기를 잡기 위해서 물을 막는 보를 금하지 않았고, 사람을 처벌할 때는 처자에게까지 그 벌이 미치지 않게 했답니다. 늙고 아내 없는 이를 홀아비라 했고, 늙고 남편 없는 이를 과부라 했으며, 늙어 자식이 없는 이를 외로운 자라 했으며, 어려서 어버이가 없으면 고아라고 했습니다. 이 네 부류의 사람들은 천하의 궁박하고 외로운 백성들이었습니다. 문 왕은 정치를 베풀고 이 네 부류의 사람들을 먼저 돌보았답니다. 《시경》에는 '부유한 사람들은 괜찮다. 외로운 사람들이 불쌍하다' 라는 구절이 있습니다."

이처럼 맹자는 왕도가 무엇인지를 쉽고 절절하게 풀어 준다.

왕도(王道)란 무엇인가? 불쌍한 사람들을 불쌍하지 않게 하는 정치가 곧 왕도이다. 이것이 곧 선정(善政)이며 인정(仁政)이다. 선정은 천하의 사람들을 선하게 하고 인정은 온 백성을 어질게 하므로 이 두 말은 같은 말이다. 선정(善政)과 인정(仁政)을 하나로 묶어 왕도(王道)라 한다. 골고루 잘살게 하는 것이 왕도의 선물이다.

그러나 어느 한쪽을 부유하게 하기 위해 다른 한쪽을 불쌍하게 하는 정치가 있다. 학정(虐政)과 폭정(暴政)이 바로 그것이다. 학정은 백성을 굶주리게 하고 폭정은 백성을 모질게 한다. 학정과 폭정을 하나로 묶어 패도(霸道)라고 한다. 강하면 더욱 강해지게 하고 약하면 더욱 약해지게 하는 것이 패도의 전리품이다.

이 말을 들은 선 왕이 지당하다고 하자 맹자가 선 왕을 다그치며 물었다.

"그렇다면 왕께서는 왜 왕도를 실행하지 않는지요?"

이에 선 왕은 이렇게 둘러댔다.

"과인(寡人)에게는 한 가지 병이 있지요. 과인은 재물을 좋아합니다."

그래도 선 왕은 솔직한 편이다. 맹자는 재물을 좋아한다고 솔직하게 이야기하는 선 왕을 곧장 꼬집지 않았다. 나쁜 것을 나쁘다 하고 못된 것을 못됐다고 힐난하면 고칠 것도 고치지 못하는 법이다. 좋아하는 것이 병이 되는 것이 아니라 어떻게 좋아하느냐에 따라 병이 되기도 하고 병이 되지 않을 수도 있음을 맹자는 밝혀 준다.

"옛날에 공유(公劉)라는 인물은 재물을 무척 좋아했습니다. 《시경》에 보면 '창고에 쌓아 저장했네. 밥을 해 말린 양식을 전대에 넣어 자루에 담았다네. 백성을 편안하게 한 다음 나라를 빛내고자 활과 살을 들고 방패와 창, 도끼를 들고 그제서야 길을 가기

시작했다네' 라는 구절이 나옵니다. 그래서 남아 있는 백성에게는 창고에 저장한 양식이 있었고, 길을 가야 하는 사람은 양식을 넣은 자루를 지닌 연후에야 비로소 떠날 수 있었답니다. 왕께서 재물을 좋아하시되, 그것을 백성과 더불어 갖는다면 왕 노릇하는 데 무슨 병통이 있겠습니까?"

맹자가 인용한 시는 《시경》의 〈대아(大雅) 편〉 '공류(公劉篇)' 장에 나온다.

공류는 주민 족(周民族)의 시조인 후직(后稷)의 증손이라고 전해진다. 공류는 선조가 물려준 터전[封土]에서 백성을 다스리고 있었다. 그 봉토(封土)는 하 나라에 속해 있었다. 하 나라가 쇠퇴하면서 핍박이 심해지자 공류는 모든 준비를 갖추어 주민 족을 빈(豳)이란 곳으로 이주시킨 다음 주민 족을 흥하게 한 기틀을 마련하였다. 공류의 손자 문 왕에 이르러 강성해졌고, 문 왕의 아들 무 왕에 이르러 천하를 차지하게 되었다. 공류는 덕이 두터워 백성을 어루만져 다스렸던 것이다. 후덕(厚德)하다 함은 베푸는 데 넉넉하고 제 욕심을 차리는 것을 부끄러워함을 말한다. 맹자는 선 왕이 재물을 좋아하는 것 자체가 병이 아니라 후덕하지 못한 것이 탈임을 밝혀 주고 있는 것이다.

재물을 싫어한다는 말은 거짓말이다. 어느 누가 재물을 싫어할 것인가. 재물을 탐해 남의 것을 빼앗고 훔치고 착복하는 것이 문제이지 재물을 좋아하는 마음 그 자체가 병은 아니다. 그래서 장자도 숲 속에 사는 산새는 나뭇가지 하나를 제 집으로 만족하고 강가에 사는 두더지는 한 모금의 물로 강물에 만족한다고 했다. 다만 인간의 탐욕만이 호화 주택을 지으려 하고 강바닥이 드러나

도록 강물을 퍼먹으려는 심보를 부릴 뿐이다.

공류의 고사를 들은 선 왕은 다시 솔직하게 털어놓았다.

"과인에게는 병통이 있습니다. 과인은 여자를 너무 밝힙니다."

이에 맹자는 이렇게 말해 주었다.

"옛날 주 나라의 태 왕은 색(色)을 좋아했지만 자신의 왕비도 무척이나 사랑해 주었습니다. 《시경》에 보면 '고공단보(古公亶父)는 아침에 말을 달려 서쪽 물가로 가서 기산 밑에 이르렀네. 그제서야 강 씨의 딸과 함께 그곳에서 살았다네'라는 구절이 나옵니다. 당시에는 안으로는 남편 없는 여인이 없었고 밖으로는 아내 없는 사내가 없었답니다. 선 왕께서 색을 좋아하시더라도 백성들과 더불어 좋아하신다면 왕 노릇하는 데 무슨 어려움이 있겠습니까?"

색을 좋아한다면 제 아내를 그만큼 사랑해 주면 된다. 이 여자, 저 여자를 탐하며 엽색 행각을 벌이지 않으면 사내가 계집을 좋아한다고 해서 병이 될 것은 없다. 암수가 서로 그리워하는 것은 모든 동물의 본능이다. 본능은 천지의 것이지 어느 한 사람만의 것은 아니다.

색을 사냥하듯이 탐하면 탈이 되지만 수컷이 암컷을 좋아하고 그리워하는 것은 병이 아니다. 색을 성교의 희롱으로 생각하고 육욕(肉慾)의 노리갯감으로 여긴다면 죄악이다. 맹자는 선 왕이 왕비를 사랑하되 남의 여사를 탐하거나 색을 사냥감으로 여기지 않는다면 왕 노릇하는 데 아무런 병이 되지 않는다고 말하고 있다. 이러한 말이 어디 선 왕에게만 해당되겠는가? 우리 모두에게 들어맞는 말이다.

봄에는 교미를 해서 새끼를 낳고 가을에는 교미를 해서 알을 낳는 진드기는 성을 희롱하는 것이 아니다. 여왕벌과 수벌이 교미를 하고 나면 수벌은 죽지만 여왕벌은 그 자궁 속에 수많은 벌을 잉태한다. 목숨을 바쳐 호색(好色)하는 수벌은 성을 희롱하는 것이 아니다. 호색한(好色漢)은 사람에게만 있다. 강간과 간음도 사람만이 하는 짓이다. 제 짝을 사랑하는 것은 선한 호색이다.

왕이 재물을 좋아하되 백성과 더불어 좋아하면 문제될 것이 없다[王如好貨與百姓同之於王何有].

6

소중한 것이 잘못되면 잃는다

말수가 많으면 남는 말이 없고 말수가 적으면 남는 말이 깊다. 언(言)은 내가 남에게 하는 말이니 언(言)을 함부로 하지 말아야 한다. 어(語)는 남이 내게 하는 말이니 어(語)를 소중히 해야 한다. 이러한 이치는 맹자와 선 왕이 나눈 대화를 새겨 보면 알 수 있다.

먼저 맹자가 물었다.

"왕의 신하 가운데 하나가 처자식을 벗에게 맡겨 놓고 초 나라에 가서 놀다가 돌아와서도 그 처자식을 추위에 떨고 굶주리게 한다면 어떻게 하시겠습니까?"

"팽개쳐 버리겠습니다."

"선비를 가르치는 자가 선비를 가르치지 못한다면 왕께서는 어찌하시겠습니까?"

"파면해 버리겠습니다."

"나라 안이 다스려지지 않는다면 어찌하시겠습니까?"

이 물음에 선 왕은 꿀 먹은 벙어리가 되어 말머리를 돌렸다.

신하가 잘못하면 왕은 그 자를 파면하면 된다. 그러나 왕이 잘못해 나라가 멍들면 그 왕은 누가 처벌할 것인가? 맹자는 선 왕에게 무서운 질문을 던졌고, 선 왕은 그 질문에 입을 열지 못했다. 왜냐하면 맹자는 선 왕에게 천하에는 역성 혁명(易姓革命)이란 것이 있음을 깨우쳐 준 까닭이다.

인생이란 왕과 나라의 관계와 같다. 내 인생이 내 나라라면 나는 내 인생의 왕과 같다. 내 인생이 잘못되면 내 인생에서 나를 쫓아내거나 파면할 제삼자가 없다. 이처럼 나에게 있어 내 인생은 소중하다. 그러므로 삶을 소모하지 말 것이요, 탕진하지도 말 것이다.

한 귀로 듣고 판단하지 마라

선 왕이 맹자를 찾아왔다. 선 왕이 맹자를 찾아왔다는 것은 대단한 일로 쳐도 무방하리라. 자신에게 아첨을 하는 것도 아니요, 오히려 약점을 꼬집어 귀에 거슬리는 말만 거침없이 내뱉는 맹자를 찾아온 걸 보면 그래도 선 왕은 개선될 가능성이 있는 왕이었나 보다. 또 그랬기 때문에 맹자는 선 왕을 만날 때마다 할 말을 다 해 주었는지도 모른다.

"고국(故國)이라는 것은 큰 나무가 있는 것을 말하는 것이 아닙니다. 대대로 공을 이루어 온 신하들이 있는 곳을 두고 고국이라고 합니다. 지금 선 왕께는 마음을 주고받을 만한 신하가 없습니다. 또한 왕께서는 예전에는 등용해 썼지만 지금은 버려야 함을 모르고 있습니다."

맹자의 말에 선 왕은 이렇게 물었다.

"내가 어떻게 인재가 아님을 알고 신하를 버린단 말입니까?"

조정은 인재를 심어 두고 큰 재목으로 자라나게 하는 수풀이 아니다. 한곳에 고여 있는 물은 썩고, 바람이 통하지 않으면 곰팡이가 끼듯이, 조정의 중신들이 붙박이처럼 버티고 있으면 조정도 썩게 마련이다. 맹자는 지금 인재를 활용함에 있어서 쓸 만큼 쓰고 싱싱한 인재로 다시 메워야 함을 말하고 있는 것이다. 그러나 선 왕은 이 말을 무책임하게 받아넘기려 하고 있다. 하지만 이를 그냥 덮어두고 넘어갈 맹자가 아니다.

"왕이 지혜로운 인재를 등용하는 것은 마지못해 그렇게 하는 것 같아야 합니다. 위치가 낮은 사람이 윗자리에 있는 사람을 뛰어넘게 하고 낯선 사람이 낯익은 사람을 뛰어넘게 해야 하는 것인데 신중을 기하지 않아서야 되겠습니까? 주변에 있는 모든 신하들이 현명하다고 말해도 안 됩니다. 여러 대부들이 모두 현명하다고 말해도 안 됩니다. 왕은 백성이 모두 현명하다고 말한 인재의 현명함을 잘 살펴 등용해야 합니다."

맹자는 계속해서 말을 이었다.

"모든 신하가 안 된다고 말해도 그 말을 듣지 마십시오. 대부들이 모두 안 된다고 말해도 그 말을 듣지 마십시오. 백성이 모두 안 된다고 하면 백성의 말을 살펴 그 불가함을 안 연후에 제거하십시오. 신하들이 모두 죽여야 한다고 말해도 그 말을 듣지 마십시오. 모든 대부들이 죽여야 한다고 해도 그 말을 듣지 마십시오. 온 백성이 죽여야 한다고 말하면 그것을 살펴 죽여도 되는가를 파악한 뒤에 죽일 자를 죽이십시오."

맹자는 지금 왕도가 어떻게 트이는가를 살펴 주고 있다.

백성의 말을 들어라. 그러면 왕도가 트인다. 백성의 말을 듣지 않으면 패도가 열린다. 패도가 열리면 백성은 병들어 아프고 권문세도가 활개를 친다. 백성의 말에 귀를 기울이면 왕은 쓸 사람과 쓰지 말아야 할 사람을 가려 등용할 수 있다.

왕도를 트게 하려고 신하들로 하여금 삽질을 하게 하고 백성이 마음 편하게 그 길을 걷게 하는 것이 왕도이다. 왕의 시대에는 백성을 편안히 살게 하는 길이 왕도였다. 민주 시대에 왕도는 곧 민도(民道)인 셈이다. 맹자가 다시 태어난다면 왕도와 민도는 같다고 했을 것이다.

백성의 말은 멀리하고 측근의 말만 듣는 자는 다스리는 자가 아니라 남의 말을 듣고 움직이는 꼭두각시에 불과하다. 권문세도의 말만 듣고 나라를 다스리는 왕은 허수아비요, 권문세도의 방탄조끼 노릇을 할 뿐이다.

권문세도가 생기는 것은 나라의 녹을 먹는 자들이 자리를 독차지하고 낙락장송이 될 때까지 권세를 노략질하겠다는 야심을 버리지 못하기 때문이다. 독재자가 측근(側近)의 실세(實勢)로 인의 장막을 치고 군림하면 결국은 그 실세의 횡포로 권세를 잃거나 측근의 손에 참살된다는 역사를 우리는 많이 보아 왔다. 이런 험한 꼴은 인재를 적재적소(適材適所)에 배치할 줄 모르고 백성의 소리가 무엇인지를 살필 줄 몰라 당하는 어리석음이다.

멸망은 죄악의 마지막이다

선 왕이 맹자에게 물었다.

"탕(湯)이 걸(桀)을 추방하고 무 왕이 주(紂)를 추방했다고 하는데 그 말이 정말인지요?"

맹자가 전해 내려오는 글에 그런 일이 실려 있다고 하자 선 왕이 반문했다.

"신하가 왕을 시해(弑害)해도 되는 겁니까?"

이렇게 반문하는 것으로 보아 선 왕은 모셔야 할 왕이 있고 버려야 할 왕이 있다는 것을 알지 못했던 모양이다. 백성은 버릴 수 없어도 왕은 경우에 따라 치울 수도 있다는 것을 선 왕을 몰랐다.

"인(仁)을 해치는 자를 흉포한 자라고 합니다. 의(義)를 해치는 자를 잔혹한 자라고 합니다. 흉포하고 잔혹한 인간은 한 사나이에 불과할 뿐입니다. 한 사나이에 불과한 주(紂)를 죽였다는 말은 들었어도 왕을 살해했다는 말은 듣지 못했습니다."

맹자는 이렇게 선 왕의 반문에 답해 주었다. 이 말은 실로 선 왕의 간담을 서늘하게 했을 것이다.

왕좌(王座)에 있다고 해서 무조건 왕이 되는 것은 아니다. 왕의 자리를 보전해 주는 것은 인의(仁義)에 머물러 있느냐, 아니냐에 달려 있다. 맹자의 말에는 그러한 판단은 백성이 한다는 뜻이 담겨 있다. 임금은 하나의 쪽배와 같고 백성은 강물과 같아 강물이 노하면 쪽배는 산산조각난다고 직언한 조선조 남명 선생의 말 역시 맹자의 말과 같다.

하 나라의 마지막 왕이었던 걸은 천자였고 은 나라의 탕은 걸의 제후였다. 은 나라의 마지막 왕이었던 주는 천자였고 주 나라의 무 왕은 제후였다. 대통령이 오늘날의 천자에 해당한다면 제후는 도지사쯤에 해당한다고 여겨도 무방하다. 선 왕은, 탕은 걸의 신하였고 무 왕은 주의 신하였던 셈이므로 신하가 왕을 내쳐도 되냐고 반문했던 것이다. 이러한 반문에 맹자는 걸과 주는 왕이 아니라 못돼먹은 사나이에 불과했음을 밝혀 주고 있다.

걸은 권력 하나만 믿고 온갖 만행을 마다하지 않았다. 백성은 굶주렸지만 궁궐 안의 간신들은 노략질을 일삼았다. 걸이 깡패 두목과 같았다면 그 밑의 신하들은 앵벌이와 같았다. 두터운 덕으로 백성을 다스려야 함을 알았던 탕 왕은 걸을 추방하고, 걸 밑에서 신음하던 백성들을 구했다. 이것은 왕을 쫓아낸 것이 아니다. 못된 불한당을 쫓아낸 것이다.

은 나라의 주는 포악하기가 이를 데 없었다. 상아로 만든 젓가락과 금그릇으로 밥을 먹고, 눈에 난 인간은 파리 목숨만도 못하게 여겼다. 폭군 노릇을 그만두라는 비간의 말에 주는 자신의 숙부인 비간을 잡아다 놓고 이렇게 말했다.

"옛 성현의 몸에는 일곱 개의 구멍이 있다는데 내가 너에게 구멍을 뚫어 주마."

그리고는 비간의 가슴을 뚫고 배를 찢어 강물에 던져 물고기 밥이 되게 했다고 한다. 무 왕은 혁명(革命)을 일으켜 주를 죽였다. 포악한 주 때문에 은 나라는 천하를 잃었고, 제후였던 무는 천하를 얻어 주 나라의 천자가 되었다.

한 나라가 멸망하는 것도 부덕한 탓이며, 한 개인이 망하는 것도 부덕한 탓이다. 흥망성쇠(興亡盛衰)가 명암처럼 엮어진다고 하지만 그것은 덕이 있느냐 없느냐에 따라 달라진다. 덕이 있으면 흥하지만 흥한다고 해서 오만해지면 덕이 물러가 결국엔 망하고 만다. 만물에 두루 통하게 하는 것이 덕이요, 온 백성에게 두루 통하게 하는 것이 인의이다. 맹자는 덕이든 인의든 모두 선으로 보았고, 인간은 그 선을 타고났기 때문에 저마다의 삶을 알맞게 즐길 권리가 있음을 밝힌 것이 맹자의 왕도이다.

왕도를 저버리고 패도에서 놀아나고, 하늘 무서운 줄 모르고, 백성이 두려운지 모르고, 오만하고 교활하고 방종하며 방탕한 인간은 쓰레기에 불과하다. 쓰레기는 치워야 하는 것이다. 쓰레기 같은 인간이 권부(權府)에 있으면 백성이 빗자루를 들어 쓸어 내야 한다. 그것을 혁명이라고 한다.

한 번의 혁명으로 모든 것이 끝나지는 않는다. 방을 쓸어 냈다고 하루아침에 방이 깨끗해지는 것은 아니다. 수시로 비질을 해야만 깨끗한 방이 된다. 어진 치자는 신하를 엄하게 다루고 백성을 어루만질 줄 안다. 그래서 왕도는 민주 시대의 정치 사상이 되고도 남는 것이다. 백성이 없다면 나라가 어디에 있고, 나라가 없다면 대통령이 무슨 필요가 있겠는가?

인생도 예외가 아니다. 내 인생이 소중함을 안다면 남의 인생도 소중함을 알아야 한다. 내 인생만 소중히 하고 남의 인생은 가볍게 보면 소중하다는 제 인생이 먼저 험해지고 만다. 남을 해치면 그것이 두 배의 독이 되어 나에게 돌아오고, 남을 도우면 그것이 두 배의 은혜가 되어 나에게 돌아온다. 이것이 곧 순리(順理)이다. 이러한 순리를 옛날에는 천자(天者)라 했다. 그래서 하늘의 뜻[天者]을 어기는 것을 역리(逆理)라고 하는 것이다. 그러니 물길의 방향을 잡듯이 살라.

《주역》의 〈건괘(乾卦)〉에는 이런 구절이 나온다. '잠룡(潛龍)을 가까이하고 항룡(亢龍)을 멀리하라.'

잠룡은 물밑에 엎드려 있는 용이고 항룡은 승천하는 용이다. 높이 올라가기만을 바라는 자는 반드시 추락하고, 낮은 자리를 지키며 성실히 사는 자는 떨어지지 않는 날개를 달 수 있다. 그러기 위해서는 삶 앞에 겸허하고 겸손해야 할 것이요, 선덕(善德)을 벗어나면 멸망이 기다린다는 것을 알아 두어야 할 것이다. 못된 나라가 망하는 것처럼 못된 인간은 결국 멸망한다. 걸(桀)과 주(紂)는 겁 없이 못된 인간 노릇을 하다가 쓰레기처럼 치워진 것이다.

어진 것을 해치는 자를 흉포한 자라고 한다 [賊仁者謂之賊].
적(賊)은 '해치다' 또는 '해치는 것'을 뜻한다.

올바른 것을 해치는 자를 잔혹한 자라고 한다 [賊義者謂之殘].
잔(殘)은 '잔혹하다' 또는 '잔혹한 것'을 뜻한다.

9

맡은 자의 뜻을 존중하라

굼벵이에게는 구르는 재주가 있다. 나비에게는 나는 재주가 있다. 그러나 나비의 날개를 뗀다고 해서 나비가 굼벵이처럼 구르는 재주를 갖는 것은 아니며, 굼벵이의 몸에 날개를 달아 준다고 해서 굼벵이가 나비처럼 나는 재주를 갖는 것도 아니다. 인간도 예외가 아니다.

세 살 버릇 여든까지 간다는 말이 있다. 배운 재주를 마음껏 발휘하는 것이 현명하다. 맡겨 주었으면 맡은 자의 뜻에 따라야 일이 잘 풀린다. 간섭이 잦으면 될 일도 안 된다. 그래서 제상을 차릴 때 감 놓아라, 대추 놓아라 하면 제사를 망치는 것이다.

맹자가 선 왕을 만나 말했다.

"큰 궁궐을 지으려면 도목수를 시켜서 큰 나무를 구해 오게 해야 할 것입니다. 도목수가 큰 나무를 구해 오면 왕께서는 기뻐하시고, 그 재목이 제 구실을 해 낼 수 있다고 여길 것입니다. 그러나 목수가 재목을 깎아서 작게 만들면 왕께서는 화를 내시며 그 재목이 제 구실을 못하리라고 생각하실 겁니다. 무릇 사람이 어려서 배운 재주를 장성한 후에 실행하려 하는데 왕께서 네가 배운 것을 버려 두고 나를 따르라고 한다면 어떻게 되겠습니까?"

그러면서 맹자가 선 왕에게 다시 물었다.

"옥이 들어 있는 원석(原石)이 있다면 그 원석의 무게가 20만 냥이 나간다 해도 반드시 옥을 다루는 자를 시켜서 다듬게 해야 할 것입니다. 나라를 다스리는 데 있어서 잠시 네가 배운 것을 버려 두고 나를 따르라고 한다면 그것은 옥을 다루는 자에게 옥을 다루는 법을 가르쳐 주는 것과 무엇이 다르겠습니까?"

맹자가 비유를 들어 묻는 것으로 미루어 보아 선 왕은 덕을 다루어 세상을 짓는 데 문제가 있었던 모양이다. 왕이라고 해서 무슨 일이든 다 할 수 있는 것은 아니다. 나 아니면 안 된다고 생각하는 사람들 탓에 세상이 앓는 법이다. 맹자의 말은 곧 나 아니면 안 된다고 고집하는 사람이 되지 말라 함이다.

궁궐을 짓는 일이라면 왕보다는 도목수가 윗길이다. 무서울 것 없는 권력을 가졌다고 함부로 사용하는 것은 세상을 짓기는커녕 허물어 버리는 짓에 불과하다. 목수가 연장을 다루는 솜씨로 집을 짓는다면 치자는 인의를 실천하는 덕으로 세상을 짓는다.

맡긴 일을 간섭할 것이 아니라 맡아서 제대로 일할 사람을 구해 일을 맡겨라. 그리고 일을 맡긴 다음에는 간섭하지 말라. 시어머니가 며느리 볶듯이 하면 세상에 되는 일이란 없다. 이와 마찬가지로 목수에게 집 짓는 일을 맡겼다면 재목 다루는 일에는 간섭하지 말고 그 일을 잘할 수 있도록 해 주어라. 옥 다듬는 자에게 그 일을 맡겼다면 간섭하지 말고 옥 다듬는 일에만 진념할 수 있게 해 주어라. 이 말은 곧 모든 사람이 저마다의 일을 마음에 두고 세상을 맞이할 수 있도록 하라 함이다.

스스로 일하게 하는 것과 지시를 받아 일하게 하는 것은 서로 다르다. 자발적으로 일하게 하면 저절로 성실해지지만 지시를 받고 일하게 되면 꾀를 부리게 된다. 꾀 부리는 짓을 막기 위해 엄한 규칙을 만들면 그것을 어기기 위해 또다른 속임수를 쓰게 될 뿐이다. 사람을 물건 다루듯이 하면 아무것도 되는 일이 없다. 제 입속의 혀 같이 되라고 하는 사람보다 더한 바보는 없다.

기는 놈 위에 뛰는 놈이 있고 뛰는 놈 위에 나는 놈이 있는 법이다. 인간의 능력은 형형색색이라서 저마다의 능력과 재주를 인정해 주고, 그것을 마음껏 발휘할 수 있는 장(場)을 마련해 주면 된다. 그렇지 않고 무엇이든 내가 제일이라고 앞장서는 자는 언제나 꼴지 주위를 맴돌 뿐이다.

백성이 원하는 것만 하라

인간에게 소유욕이 없다면 뺏고 빼앗기는 일은 없을 것이다. 빼앗기는 것이 싫다면 뺏는 짓도 하지 말아야 한다. 주고 싶어하면 얻고, 주고 싶어하지 않으면 얻지 말아야 한다. 그러면 시샘도 시기도 없을 것이며 싸움도 전쟁도 없을 것이다. 그러나 인간의 소유욕은 억눌러 정복하려는 야심을 버리지 못한다. 역사 속의 흥망성쇠에는 숱한 소유욕의 곡절이 있었다. 이러한 흥망의 굴레는 나라에도 있고 개인에게도 있다.

나아가고 싶다면 먼저 물러설 줄 알고, 뺏고 싶다면 먼저 베풀 줄 알고, 성공하고 싶다면 먼저 실패의 쓴맛을 알아야 한다. 그러면 흥하려다 망하는 꼴은 당하지 않을 것이다. 현명하면 싸우지 않아도 이기고, 어리석으면 싸우고도 지는 법이다.

그래서 모든 사람이 원하는 바를 좇아 삶의 방향을 잡아가면 탄탄해지고, 모든 사람이 원하지 않는 바를 억지로 이루려고 하면 그 끝이 험해진다는 것이다.

제 나라는 연(燕) 나라를 쳐서 승리했다. 이에 제 나라의 선 왕은 아마도 우쭐했을 것이다.

선 왕이 맹자에게 물었다.

"어떤 사람은 과인에게 연 나라를 빼앗지 말라 하고 또 어떤 사람은 과인에게 연 나라를 빼앗으라고 합니다. 큰 나라가 큰 나라를 쳐서 50일에 걸쳐 해치웠으니 사람의 힘으로는 하지 못했을 것입니다. 빼앗지 않으면 반드시 하늘이 내리는 재앙이 올 것입니다. 빼앗는 것이 어떻겠습니까?"

선 왕의 말 속에는 제 나라가 연 나라를 쳐서 이긴 것은 하늘의 뜻이라는 의미가 은근히 숨어 있다.

선 왕의 말을 들은 맹자는 이렇게 밝혔다.

"빼앗아서 연 나라 백성이 기뻐한다면 빼앗으십시오. 옛날 사람 중에도 그렇게 한 사람이 있습니다. 무 왕이 바로 그분입니다. 그러나 빼앗아 연 나라의 사람이 기뻐하지 않는다면 빼앗지 마십시오. 옛날 사람 중에도 그렇게 한 분이 있습니다. 그분은 바로 문 왕입니다. 큰 나라가 큰 나라를 치는 데 있어 대나무 도시락에 담은 밥과 물병에 담은 물로 왕의 군대를 환영한 것이 어찌 다름이 있겠습니까? 물과 불의 재난을 피하려고 그렇게 하는 것입니다. 만약 물이 더욱 깊어지고 불이 더욱 뜨거워진다면 빼앗은 것을 다시 빼앗기게 될 것입니다."

맹자의 말에는 전쟁의 승리에 도취되어 못할 짓을 범하지 말라는 뜻이 숨어 있다.

힘으로 한 나라를 정복했다고 해서 패한 나라의 백성까지 정복한 것은 아니다. 물이 깊으면 피해 가고 불이 뜨거우면 역시 피해 간다는 맹자의 비유는 일품이다. 다스림이 천 길 물속처럼 백성을 잠기게 한다면 백성은 익사하지 않으려고 빠져나갈 것이요, 불길이 사나워 산천을 태운다면 백성은 불에 타 죽지 않으려고 도망칠 것이다. 백성을 익사(溺死)하게 하는 정치를 해서는 안 되며 백성을 소사(燒死)하게 하는 정치를 해서도 안 된다.

나랏일이나 한 개인의 일에 승승장구(乘勝長驅)란 없다. 싸운다면 성패(成敗)는 반반이 될 수밖에 없다. 나는 항상 승자가 되고 상대는 항상 패자가 되라는 법은 없다. 쥐구멍에도 볕 들 날이 있듯이 오늘 웃으면 내일 울고, 오늘 울면 내일 웃을 수 있다. 행운은 어느 한 사람만의 것이 아니다. 인생을 싸움으로 여기고, 싸워서 이겼다고 날뛰는 자는 범 무서운 줄 모르고 덤비는 하룻강아지 꼴에 불과하다.

폭군은 성군에게 지고 악한은 선한 사람에게 진다. 선하면 길(吉)로 통하고 악하면 흉(凶)으로 통하는 것이 《주역》의 역(易)이 아닌가? '나고 나는 것을 역이라 한다〔生生曰易〕' 는 것은 선은 선을 낳고 악은 악을 낳는다는 뜻이다. 이겨도 악하면 지는 법이다. 선하게 이겨야 참으로 이기는 것이다.

물이 점점 더 깊어지고 불이 더욱더 뜨거워지면 다른 데로 옮겨갈 뿐이다[如水益深 如火益熱 亦運而已耳].

나에게서 나간 것은 내게로 돌아온다

추 나라가 노 나라와 싸움을 일으켰다. 추 나라는 노 나라에 속해 있던 작은 나라였다. 작은 나라인 추가 큰 나라인 노를 침공한 것이다. 추 나라는 맹자가 태어난 나라이기도 하다.

추 나라를 다스리고 있던 목공(穆公)이 맹자에게 물었다.

"내가 임명한 유사(有司, 장교)들은 서른세 명이 죽었지만 징집당한 백성(졸병)들은 죽지 않았습니다. 그들을 죽이자니 다 죽일 수도 없고, 죽이지 않고 그냥 두자니 윗사람들의 죽음을 보고도 구하지 않은 백성들에게 화가 납니다. 이를 어찌했으면 좋겠습니까?"

목공의 물음에 맹자는 이렇게 밝혀 주었다.

"흉년과 기근이 심해 왕의 백성 중에 노약자들은 도랑으로 굴러 들어가 죽었고, 수천만 명의 장정들은 사방으로 흩어져 버렸습니다. 그러나 왕의 양곡 창고는 가득 차 있고 물자 창고도 꽉 차 있습니다. 왕의 유사들은 왕께 고하지 않았습니다. 이것은 윗사람들이 교만하고 아랫사람을 잔인하게 다룬 탓입니다. '경계하라, 경계하라, 너에게서 나간 것은 너에게로 되돌아온다.' 증자(曾子)께서는 이렇게 말씀하셨습니다. 백성들은 자기네가 당했던 것을 되갚았을 뿐입니다. 왕께서는 이를 허물 삼지 마십시오. 왕께서 어질게 다스리면 백성들이 윗사람을 가까이하고 그들의 장수를 위해 목숨을 바칠 것입니다."

목공은 자신의 신하만 귀한 줄 알았지 백성이 귀한 줄은 몰랐다. 못된 윗사람을 아랫사람이 어떻게 받들어 모신단 말인가? 윗물이 맑으면 아랫물도 맑아지고 윗물이 더러우면 아랫물도 더러워지는 법이다. 오는 것이 고와야 가는 것도 곱다. 거칠면 거칠게 되돌아오고 부드러우면 부드럽게 되돌아온다. 산울림만 메아리가 아니다. 인간의 정(情)도 메아리되어 울려 온다. 웃는 낯에는 누구도 침을 뱉지 못하는 법이다.

백성이 앙갚음한 것을 허물 삼지 말라고 한 맹자의 말에는 무서운 속뜻이 스며 있다. 백성을 탄압하는 나라는 재앙을 당하고, 백성이 등을 돌려 재앙을 당한 나라는 설 곳이 없음을 헤아리게 한다. 백성을 괴롭히는 것은 천지를 괴롭히는 것과 같다. 이것이 정치의 천명 사상이다. 천지를 괴롭히고 어디서 몸 둘 곳을 찾을 것인가?

원수를 사랑하라. 이것은 성현의 경지에서나 가능한 말이다. 보통 사람들은 서로 주고받으며 산다. 생활의 감정은 언제나 메아리처럼 오고가게 마련이다. 오고가는 심정이 부드러우면 어진 통로가 열리고, 그 심정이 거칠면 모진 통로가 열린다. 죽일 놈, 살릴 놈 하는 난장 같은 세상은 누구의 책임인가? 먼저 윗사람에게 그 책임을 물어야 한다. 나라가 잘못되면 제일 먼저 대통령에게 그 책임이 가고, 회사가 잘못되면 사장에게 먼저 그 책임이 가며, 가정이 잘못되면 가장에게 먼저 그 책임이 간다. 나 자신이 잘못되면 그것 또한 내 책임이요, 내 탓이다.

되로 주면 말로 받는 법이다. 한 되의 선을 베풀었다면 한 말의 선이 되돌아오고, 한 되의 악을 저질렀으면 한 말의 악이 되돌아온다. 선한 것이 오고가는 것을 일러 길(吉)이라 하고, 악이 오고가는 것을 흉(凶)이라 한다. 스스로의 인생을 길하게 하고 싶다면 자신부터 먼저 선해져야 한다. 자신이 선하지 않으면서 길하기를 바라는 것은 가을 산천에서 진달래꽃을 찾는 꼴과 같다. 흉하게 해 놓고 길하기를 바랐던 목공은 어리석었다.

경계하라, 경계하라, 너에게서 나간 것은 너에게로 되돌아온다 [戒之戒之 出乎爾者 反乎爾者也].

반(反)은 '되돌아온다[返]'는 뜻이다.

목숨을 걸어야 할 일은 없다

목숨을 걸고 그 일을 해야 한다고 말할 만한 것은 없다. 어떤 일이 아무리 소중하다 한들 목숨보다 더 소중하랴. 제 목숨을 해쳐서라도 어떤 일을 하려는 자는 남의 목숨을 헌신짝처럼 여길 것이다. 잔인한 생각은 제 자신을 잔혹하게 한다. 그래서 모질게 사는 사람보다는 분수에 맞게 열심히 사는 사람이 제대로 인생을 누린다.

등(滕) 나라는 제 나라와 초 나라 사이에 끼어 있었다. 등 나라를 다스리던 문공(文公)이 맹자에게 물었다.

"등은 작은 나라입니다. 힘을 다해서 큰 나라를 섬겨도 핍박을 피할 수가 없습니다. 이 노릇을 어찌하면 좋겠습니까?"

등 나라 문공의 말을 들은 맹자는 이렇게 말해 주었다.

"옛날 태 왕이 빈(邠)이란 곳에 실 때 사나운 유목민〔狄〕이 침입해 와 온갖 물품으로 그들을 섬겼지만 침입을 면할 수가 없었습니다. 그래서 태 왕은 장로들을 모아 놓고 '적인(狄人)들이 원하는 것은 땅이오. 내 듣건대 군자는 사람을 기르는 땅 때문에 사람을 해치지는 않는다고 합니다. 당신네들에게 왕이 없다 한들 무슨 탈이 있겠소? 나는 여기를 떠나려 하오' 하고는 빈을 떠나 양산(梁山)을 넘어 기산(岐山) 밑에 가서 살았다고 합니다. 빈에 살던 사람들 중에는 어진 분을 놓쳐서는 안 된다며 그를 따르는 사람이 셀 수 없을 만큼 많았습니다. 대대로 내려온 땅이므로 혼자서 마음대로 할 수 있는 것 아니냐고 하며 죽는 한이 있더라도 떠나지 말자고 하는 이도 있을 것입니다. 왕께서는 둘 중 하나를 택하시기 바랍니다."

태 왕은 기산 밑에 주 나라의 터를 잡았던 사람이다. 그는 거기서 덕을 베풀어 결국 무 왕 때에 이르러 천하를 잡았다. 태 왕에게는 물러설 자리가 없었던 것이 다행이었다. 물러설 자리가 없다면 어떻게 해야 할까? 믿을 수 있는 것은 백성밖에 없다. 학정을 일삼아 백성이 등을 돌린다면 땅덩어리가 아무리 넓고 크다 해도 소용이 없다.

나라를 지키는 마음이 곧 왕이나 대통령을 지키는 일이라고 말하지 마라. 내 삶을 위하여 나라를 지키는 마음이 생긴다. 나라가 내 삶을 핍박한다면 어느 누구도 나라를 지킬 생각을 하지 않는다. 강하고 약한 나라를 땅덩어리의 크기로 잴 수 있는 것은 아니다. 호랑이는 크고 강하다. 담비는 작고 약하다. 그러나 호랑이와 담비가 싸우면 담비가 이긴다. 담비가 떼를 지어 덩치 큰 호랑이를 공격하는 까닭이다. 떼지어 사는 담비는 함께 사냥하여 함께 나누어 먹고 사는 작은 짐승이다. 담비의 응집력은 어디서 나오는 걸까? 함께 산다는 그들의 본능에서 나온다.

태 왕은 물러갈 곳이 있었기 때문에 무리를 이끌고 침략과 전쟁이 없는 벽지로 옮겨갔다. 하지만 물러설 곳이 없었더라면 태 왕 밑에 있는 백성들이 그 어떤 철옹성보다 더 강한 힘을 발휘했을 것이다. 서로가 덕으로 뭉치면 약해 보이지만 강한 법이고, 서로가 이권(利權)으로 담합하면 강해 보이지만 실제로는 약한 것이다.

서로 살게 하는 것이 곧 선(善)이다. 그 삶을 질서 있게 하는 것이 곧 미(美)이고 그 삶을 조화(調和)롭게 하는 것이 곧 의(義)이다. 덕(德)은 이런 것들을 잘 엮어서 모든 사람들의 삶이 틈나지 않게 해 준다. 지도자가 그러한 덕을 베푼다면 어느 누가 그를 따돌리겠는가? 태 왕은 모든 사람에게 덕을 베풀었던 모양이다. 그렇게 하지 않았다면 어느 누가 떠나는 자를 뒤따랐겠는가? 명성과 권력, 재물은 사람을 매수할 수 있지만 그 사람의 마음까지는 열 수 없다. 그러나 덕은 사람의 마음을 얻게 한다. 그래서 덕(德)을 득(得)이라고 하는 것이다.

군자는 사람을 살게 하는 땅을 가지고 사람을 해치지 않는다 [君子不以其所以養人者害人].

작은 것은 큰 것을 담지 못한다

허공(虛空)보다 넉넉한 것은 없다. 우주를 담고 있는 그릇이 허공이다. 허공은 걸림이 없게 한다. 걸림이 없으므로 땅이 돌고 달이 돌고 해가 돈다. 허공에 달려 도는 것은 무엇이든 둥근 모습을 간직하고 있다. 둥근 것, 그것은 곧 걸림이 없음이다. 대인의 마음은 둥글지만 소인의 마음에는 모가 나 있다. 둥근 마음에는 상대가 없다. 그러나 모난 마음에는 이런저런 모가 있어 변덕스럽고 옹색하다.

권문세도의 서슬에 밀려 왕이 제 구실을 못하게 되면 왕은 권문세도의 그림자에 불과하다. 어느 시대에나 실권(實權)을 쥔 권문세도는 백성의 피를 빨아먹는 흡혈충 노릇을 마다하지 않았다. 측근에게 너무 큰 힘을 주는 것은 호랑이 새끼를 키우는 것과 같다. 그러면 믿었던 도끼에 제 발등을 찍히게 된다. 이는 편애와 증오의 갈림이 동전의 앞뒤와 같음을 몰라 짓는 어리석음이다.

노 나라 평공(平公)은 왕의 위신을 되살리기 위해 맹자를 찾아가 가르침을 받으려고 했다. 평공이 외출하려고 할 때 애첩이었던 장창(藏倉)이 말했다.

"왕께서 나가실 때는 반드시 유사에게 가는 곳을 알렸는데, 지금은 수레에 말을 매 놓은 상태인데도 유사는 왕께서 어디로 가시는지를 모르고 있습니다. 어디로 가시는지 알려 주시길 간청하옵니다."

이에 평공이 맹자를 만나러 간다고 하자 장창이 다시 말했다.

"무슨 일입니까? 왕께서 왕의 위치를 가볍게 여기시고 일개 필부를 만나시려는 것입니까? 맹자가 현명한 자란 말입니까? 예의는 현자로부터 나온다고 했습니다. 맹자는 예전의 상례(喪禮)보다 뒤의 상례를 훨씬 잘 치른 사람입니다. 왕께서는 그 자를 만나지 마십시오."

이 말을 들은 평공은 맹자를 만나러 가지 않았다. 속 좁은 말을 그대로 들어 주었으니 평공의 마음 역시 작고 좁았던 것이다.

낙정자(樂正子)가 궁궐에 들어가 평공을 만나 물었다.

"왕께서는 왜 맹자를 뵙지 않으셨는지요?"

"어떤 사람의 말을 들으니 맹자는 앞의 상례보다 뒤의 상례를 지나치게 잘 치렀다기에 만나러 가지 않았소."

"왕께서 지나치다고 하시는 것은 무엇입니까? 전에는 사(士)의 예로 상을 치렀고, 뒤에는 대부(大夫)의 예로 상을 치렀을 뿐인데 이를 두고 하시는 말씀입니까?"

"관곽(棺槨)과 수의(壽衣)가 더 호사스러웠음을 말한 게요."

"그것은 지나쳤다고 말씀할 것이 못됩니다. 빈부의 정도가 달랐기 때문입니다."

낙정자는 맹자의 제자였다. 성은 낙정(樂正)이고 이름은 극(克)

이었다. 낙정자는 뒤에 맹자를 만나 이렇게 아뢰었다.

"제가 왕께 여쭈어 보니 왕께서는 만나 뵈옵기로 했는데 왕의 애첩인 장창이 막았다고 합니다. 그래서 왕께서 오시지 못했다고 합니다."

낙정자의 말을 들은 맹자는 이렇게 말했다.

"갈 때에는 혹 가게 하는 수가 있고 멎을 때에는 혹 멎게 할 수가 있다. 그러나 가는 것과 멎는 것은 사람이 시킬 수 있는 것이 아니다. 내가 노후(魯侯)를 만나지 못한 것은 하늘의 뜻이다. 어찌 장 씨(藏氏)의 딸이 만나지 못하게 할 수 있겠느냐?"

있으면 있는 대로 예를 갖추고 없으면 없는 대로 예를 갖추면 어긋남이 없다. 형편이 되지 않아 처지에 맞게 장례를 치렀고 뒤에 형편이 나아져 전보다 낫게 장례를 치른 것은 예에 어긋날 것이 없다. 청승맞게 엄살을 부리거나 있으면서 없는 척하는 것은 위선(僞善)이다. 위선은 곧 무례(無禮)다. 이를 분간하지 못하고 애첩의 간사한 말만 들은 공은 평공은 속이 좁고 앞을 내다볼 줄 몰랐다.

험담을 들은 맹자는 허물로 돌리지 않았다. 일이 되느냐 안 되느냐 하는 것은 하늘의 뜻이지 사람이 막거나 터 준다고 해서 되는 것이 아니란 말은 많은 것을 가르쳐 준다. 말이 씨가 되어 흠집을 남기고 삶을 어렵게 할 수도 있는 것이다.

공손추장구
公孫丑章句

■ 공손추장구(公孫丑章句)에 대하여

〈공손추장구〉를 대하면 맹자가 왜 성현인가를 알 수 있다. 더불어 성현이 왜 세상의 등불인가를 헤아릴 수 있다.

노장(老莊)이 자연이 되는 방법을 깨우치게 해 준다면 공맹(孔孟)은 인의를 실천하는 방법을 깨우치게 해 주는 성현이다.

맹자가 제 나라에서 겪은 여러 가지 일들을 보면 잘된 일은 남의 덕으로 돌리고 잘못된 일은 철저히 내 탓으로 돌리는 모습을 볼 수 있다. 여기서 군자는 하늘을 원망하지 않고 사람을 허물 잡지 않는다는 말을 체험할 수 있다.

맹자는 제 나라에서 여러 사람들을 만났다. 그러나 왕을 성군으로 이끄는 인물은 한 명도 만나지 못했다. 모두들 자기 앞가림을 하기 위해 왕을 바라보았지 왕을 바른 길로 인도하는 데 마음을 쓰는 자는 없었다. 그래서 제 나라 왕은 맹자를 빈사로 초청했었는지도 모른다.

그러나 제 나라 왕 역시 왕도의 길을 밟으려는 마음이 없었다. 다른 군왕들과 마찬가지로 힘으로 세상을 정복할 줄만 알았을 뿐 왕도는 겉듣는 위인이었다. 맹자는 그런 사실을 알고도 내색하지 않고 전쟁이 끝나기를 기다렸다. 〈공손추장구〉에는 맹자가 제 나라를 떠나는 과정이 서술되어 있다. 맹자가 제 나라를 떠나는 광경이 묘사되어 있는 것이 아니라 맹자가 제 나라를 떠나는 사건을 두고 사람들이 보인 반응이 묘사되어 있다. 그 만남을 통해 우리는 인간의 유형을 짚어 볼 수 있다.

성현은 사리(事理)에 따라 순리(順理)를 찾고, 우매한 인간은 사리를 뭉개고 좁은 소견으로 저울질하려고 한다. 그래서 편견을 갖고 독단을 짓기도 하고 오해도 하고 원망도 하고 심하면 원한을 쌓는다. 그러나 이러한 짓거리는 모두 우매해서 범하는 자기소모에 불과하다.

성현은 우둔한 자를 현명한 길로 인도한다. 맹자의 말을 듣고 나면 꽉 막혔던 마음의 줄기가 훤하게 트이고 갈래를 잡는다. 이렇게 마음을 조정해 주면 깨우침 또한 저절로 열린다. 깨우침이란 현명한 것이 열리게 하는 열매와 같다. 이 장에서는 누구나 이러한 열매를 따서 맛보고 먹을 수 있게 하는 귀한 선생을 만날 수 있다.

선생이 흔치 않은 세상에서 틀림없는 선생을 만난다는 것은 모진 병이 든 환자가 명의(名醫)를 만나는 것과 다름없다. 돌팔이 의사를 만나면 병이 도지지만 명의를 만나면 병을 확실히 알 수 있고, 또 모진 병도 고칠 수 있다. 맹자의 말은 혼란스럽고 난잡한 세상일수록 명약(名藥)이 된다.

제 나라에 살던 소인배와 같은 벼슬아치들이 맹자를 만나 대인의 길을 걸을 수 있었던 순간들은 우리를 훈훈하게 한다. 소인배의 소굴에서 빠져나올 수 있는 길을 찾을 수 있는 까닭이다. 그렇다면 어떻게 해야 이런 얽힌 매듭을 풀 수 있을까? 어떻게 하면 막힌 골목을 트고 삶의 큰길을 낼 수 있을까? 누구나 짊어지고 있는 이러한 물음들에 대해 맹자는 그러한 짐을 벗어던지고 삶을 소중하게 맞이하는 방법을 알려 준다.

〈공손추장구〉를 읽으면 좁고 옹색하던 마음이 넓고 깊은 도량으로 바뀌는 경지를 만날 수 있다. 어느 누가 소인배로 삶을 잡치면서 살고 싶어하겠는가? 누구나 느긋하고 넉넉하게 살고 싶어함에도 불구하고 삶이 옹색하고 쩨쩨하게 맺히는 것은 결국 내 탓이다. 내 마음을 어떻게 쓰느냐에 따라 인생의 명암이 달라짐을 새삼 뉘우치게 하는 맹자의 호소력은 우리를 부끄럽게 한다.

사람과 사람을 비교하지 마라

공손추(公孫丑)는 맹자의 제자다. 어느 날, 공손추가 맹자에게 맹랑한 질문을 했다.

"만일 선생님께서 제 나라의 요직을 맡는다면 관중(管仲)과 안자(晏子)가 세운 공적을 다시 세울 수 있으신지요?"

이에 맹자가 답했다.

"사람은 물건이 아니다. 물건은 값으로 따져 서로 비교할 수 있지만 사람은 값으로 따질 수 없다. 어리석은 물음에 현명하게 답해 주기란 어렵다."

맹자의 말은 공손추의 어리석음을 깨우쳐 주고도 남는다.

맹자는 다시 이렇게 타일렀다.

"공손추 자네는 성실한 제 나라 사람이네. 관자와 안자만 알고 있으니 말일세. 어떤 사람이 증서(曾西)에게 선생〔曾西〕과 자로(子路) 중에 어떤 분이 더 현명하냐고 물었다고 하네. 이에 증서는 불안해하는 안색을 지으며 이렇게 말했다네. '그분은 내 조부께서 두려워했던 분일세.' 그 사람이 또 선생〔曾西〕과 관중 중에 어느 분이 더 현명하냐고 물었네. 그러자 증서가 발끈하면서 말했다네. '어찌 나를 관중에 비교한단 말인가? 관중이 비록 왕의 신임을 받아 나랏일을 전단했다지만 그의 공적은 변변치 않았단 말일세. 어찌 자네는 나를 관중에 비하려 드는가?"

그러면서 맹자는 이렇게 덧붙였다.

"관중은 증서도 따라하지 않은 인간인데 그대는 내가 관중처럼 되기를 바란단 말인가?"

증서는 공자의 제자였던 증자의 손자다. 자하(子夏)에게《시경》을 전수 받은 증자가 자로를 두려워했음직하다. 자로는 우직하면서도 용맹스러웠으며 공자의 말을 실천하는 데 전력을 다했던 사람이다. 증자는 섬세했을 것이고 자로는 물불을 가리지 않고 밀어붙이는 성격이었다니 거칠었을 것이다. 증자가 자로를 두려워했다는 말을 새겨들을 만하다.

소인은 사람을 서로 비교하여 유리한 쪽은 치켜세우고 불리한 쪽은 깎아 내리는 짓을 한다. 그러나 대인은 사람을 두루 대할 뿐 미주알고주알 따져 저울질하지 않는다. 곡식을 먹지 않는 제비는 좋고 곡식을 훑어 먹는 참새는 나쁘다고 판단하지 않는다. 대인은 제비는 벌레를 먹어야 살고, 참새는 낟알을 먹어야 산다는 것을 아는 까닭이다. 대인은 어울릴 줄은 알아도 패를 지을 줄은 모른다.

그러자 공손추가 다시 반문한다.

"관중은 왕권을 강화했고, 안자는 임금을 유명하게 했으니 높이 사 줄 만하지 않습니까?"

그 말에 맹자는 이렇게 답해 주었다.

"제 나라를 왕도의 나라로 만들기는 손바닥을 뒤집는 것만큼이나 쉬운 일이다."

왕도를 이루기 쉽다는 맹자의 말에 공손추는 더욱 이해하기 어렵다면서 다시 반문했다.

"문 왕은 백 년을 살면서 덕을 베풀었지만 세상을 떠난 뒤에도 그 덕이 천하에 미흡한 것처럼 보였고, 무 왕과 주공에 이르러서야 실행되었습니다. 왕도를 실행하는 것이 그렇게 쉽다면 문 왕은 본받을 바가 되지 못한다는 말씀이십니까?"

문 왕 때의 주 나라는 은 나라의 속국으로 작은 나라였다. 현명한 임금이 6~7대에 걸쳐 선정을 베풀어 천하가 은 나라 품에 있었다. 천하가 제대로 다스려진다면 어느 누가 탐하고 빼앗을 것인가? 그러나 문 왕 다음 무 왕 때는 은 나라의 천자였던 주가 학정을 거듭하여 천하가 은 나라에게 등을 돌렸다. 그래서 무 왕이 주를 없애고 주 나라가 천하를 잡게 되었다. 이를 공손추에게 설명하면서 맹자는 이렇게 말했다.

"오래된 것은 바꾸어 개조하기가 어려우니라."

못된 폭군이 하나 있으면 현자가 있어도 소용이 없는 법이다. 공자가 은 나라의 삼인(三仁)이라고 했던 미자(微子)와 기자(箕子), 비간(比干)이 주를 도왔지만 어쩔 수 없었다. 주의 형인 미자는 주의 횡포에 미친 척하며 백성 틈에 숨어살았고, 숙부인 비간은 바른 말을 했다가 조카의 손에 찢겨 죽었다. 천자라고 해서 못할 짓을 할 수 있는 것은 아니다. 천자라도 잘못하면 반드시 천벌을 받는다. 그 천벌은 주 나라 무 왕의 혁명이었다.

그렇다면 맹자는 왜 왕도를 이루는 것이 손바닥을 뒤집는 것만큼이나 쉽다고 했을까? 왕이 왕도를 걷기로 마음만 먹는다면 쉽다는 뜻이었을 것이다. 그러나 그렇게 마음먹기란 여간 어려운 것이 아니다. 왜냐하면 욕심이란 것이 사람을 유혹해 거지처럼 만들어 버리기 때문이다.

누구나 선해지고 싶다는 바람은 지니고 있지만 세상에서 폭군이나 도둑, 사기꾼이 없어진 적은 없었다. 사납고 험한 욕심들이 그러한 말짜들을 만들어 내는 줄 알면서도 저마다의 가슴에 도사린 욕심의 독기를 버리지 못한다. 본래 욕심이란 좋다 하면 무엇이든 소유하려 하고, 소유하면 독점하려 하며, 독점하면 세상을 얕보고 건방을 떨게 된다. 그 결과 인간이란 존재는 추하게 전락하고 역한 냄새를 뿜으며 세상을 더럽게 하고 만다.

나를 소중하게 할 것인가, 더럽게 할 것인가? 나를 소중하게 하고 싶다면 먼저 나를 앞세워 취하지 마라. 나를 취하면 그것이 곧 더럽게 되는 것이다.

세상을 내 것인 양 착각하며 사는 자야말로 천하의 바보요, 천치이다. 알고 보면 어느 것 하나 가질 수 있는 것이란 없다. 서로 나누고 함께 어울려 살다 갈 때가 되면 가는 것이 존재의 운명이다. 운명이 허락하는 동안 선하게 살려고 노력하라. 바로 이것이 인간이라면 누구나 알고 있어야 할 평범한 왕도이다. 왕도는 평등하고 자유롭다. 그러니 사람과 사람을 비교하여 무게를 달려고 하지 마라. 뱁새는 공작을 부러워하지 않으며 멸치는 고래를 부러워하지 않는다. 저마다의 근본을 비리지 말고 살라.

오래된 것은 바꾸어 개조하기가 어렵다 [久則難變也].

의롭다면 두려울 것이 없다

공손추가 맹자께 물었다

“선생님께서는 높은 지위에 계시다면 마음이 동요하지 않겠습니까?”

이에 맹자는 이렇게 딱 잘라 말해 주었다.

“사십이 되면서부터 마음이 동요한 적이 없었다.”

이 말에 공손추가 맹분(孟賁:전국 시대의 장사)보다 더 용감하다고 하자 다시 맹자가 말했다.

“그것은 어렵지 않다네. 고자(告子)는 나보다도 먼저 마음이 동요하지 않게 되었다네.”

공손추가 다시 용감해지는 방법이 있느냐고 묻자 맹자는 있다고 하면서 북궁유(北宮黝)와 맹시사(孟施舍)가 용기를 기른 방법을 말해 주었다. 맹자가 말한 용기는 무엇을 위한 용기일까? 힘이 있어 용감한 것이 아니라 의(義)를 지키는 용기를 말한다. 맹자의 말을 듣고 헤아린다면 참다운 용기가 무엇인지 짐작할 수 있을 것이다.

북궁유, 그는 살을 찔리고도 움찔하지 않았다. 눈을 찔려도 끄떡하지 않았다. 그러나 남에게 털오라기 하나라도 뽑히는 것을 장터에서 매 맞는 것처럼 부끄럽게 여겼다. 왕에게도 모욕을 당하지 않았고, 겁내는 왕도 없었다. 욕을 하면 욕으로 받아넘겼다는 북궁유에게는 이처럼 용기를 길러 내는 방법이 있었다.

맹시사, 그는 이기지 못하는 것 보기를 이기는 것같이 했다. 그는 적의 수의 많고 적음을 헤아려 본 다음에야 전진하고, 이길 것을 요량해 본 다음에야 싸우는 것은 두려워하는 자의 짓이라고 보았다. "제가 어찌 꼭 이길 수 있겠습니까? 두려워하지 않을 수 있다는 것뿐입니다." 맹시사에게는 이렇게 용기를 길러 내는 방법이 있었다.

"맹시사는 증자와 같고 북궁유는 자하와 같다네. 누구의 용기가 더 나은지는 모르겠지만 맹시사에게는 자신이 지키는 요점이 있네. 옛날에 증자께서 자양에게 이렇게 말했다네. '자네는 용기를 좋아하나? 내가 선생님〔孔子〕께 들은 큰 용기에 관한 일이 있네. 스스로 반성해서 의롭지 않으면 낡고 헐렁한 옷을 입은 사람이라도 겁내지 않을 수 없지만 스스로 반성해서 의롭다면 천만 명 앞에 있더라도 겁내지 않고 걸어가겠네.' 맹시사가 담력을 지키는 것은 증자가 의를 지키는 것만 못하다네."

맹자는 이렇게 공손추에게 용기를 기르는 방법을 예로 들어 밝혀 주었다.

분육지용(賁育之勇)이란 말이 있다. 용감하기가 비할 데 없을 때 하는 말이다. 용감한 사람을 대라고 하면 보통 맹분(孟賁)과 하육(夏育)을 든다. 물을 건널 때는 용 따위를 겁내지 않았고 들을 걸을 때는 범이나 표범 따위를 겁내지 않았던 맹분과 하육의 용기는 힘을 믿는 담력이었으리라.

사람의 힘이 아무리 세다 한들 천 근의 돌덩이를 들 수는 없다. 그러나 의로운 마음은 천지 앞에서도 당당하다. 감추고 숨길 것이 없으면 고개를 숙이고 비굴하게 굴 이유가 없다. 당당하고 떳떳하면 굶주린 개처럼 곁눈질을 하면서 남의 눈치를 살필 이유도 없다. 눈칫밥을 먹는 자가 비굴한 것은 속에 감춘 것이 있고 숨긴 비밀이 있는 탓이다. 불에 달군 인두로 사타구니를 지져도 세조(世祖) 앞에서 당당히 할 말을 한 사육신(死六臣) 유응부(兪應孚, ?~1456)는 의(義)가 무엇인지를 알았던 용기를 가지고 있었던 것이다. 하늘을 우러러 한 점 부끄럼 없기를 바랐던 시인 윤동주(尹東柱, 1917~1945)는 '죽어가는 모든 것을 사랑해야지' 라고 노래불렀다. 이를 두고 맹자는 뭐라 할까? 아마도 그대는 의를 사랑했다고 말하리라.

반성해서 의롭지 못하다면 겁내지 않을 수 없다[自反而不縮 吾不惴焉].
축(縮)은 '곧다[直]' 는 뜻이다.
췌(惴)는 '겁내다' 라는 뜻이다.

마음이 가는 바가 한결같다

공손추가 물었다.

"선생님의 마음이 동요하지 않는 것과 고자(告子)의 마음이 동요하지 않는 것에 관해 더 들을 수 있습니까?"

이에 맹자는 이런 말로 공손추를 상기해 주었다.

"고자는 남의 말을 듣고 이해가 되지 않아도 마음속으로 생각하지 말 것이며, 마음에 맞지 않아도 마음의 기질에 맡기지 말라고 했다. 마음에 맞지 않아도 기질에 호소하지 말라 함은 괜찮지만 남의 말이 이해되지 않아도 생각하지 말라는 것은 안 될 말이네. 지(志)는 기(氣)를 통솔하고, 기는 몸을 채워 주는 것이네. 마음이 가는 바가 정해지면 기는 뒤따라가는 것이므로, 자신의 지를 올바로 지키고 자신의 기를 자극하지 말라 함일세."

이 말은 곧 마음을 동요하게 하지 말라는 말이다. 생활에서 의심할 바가 없다면 마음이 가는 바〔志〕에도 흔들림이 없다. 신념은 지(志)를 한눈팔지 않게 한다. 본래 의심하는 마음은 이해타산(利害打算)의 곡예를 타게 마련이다. 상대가 나를 해롭게 하지는 않을까 하는 마음이 곧 의심의 뿌리이다.

의심하는 것은 남의 마음을 곁눈질하는 것이다. 맹자의 말에는 그러한 의심은 하지 말되, 의문은 가져도 된다는 뜻이 담겨 있다. 그래서 맹자는 남의 말을 듣고 이해되지 않아도 생각하지 말라는 고자의 부동심(不動心)을 옳지 않은 것으로 보았다. 의심하려고 의문하는 것이 아니라 알기 위해서 의문하는 것이 곧 지(志)의 성질이 아닌가? 느끼고 생각하며 이해하고 판단하는 것이 모두 지이며 그러한 지는 곧 의식하게 하는 방향과 같다.

마음이 방향을 잡으면 움직인다. 마음이 움직이는 것을 기(氣)라고 한다. 기는 기운이요, 기운은 힘이다. 힘은 움직이는 것이다. 그러한 움직임을 신경질적으로 부리지 말라는 것이다. 버럭화를 내거나 토라지거나 해코지하면서 마음을 죽 끓듯 움직이지 말 것이다. 함부로 달리는 차가 교통사고를 내는 것처럼 함부로 기를 부리는 마음이 탈을 낸다.

기분 내키는 대로 산다고 말하지 마라. 갈 곳이면 가고 가지 말아야 할 곳이면 피해야 하는 것이 인생이다. 흙길은 맨발로 걸어도 발에 상처를 입지 않지만 가시밭길은 맨발로 가면 상처를 입는다.

어찌 마음의 움직임을 함부로 내버려둘 것인가? 구하면 얻고 버리면 잃는다. 심기(心氣)를 제대로 갈무리하기 위해서는 먼저 심지(心志)가 곧고 발라야 한다.

인간을 두고 흔들리는 갈대와 같다고 한다. 그러나 흔들리되, 부러지지는 말아야 한다. 수양버들 가지가 강풍에도 부러지지 않는 것은 때에 따라 알맞게 처신하기 때문이다. 온갖 사물과 갖가지 일거리 앞에서 마음을 어떻게 둘 것인가를 조신하고 삼간다면 마음은 동요하지 않고 중심을 잡을 것이다.

맹자의 말을 들은 공손추가 다시 물었다.

"지(志)가 드러나면 기(氣)가 따른다 하고 다시 자신의 지를 올바로 지키고 자신의 기를 자극함이 없도록 하라는 말씀은 무슨 뜻입니까?"

마음이 가는 바〔志〕와 마음이 움직이는 바〔氣〕가 서로 앞서거니 뒤서거니 한다는 것을 좀 더 다짐해 두고 싶어서였을까? 이와 같이 묻는 것으로 보아 공손추는 지가 기의 안내자임을 더 듣고 새겨 두고 싶었나 보다. 하여튼 공손추는 집요한 제자다.

공손추의 말에 맹자는 이렇게 해명해 준다.

"지가 한결같다면 기가 움직이고, 기가 한결같다면 지가 움직인다네. 엎어지기도 하고 달리기도 하는 것이 기이기는 하네만 그것이 마음을 동요케 한다네."

이 말은 곧 마음을 들뜨게 해 거품처럼 부리지 말라는 뜻이다.

공손추가 다시 물었다.

"선생님께서는 어떤 것을 잘하십니까?"

참으로 당돌한 질문이다. 공손추는 선생을 뵙고 이것저것 다 물어보고 싶었던 모양이다. 본래 선생은 제자가 묻는 것을 피해 가지 않고 솔직하고 참을성 있게 응대해 주는 법이다. 공손추를 대하는 맹자를 보면 진정한 선생의 모습을 헤아릴 수 있다. 삼히 물어본다는 공손추에게 맹자는 이렇게 답해 준다.

"나는 말을 알아듣는다네〔我知言〕. 나는 내 호연지기를 잘 기른다네〔善養吾浩然之氣〕."

이에 공손추가 호연지기(浩然之氣)가 무엇이냐고 묻자 맹자는 우리 모두에게 말해 주듯이 이렇게 일갈해 준다.

"말로 설명하기는 어렵다네. 그 기(氣)는 지극히 크고 지극히 굳세다네. 그것을 곧게 길러서 해롭지 않다면 천지에 가득해진다네. 그 기는 올바른 것과 바른 길을 함께하지. 그것이 없으면 허탈이 찾아오고 말지. 그것은 의를 모아 생기는 것일 뿐 의가 밖에서 들어와 그것을 취하는 것은 아닐세. 행동하는 데 있어 마음에 꺼림칙한 것이 있으면 허탈이 오는 거야. 그래서 나는 고자(告子)는 정의를 안 적이 없다고 말하지. 고자가 정의를 모르는 것은 의를 밖에 있는 것으로 아는 까닭이야. 의로운 일이 있다면 절대로 그것을 포기하지 말고 마음을 망령되게 갖지 말아야 하며, 무리하게 잘되게 하려고 하지 말아야 하네. 송(宋) 나라 사람처럼은 하지 말아야지. 송 나라 사람 중에 자기가 심은 곡식의 싹이 자라지 않는 것을 보고 안타깝게 여겨 싹을 뽑아 올려 준 사람이 있었다네. 그 자가 지쳐서 집으로 돌아와 가족들에게 '오늘은 싹이 자라나는 것을 도와주었다'고 했다네. 그 말을 들은 아들이 밭으로 달려가 보았더니 싹들은 다 말라 버려 있었다고 하네. 무익하다고 버려 두는 것은 김을 매 주지 않는 것이고, 무리하게 잘되게 하려는 것은 싹을 뽑아 올리는 것이지. 이런 짓은 무익할 뿐만 아니라 오히려 해치는 짓일세."

맹자의 호연지기가 어떤 것인지 짐작할 만하다. 뜻이 크고 굳세어야 하고, 그 뜻은 항상 의를 길러 내야 한다. 불의(不義) 앞에서 단호하고 정의(正義)를 위해 진력하는 것이 곧 호연지기이다. 남에게 정의를 요구하지 마라. 그 전에 나부터 정의로워야 한다.

이것이 호연지기의 부름이다.

무리하지 마라. 과욕을 부리지 마라. 곡식의 싹을 제대로 잘 자라게 하려면 김을 매주고 북을 주어야 한다. 송 나라 사람처럼 억지를 부리면 될 일도 안 되고, 성공할 일도 실패하고 만다. 그래서 서두르지 말고 조급해하지 말 것이며 마음을 부산하게 서둘지 말라 함이다. 무리하게 잘되게 하려 하지 마라. 그러면 호연지기는커녕 비굴하고 허탈해진다.

장자도 새총을 보고 새구이를 생각하지 말 것이며 달걀을 보고 새벽을 알려 주기를 바라지 말라고 했다. 노자도 반나절 내리 내리는 소나기는 없고 한 시간을 내리 부는 돌개바람은 없다고 했다. 무리해서 잘되게 하려고 하지 말라는 맹자의 말도 결국은 같은 길로 통한다.

뜻하는 바를 잘 지키고 기질을 자극함이 없도록 하라[持其志 無暴其氣].

행동에 꺼림칙함이 있으면 허탈해진다[行有不慊則餒].
뇌(餒)는 '굶어서 뱃속이 비어 있다', '허탈하다' 는 뜻이다.

무리하게 잘되게 하려는 것은 싹을 뽑아 올리는 짓이다[助之長者揠苗者也].
알(揠)은 '싹을 뽑아 올려 늘린다' 는 뜻이다.

배우고 가르치는 데 지치지 않는다

공손추가 맹자께 물었다.

"말을 안다고 하는 말씀이 무슨 뜻입니까?"

"한쪽에 치우친 말을 들으면 그렇게 말하는 사람의 마음을 가리고 있는 것이 무엇인지를 알 수 있다. 지나치게 늘어놓는 말을 들으면 그렇게 말하는 사람이 무엇에 빠져 있는지를 알 수 있다. 사악한 말을 들으면 그렇게 말하는 사람이 이간질한다는 것을 알 수 있다. 핑계 대는 말을 들으면 그렇게 말하는 사람이 궁지에 빠져 있다는 것을 알 수 있다."

이렇게 말한 맹자는 계속해서 말을 이었다.

"사악한 생각이 일어나면 정치를 해치고, 정치에 사악한 생각이 일어나면 일을 해치게 된다. 성인이 다시 나온다면 반드시 내 말을 따를 것일세."

《시경(詩經)》의 시(詩)는 한마디로 '생각에 사악함이 없다〔思無邪〕' 고 한 공자의 말로 대신할 수 있다. 그래서 공자는 사람을 다스리고 세상을 다스리려면 반드시 《시경》의 시를 읽어야 한다고 했을 것이다. 사악한 생각이 일어나면 안 된다고 확신하는 맹자의 모습은 공자의 모습을 떠올리게 한다. "성인이 다시 나온다면……." 하고 바라는 맹자의 마음은 얼마나 간절한가. 세상은 언제나 어미 속을 썩이는 청개구리처럼 성인의 마음을 애타게 한다.

이에 공손추가 다시 물었다.

"선생님께서는 이미 성인이 되신 것이 아닙니까?"

그러자 맹자는 질색하면서 그게 무슨 말이냐며 놀랐다. 스스로 성인임을 자처하는 자는 가짜 종교의 우두머리밖에 없다. 어리석은 사람을 등쳐먹는 약은 자들이 종교를 빌미로 사기를 치면서 자칭 성인이라고 공언하는 것이다. 공자는 남들이 성인이라 했을 뿐 자기 스스로 그렇게 자칭한 적은 단 한 번도 없었다.

자공(子貢)이 공자께 물었다.

"선생님께서는 성인이시지요?"

이에 공자는 이렇게 밝혀 주었다

"성인은 내가 감당할 수 없는 것이다. 다만 나는 배우기에 물리지 않고 또 가르치기에 지치지 않을 뿐이다."

"배우기에 물리지 않는 것은 지혜로운 것이고, 가르치는 데 지치지 않는 것은 인자한 것입니다. 선생님께서는 인자하시고 지혜로우시니 이미 성인이십니다."

맹자는 이런 일화를 공손추에게 들려준 다음 이렇게 타일렀다.

"공자께서도 성인으로 자처하지 않으셨는데 그게 무슨 말인가? 전에 나 혼자서 들은 이야기네만 자하(子夏)와 자유(子游), 자장(子張)은 모두 성인이 지닌 덕의 일부를 갖고 있었고, 염우(冉牛)와 민자(閔子), 안연(顔淵) 등은 그 전체를 갖고 있었지만 미약했다고 하네."

마음을 베풀어야 물질도 베풀 줄 안다. 그래서 성현(聖賢)이라고 하지 현성(賢聖)이라고 뒤바꿔 말하지 않는 것이다. 마음을 남김없이 베푸는 것이 성(聖)이요, 물질을 남김없이 베푸는 것이 현(賢)이다. 배움에 물리지 않는 것도 마음을 베푸는 것이요, 가르치는 데 지치지 않는 것 또한 마음을 베푸는 것이다. 그래서 공자를 천하의 성인이라고 일컫는 것 아니겠는가? 맹자 역시 공자에 버금갈 만큼 천하를 다니며 배우고 가르치는 데 지치지 않았으니 이미 성인인 셈이다.

사악(邪惡)하지 마라. 이보다 더 무섭고 우리를 부끄럽게 하는 말은 없다. 선행(善行)을 드러내고 그 보상을 탐하는 것은 선이라는 탈바가지 속에 꿍꿍이속을 숨겨 두고 있는 것과 같다. 생각이 간사한 꼬리를 달면 결국엔 몸통도 사악한 것이 된다. 뱀이 개구리를 보고 혀를 날름거리는 것은 제 뱃속을 채우기 위함이지 개구리를 위해 혀질을 하는 것은 아니다. 사악함은 뱀의 혀와 같다. 성인은 무엇보다 사악한 것을 무서워한다. 그러나 성인은 그 무서운 것을 피하지 않는다. 배우고 가르쳐 그것을 지울 줄 안다. 그래서 맹자는 말을 들으면 안다[我知言]고 했을 성싶다.

나는 배우는 데 물리지 않고 가르치는 데 지치지 않는다 [我學不厭而教不倦也].

염(厭)은 '싫증내다' 는 뜻이다.

권(倦)은 '지치다' 는 뜻이다.

누가 가장 으뜸가는 인간인가

공손추가 다시 물었다.

"백이(伯夷)와 이윤(伊尹)을 어떻게 생각하십니까?"

이에 맹자는 그들은 처세하는 방법이 서로 달랐다고 말해 주었다.

자기가 좋아하지 않는 왕이면 섬기지 않고, 자기가 정당하게 맡게 된 백성이 아니면 부리지 않고, 다스려지면 나아가고 혼란해지면 물러가는 것이 백이의 처세였다.

어느 누구를 섬긴들 왕이 아니겠는가. 어느 누구를 부린들 백성이 아니겠는가. 다스려져도 나아가고 혼란해져도 나아가는 것이 이윤의 처세였다.

벼슬을 살 만하면 벼슬을 살고, 그만두어야 할 때가 되면 그만두고, 오래 머물 만하면 오래 머물고, 빨리 떠나야 할 계제가 되면 빨리 떠나가는 것이 공자의 처세였다.

이와 같이 세 사람의 처세 방법을 밝힌 맹자는 자신의 속마음을 드러냈다.

"세 분은 모두 옛날의 성인들일세. 나야 지금까지 그처럼 할 수 없었지만 소원인즉 공자를 본받는 것일세."

이에 공손추가 백이와 이윤이 그처럼 공자와 비등한 사람들이었냐고 물었다.

"아닐세. 이 세상에 사람이 생겨난 이후로 공자에 견줄 만한 인물은 아직껏 나오지 않았다네."

공손추는 다시 세 사람 사이에 같은 점이 있느냐고 물었다.

"있다네. 백 리가 되는 땅을 얻어서 임금이 된다면 제후들이 찾아와 천하를 얻게 될 것이고, 단 하나라도 불의를 범하고 죄 없는 사람을 죽이고 천하를 얻는다고 하면 그런 일을 하지 않았을 것일세. 이러한 점이 서로 같다네."

무력으로 나라를 훔치기도 하고, 상대방을 깎아 내리고 비난하여 선거에 이겨 정권을 잡는 판에서는 백이든 이윤이든 공자든 모두 바보가 된다. 맑은 물은 본래 더러운 것을 깨끗하게 씻어 주지만 흙탕물은 깨끗한 옷을 더욱 더럽히는 법이다. 폭군들은 세상을 이처럼 흙탕물처럼 만들어 놓고도 흙탕물 싸움을 벌이고 있다. 그래서 고소도 하고 맞고소도 하면서 저마다 제가 옳고 상대방이 틀려먹었다고 삿대질을 해댄다. 성인은 때가 되면 나무에 꽃이 핀다는 것만을 알 뿐 가짜 꽃을 만들어 나뭇가지에 매달아 놓고 꽃이 피었다고 거짓말을 할 줄은 모른다. 곧고 바른 성인을 그리워하는 마음이 지금인들 없어졌겠는가?

맹자는 공자를 으뜸으로 쳤다. 인간은 선한 존재이며, 그 선을 넓히고 크게 실천하는 길을 처음으로 터 준 분이니 맹자가 공자를 으뜸으로 치는 것은 억지도 아니요, 종교적인 명분도 아니다.

공자는 종교를 창시하지 않았다. 노자처럼 자연을 앞세우지도 않았고 여래(如來)처럼 내세(來世)를 앞세우지도 않았다. 다만 공자는 인간이므로 인간을 사랑할 수밖에 없다고 했다. 그것이 바로 인의 아니겠는가? 그래서 맹자가 공자를 으뜸으로 받든다 해도 어떤 이념의 너울은 아닌 셈이다.

선하라. 사악하지 마라. 그러기 위해서는 먼저 마음이 동요하지 말아야 한다. 본래 인생이정(人生而靜)이라 하지 않는가. 분해서 게거품을 문다고 분이 풀리는 것은 아니다. 분한 마음이 이미 마음에 자리잡았다면 그것은 다 탄 뒤에야 사그라지는 장작불과 같다. 사악한 것은 세상을 불쏘시개쯤으로 알고 굶주린 여우처럼 어디 불질할 것이 없는지를 찾는다. 그래서 세상은 시끄럽고, 죄없는 사람들이 아픔을 당하는 것이다. 성현은 이를 아파한다. 맹자가 공손추에게 들려주는 이야기를 들으면 산다는 것이 참으로 애절하고 세상이 한심하면서도 버릴 수 없는 곳임을 알게 될 것이다.

단 한 번이라도 불의를 범하고 죄 없는 이를 죽여서 천하를 얻지 않는다[行一不義 殺一不辜 而得天下 皆不爲也].
고(辜)는 '죄를 짓는 것' 이다.

6

힘으로 어진 척하는가

"힘으로 어진 것을 가장하는 것을 패도라고 한다[以力假仁者霸]. 패도에는 반드시 큰 나라가 있어야 한다."

우리 모두 맹자의 이 말을 새겨듣기로 하자. 그러면 무엇이 진정 강하고 무엇이 가장 약한 것인지를 알 수 있다. 강해지고 싶다면 먼저 부드러워져야 하고, 한없이 강해지고 싶다면 먼저 사랑할 줄 알아야 한다.

인간은 권력을 중심으로 개미떼처럼 모여든다. 권력이 마치 고깃덩어리로 보이는 까닭이다. 도마 위에 고깃덩어리를 올려놓고 칼질하여 고운 놈, 미운 놈을 가려 고운 놈에게만 한 점씩 고기를 잘라 주는 자가 세상을 잡는다면, 그자는 필경 패자로 군림하며 천하를 얕볼 것이다. 로마의 폭군 네로(Tiberius Claudius Nero Drusus Germanicus, 37~68)도 말로는 로마 시민을 사랑한다고 했다. 그러나 그것은 흉측한 가장이었다.

"덕으로 인을 행하는 것을 왕도라고 한다[以德行仁者王]. 왕도를 이루는 데 큰 나라여야 할 필요는 없다."

덕은 만물에 두루 통하는 것이다. 그것은 살게 하는 것이요, 어느 것 하나 해치는 일이 없다. 덕은 한없이 베풀고, 그 베풂은 지극히 크다. 덕으로 사랑하는 것은 사랑할 뿐 그 사랑을 저울질하지 않는다. 덕으로 사랑하라〔以德行仁〕. 그러면 애증(愛憎)의 갈등이 명암을 이루지 않는다. 사랑하다가 미워하고 서로 원수가 되는 것은 마음을 베풀 줄 몰라서이다.

왕도(王道)란 본래 막힘 없이 오고가는 길과 같다. 왕(王)은 본래 왕(往)이다. 왕(往)은 오고가게 통하는 길이다. 이처럼 덕은 숨통을 트이게 한다. 숨구멍이 막히면 죽는다. 숨이 들고나지 않으면 죽는다. 들고나게 하는 것, 그것이 바로 왕(往)이요, 왕(王)이다.

왕(王)은 무엇인가? 인(仁)을 지극하게 주고받는 것으로 여겨도 무방하다. 인(仁)이란 무엇인가? 조건 없이 사랑한다는 것이 아닌가.

은 나라는 사방이 칠십 리밖에 안 되는 작은 나라였지만 탕 왕은 왕도를 베풀었다. 천하를 휘어잡고 패도를 일삼던 하 나라의 걸은 탕 왕에게 쫓겨나 남소(南巢)에서 귀양살이를 하다 초라하게 죽었다. 나라의 덩치로만 보면 은 나라가 멸치만 하다면 하 나라는 어미 고래만 했다. 멸치가 고래를 먹었다면 누가 믿겠는가? 그러나 은 나라는 하 나라를 접수했었다.

주 나라 역시 사방 백 리밖에 안 되는 작은 나라였지만 문 왕은 왕도를 베풀었다. 천하를 쥐고 있던 은 나라의 주(紂)는 사납고 잔인하게 패도를 휘둘렀다. 주 나라 문 왕을 이은 무 왕은 주를 토벌해 천하를 얻었다. 나라의 덩치로 보면 무 왕의 주 나라는 들쥐 새끼와 같았고 주의 은 나라는 어미 사자보다 더 컸다. 들쥐 새끼가 어미 사자를 잡아먹었다면 누가 믿겠는가? 그러나 주 나라는 은 나라를 흡수했다.

장자는 가을 산하에 떨어지는 가을 짐승의 털끝이 가장 크고 태산이 가장 작다고 했다. 이 말은 태산 같은 악이 털끝 같이 작은 덕을 이길 수 없다는 뜻이다. 노자는 부드럽고 연약한 것이 굳고 강한 것을 이긴다〔柔弱勝剛强〕고 했다. 노장의 도가와 공맹의 유가를 물과 기름처럼 여기는 것이 상식처럼 되어 있지만 그들의 말은 모두 목숨보다 더 소중하고 삶보다 더 귀한 것이 없다는 생각으로 통한다.

맹자가 공손추에게 내린 결론을 들어 보라.

"힘으로 남을 굴복시키는 것〔以力服人者〕은 마음으로 복종하는 것이 아니라〔非心服也〕 힘이 모자라서이다〔力不贍也〕. 덕으로 남을 굴복시키는 것〔以德服人者〕은 마음이 기뻐서 절로 복종하는 것이다〔心悅而誠服也〕."

말의 입에 재갈을 물리고 말의 목을 고삐로 묶어 강가로 끌고 갈 수는 있어도 말에게 억지로 물을 먹일 수는 없다. 말이 물을 먹지 않는다고 말의 주둥이를 강물에 박으면 그 말은 숨을 쉬지 못해 죽고 만다. 힘이란 무엇인가? 말의 입에 물린 재갈이요, 말의 목에 걸린 고삐와 같다. 덕이란 무엇인가? 입에 물린 재갈을 제거해 주고 목에 묶인 고삐를 풀어 주는 것이 덕이다. 그러한 덕으로 다스린다면 호박 덩굴에 수박이 열릴 수도 있다.

그대여, 자신의 삶을 패도로 이끌려고 하는가? 그렇다면 그대는 성공할 수도 없고, 출세나 명성을 얻는다 해도 그 끝이 험할 것이다.

그대여, 자신의 삶을 왕도로 이끌려고 하는가? 그렇다면 그대가 실패했다 해도 절망할 것은 없다. 비록 지금은 그늘에 가려 초라하게 핀 들꽃과 같지만 감미로운 향기로 세상을 채우고 있기 때문이다. 그대에게는 쥐구멍에도 볕 들 날이 반드시 찾아올 것이다. 베푼 덕은 반드시 메아리처럼 되돌아오는 까닭이다.

힘으로 어진 척하는 것은 패도이다 [以力假仁者覇].
패(覇)는 '힘으로 정복하는 것' 이다.

덕으로 사랑을 행하는 것은 왕도이다 [以德行仁者王].

힘으로 남을 복종케 하는 것은 마음으로 복종시키는 것이 아니라 힘이 모자라서이다 [以力服人者 非心服也 力不贍也].
불섬(不贍)은 '부족하다' 는 뜻이다.

덕으로 남을 복종케 하는 것은 기쁜 마음으로 절로 복종시키는 것이다 [以德服人者 心悅而誠服也].

어질어야 번영한다

남이야 어떻게 되든 나만 잘살면 그만이라고 여기는 사람은 오래 살아남지 못한다. 그러나 다른 사람과 더불어 살려는 마음을 지닌 사람은 삶을 누리며 살 수 있다. 목숨을 지닌 것치고 저 홀로 살 수 있는 것은 없는 까닭이다.

함께 나눌 줄 알아야 한다. 이때 자기 중심이란 해로운 무기에 불과하다. 어머니의 손에 들린 부엌칼은 요리를 만들어 식구들을 먹이려는 칼질이고, 도둑의 손에 들린 부엌칼은 남의 것을 빼앗아 제 몫으로 챙기려는 칼질이다. 그런데 자기 중심은 도둑의 손에 들린 칼처럼 굴 때가 많아서 함께 나누며 어울려 살 줄 모른다. 잘되자고 한 짓이 잘 안 되는 것은 자기 중심이 사나워서 일어나는 탈이다.

"어질면 번영한다[仁則榮]. 어질지 못하면 욕을 먹는다[不仁則辱]."

맹자는 이렇게 단언한다. 삶의 영화를 누리고 싶다면 먼저 어질어라. 이것은 틀림없는 삶의 길이다. 그러나 사람들은 저마다 세상이 험하다면서 모질어야 살아남는다고 우긴다. 영악하면 먹고 수더분하면 먹힌다고 야단이다. 세상을 얕보지 마라. 언제나 세상은 어진 것을 알고 품에 안지만 거칠면 버린다.

"치욕을 싫어하면서도 어질지 못한 것〔惡辱而居不仁〕은 마치 습기를 싫어하면서도 낮은 곳에 머물러 있는 것과 같다〔猶惡濕而居下〕."

맹자는 이렇게 진단해 준다. 명의의 말을 들으면 병을 고칠 수 있듯이 맹자 같은 성현은 말씀을 들으면 틀림없이 병든 삶을 고칠 수 있다.

지렁이도 밟으면 꿈틀거리듯이 모욕을 당하고 마음이 편할 사람은 없다. 그러나 어느 누구도 웃는 낯에는 침을 뱉지 못한다. 모욕을 당했다면 먼저 자신을 되돌아볼 줄 알아야 한다. 때렸으면 맞아야 하는 것이 어김없는 세상의 이치이다. 못할 짓을 범했거나 험한 짓을 저질렀다면 모욕을 당해도 싸다. 이를 헤아린다면 먼저 자기 자신을 부끄러워해야 한다. 독사도 건드리지 않으면 물지 않는다. 하물며 흠 없이 살려고 하는 자를 누가 모욕하겠는가.

모욕당해야 할 것은 곰팡이가 끼어 있는 눅눅한 방구석 같은 마음이다. 곰팡이 썩는 냄새가 싫다면 방문을 열어 바람이 들게 하고 햇빛을 쪼여야 한다. 음침하고 음흉한 마음을 열어 바람과 햇살이 통하게 하라. 삶의 행복이란 텅 빈 방에 햇살이 그득한 모습과 같다. 그래서 장자는 '낙출허(樂出虛)' 라고 했다. 텅 빈 마음에서 즐거움이 나온다는 뜻이다. 내 마음이 허심해 투명하다면 어느 누가 나를 모욕하겠는가?

"치욕당하는 것이 싫다면 덕을 귀하게 여기고 선비를 존중하는 것보다 더 한 것은 없으니〔如惡之 莫如貴德而尊士〕, 현명한 자가 벼슬자리에 있고〔賢者在位〕, 유능한 인재가 임무를 맡게 되면〔能者在職〕 나라는 한가해진다〔國家閒暇〕."

맹자는 이렇게 밝혀 두고 있다.

덕을 천하게 여기는 세상에는 잔꾀만 늘어난다. 좀도둑이 큰 도둑 흉내를 내고 큰 도둑이 강도짓을 하는 세상은 썩은 생선보다 못하다. 세상이 왜 소란스럽고 난장판이 되는가? 높은 자리에 있는 자들이 도둑질을 하는 까닭이다. 아랫사람의 것을 빼앗아 윗사람에게 더해 주는 것은 부패요, 부정이다. 《주역》은 비괘(否卦)로 풀어놓고 있다. 비(否)란 그렇게 해서는 안 된다는 말이다. 나라를 평화롭고 조용하게 하려면 위에 밝혀 놓은 맹자의 말을 따르면 된다.

하늘에 구름이 끼고 비가 오려 하는구나.
비 내리기 전에 뽕나무 껍질을 벗겨
살창과 지게문을 단단히 얽어 두었으니
이제 백성이 감히 나를 모욕할 수 있으랴.

이 시구는《시경》의〈빈풍(豳風) 치효 편(鴟鴞 篇)〉에 나오는 시다. 빈풍(豳風)의 빈(豳)이란 지역에서 불려진 민요를 말하며, 치효(鴟鴞)란 새가 둥지를 짓는 모습으로 새기면 된다. 맹자는 나라를 한가롭게 하기 위해서는 새가 둥지를 짓듯이 소중히 해야 한다는 뜻으로 이 시구를 인용했을 것이다. 맹자는 이 시에 대한 공자의 해석을 이렇게 덧붙인다.

"공자께서는 이 시를 지은 사람의 정도(正道)를 알고 있었을 것이다. '자신의 나라를 저렇게 다스릴 수 있다면 누가 감히 그를 모욕할 것인가' 라고 말씀하셨다."

나라를 제대로 다스리고 싶다면 새가 제 둥지를 짓는 것처럼 하라.

노자는 나라 다스리기를 작은 생선으로 국을 끓이듯이 하라고 했다. 이 말 역시 새가 제 둥지를 짓듯이 나라를 다스리라는 말과 같다. 나라를 소중히 하는 것은 백성을 소중히 하는 것과 같다. 백성을 소중히 할 줄 알면 어찌 높은 자리에서 국록(國祿)을 받아먹으며 도둑질을 할 수 있겠는가. 관가의 부정부패가 기승을 부리는 것은 관리들이 나라를 서로 잘라먹는 고깃덩어리쯤으로 여기는 까닭이다.

"이제 나라가 한가하다 하여〔今國家閒暇〕 모두 즐기기만 하고 게을러빠져 오만하다면〔般樂怠敖〕 스스로 화를 불러온다〔自求禍也〕. 《시경》에 말하기를 '천명을 따라 영원히 기리기 위해〔永言配命〕 스스로 많을 복을 지을지어다〔自求多福〕' 라고 했으며, 태갑은 '하늘이 내린 재화는 피할 수 있지만〔天作 猶可違〕 자신이 스스로 지은 재화는 피할 길이 없다〔自作 不可活〕' 고 했다."

즐거움만을 밝히면 방탕하다. 재물이 남아돈다고 게을러지면 제 몸을 버린다. 부지런히 땀 흘려 일하는 사람은 아편 따위에 유혹되지 않는다. 부지런한 새가 일씩 일어나 모이를 얻고 호박 덩굴도 담장을 기어올라야 호박꽃을 피운다. 시절이 좋다고 놀고 먹는다면 그것은 곧 환란이 된다.

길흉화복(吉凶禍福)은 마음 쓰기에 달렸고 행동하기에 달렸다.

주먹은 주먹을 불러오고 미소는 미소를 불러온다. 내가 못된 짓을 하면 화를 불러오지만 내가 조신해 삼가 삶을 맞이한다면 복이 찾아온다. 행복하고 싶다면 어질어라. 이것이 삶의 번영이며 영화이다. 화(禍)를 물리치고 복(福)을 받고 싶다면 어질어라. 이것이 삶의 보람이며 영화이다. 삶을 영광스럽게 하라. 영광은 빛나는 것이다. 그 빛은 어진 것에서 발산될 뿐 황금이나 명성이나 출세가 아니다.

어질면 번영하고 어질지 못하면 욕을 먹는다 [仁則榮 不仁則辱].
욕(辱)은 '치욕, 욕된 것' 이다.

치욕을 싫어하면서도 어질지 못하다면 그것은 습한 것을 싫어하면서도 습기 많은 낮은 곳에 있는 것과 같다 [惡辱而居不仁 是猶惡濕而居下也].
오(惡)는 '싫어한다' 는 뜻이다.
습(濕)은 '습기' 를 뜻한다.

쾌락이나 태만, 오만에 빠지면 스스로 화를 불러온다 [般樂怠敖 是自求禍也].
태(怠)는 '태만하다' 는 뜻이다.
오(敖)는 '오만하다' 는 뜻이다.

하늘이 지은 재앙은 피할 수 있지만 제가 스스로 지은 재난은 피할 수 없다 [天作孽猶可違 自作孽不可活].
얼(孽)은 '재앙' 을 뜻한다.
위(違)는 본래 '위반하다' 는 뜻이나 여기서는 '피하다' 는 뜻이다.
활(活)은 '재난을 피해 살아나다' 는 뜻이다.

8

왕 노릇할 사람은 누구인가

욕심이 많은 사람은 왕(王)이 될 수 없다. 왕이 제 욕심에 놀아나면 광(狂)이 되고 만다. 미친 살쾡이는 제 새끼도 잡아먹는다. 광은 그렇게 미쳐 버린 존재다.

나라를 다스리는 사람은 백성이 낸 세금을 무서워해야 한다. 세금을 제 지갑 속에 든 돈처럼 여기는 치자는 도둑놈이 되고 만다. 남의 집에 몰래 들어가 도둑질을 하면 감옥에 가 벌을 받지만 나라의 돈을 훔쳐먹은 자는 천벌을 받는다. 요즘 세상에 천벌이 어디 있느냐고 말하지 마라. 천벌은 밖에 있는 것이 아니라 내 몸 안에 있다.

높은 자리를 빌미로 부정부패를 일삼는 자는 겉보기에는 당당해 보이지만 밤마다 악몽에 시달린다. 저지른 부정이 드러날까 봐 불안해 밤잠을 설치고, 악몽의 가위눌림에 몸이 저려 남 몰래 식은땀을 흘리는 것이 곧 천벌이다. 사람이 내리는 형벌은 피할 수 있지만 하늘이 내리는 천벌은 절대로 피할 수 없다. 천벌은 자신의 마음을 감옥으로 만들어 버리기 때문이다.

유신 시절에는 떡고물이란 말이 유행했다. 떡을 만들다 보면 손에 고물이 묻게 마련이다. 이처럼 나라의 돈을 주무르다가 부스러기처럼 떨어지는 푼돈을 주워담는 것이 무슨 부정이냐고 능청을 떨던 것을 두고 떡고물이란 말로 표현했다. 큰 도둑이 나라를 훔치면 백성은 좀도둑이 되는 것을 부끄러워하지 않는다.

도둑질하는 방법을 모르는 것이 오히려 무능하다고 하는 세상일수록 나라는 백성으로부터 과한 세금을 긁어 간다. 벼슬아치들이 좀벌레처럼 붙어서 백성을 갉아먹는 짓이 곧 권력형 부패다. 권력형 부패, 그것은 졸개가 하룻밤 사이에 장수가 되는 꼴로 드러난다.

높은 사람, 낮은 사람 할 것 없이 모두 소인배가 되어 좀벌레처럼 된다면 나라는 썩고 만다. 나라가 썩으면 백성은 죄 없이 앓게 된다. 그러나 백성은 앓을 뿐 죽지는 않는다. 백성은 종국에는 썩은 정치를 청소하고 새로운 세상을 여는 힘을 발휘하여 소생한다. 그리고 백성은 맹자가 말한 다음과 같은 사람이 나와 세상을 다스리기를 바란다.

"현명한 사람을 존중하고 유능한 인재를 등용해 걸출한 자들이 벼슬자리에 있으면 온 천하의 선비들이 모두 기뻐하고 그 나라의 조정에 서고 싶어한다."

현명한 사람이 관리하고 유능한 사람이 일을 맡아야 한다. 현명한 사람은 생각이 깊어 돌다리도 두드려 보고 건너가지만 유능한 사람은 무너질 다리는 처음부터 만들지 않는다. 그래서 현명함이 길을 밝혀 주면 유능함이 길을 간다. 이것이 바른 치세(治世)요, 올바른 처세(處世)이다.

어질어서 밝다. 이것이 현명(賢明)이다. 현(賢)은 자신을 위해 재물을 착복하는 것이 부끄러운 것임을 알고 남을 위해 베풀어야 어질어지는 것을 안다. 명(明)은 나 자신을 먼저 살펴 밝게 하는 것이다. 그래서 현명한 자가 정치를 맡으면 백성이 낸 세금이 금쪽처럼 귀해진다.

세금 없이 나라를 다스릴 수는 없다. 세금을 거두어들여야 나라를 다스릴 수 있다. 현명하게 나라를 다스리려면 조세(租稅)부터 현명해야 한다. 세금을 거두어들이는 것〔租稅〕이 현명하다면 조세를 부담하는 백성도 현명해져 탈세(脫稅)나 절세(節稅) 등의 잔꾀를 부리지 못한다. 어떻게 하면 조세를 현명하게 할 수 있을까? 맹자의 말을 듣는다면 국세청은 반성의 기회를 얻을 수 있을 것이다.

"시장에서는 점포세를 받고 물품세를 징수하지 않거나 팔리지 않고 남아 있는 물품을 사들여 주고 점포세를 받지 않으면 온 천하의 상인들이 기뻐하고, 그 나라의 시장에 상품을 두고 싶어할 것이다. 관문에서는 사정을 살펴 통행세를 받지 않으면 온 천하의 여행자들이 그 나라를 찾을 것이며, 농부에게 땅에 농사를 짓게 하면서 잡다한 세금을 부과하지 않으면 온 천하의 농민들이 기뻐하여 그 나라의 들에서 일하고 싶어할 것이다. 거주지에 가구세와 인구세가 없으면 온 천하의 백성이 기뻐하고 그 나라의 주민이 되고 싶어할 것이다. 진실로 이 다섯 가지를 실행한다면 이웃 나라의 백성이 그 나라의 왕을 부모처럼 우러러보게 될 것이다."

물론 이는 맹자가 살던 시대에 비춘 조세 행정이기 때문에 지금 이렇게 하기란 어렵다. 세상이 복잡해져 그만큼 세금의 종류도 다양해지고 복잡해졌기 때문이다. 그러나 세금을 거두어들이는 근본 정신, 즉 세금을 내는 쪽을 기쁘게 하여 기꺼이 세금을 내도록 하는 조세 정신은 변하지 않았다. 치자의 편에서 세금을 생각할 것이 아니라 백성의 편에서 세금을 생각하라. 이것이 맹자가 말하려는 참뜻이다.

어질어서 밝은 사람이 왕 노릇을 할 수 있다. 야욕과 야심이 길러 낸 야망으로 왕 노릇하기를 바라는 사람은 백성의 뭇매를 맞을 뿐이다. 권불십년(權不十年)이라 한다. 권력으로 세상을 그물질하듯이 훑어 사욕을 채운 자는 제 명에 죽지 못하는 법이다. 반드시 인생의 철퇴를 맞아 험한 꼴을 보고야 만다.

오공(五共)이 막을 내리고 대권을 누렸던 자가 설악산 절간으로 귀양살이를 떠날 때 맹자의 말이 생생히 들렸다. 왕이 현명한 신하를 두지 못하면 망신을 당하듯이 대통령도 현명한 부하를 두지 못하면 험한 꼴을 당할 수밖에 없다. 충직한 충복이 곧 현명한 부하는 아니라는 것을 안다면 슬하의 도둑을 막을 수 있는 법이다.

어디 왕 노릇이 나라에만 있겠는가. 한 개인도 자신의 인생에서 왕 노릇을 할 수 있고 종 노릇을 할 수도 있는 법이다. 내 인생은 내가 다스리는 것이므로 내가 내 인생을 현명하게 다루면 나는 내 인생의 왕이 되고 반대로 내가 내 인생을 어리석게 다스리면 결국 나는 그 어리석음 때문에 종 노릇을 하게 된다. 졸부들의 인생을 보면 능히 알 수 있는 일이다.

잔혹한 심술을 버려라

사람은 어쩔 수 없이 선악을 두루 지닌 목숨이다. 성현도 예외는 아니다. 그렇지 않다면 성현은 사람이 아니다. 성현도 인간이기 때문에 그 선악의 둘레에서 벗어날 수 없다. 그러나 성현은 선으로 악을 물리칠 수 있는 명지(明智)를 지니고 악을 소멸시키는 강력(强力)의 지혜를 몸소 실천한다.

명지(明智)란 무엇일까? 명(明)은 내 안을 밝히는 것이요, 지(智)는 내 밖을 밝히는 것이다. 그러므로 명은 성찰하는 등불이요, 지는 관찰하는 등불인 셈이다. 성찰의 등불은 자기 자신을 살펴 나를 알게 하는 빛이요, 관찰의 등불은 온갖 사물을 살펴 바르고 알맞게 처신하게 해 주는 빛이다. 성현은 명을 먼저 밝게 한 다음 지를 밝힌다. 명이 밝지 않으면 지를 밝히지 않는다. 그래서 재 묻은 개가 똥 묻은 개를 흉보는 짓 따위는 하지 않는다.

강력(强力)이란 무엇일까? 강(强)은 내가 나를 이겨내는 힘이고, 역(力)은 내가 남을 이겨내는 힘이다. 자신에게 강하고 남에게 약한 자가 이긴다. 그래서 겸손하라는 것이다. 자신에게 굳고 남에게 부드러운 자가 이긴다. 그래서 겸허하라 한다. 노자는 약한 것이 강한 것을 이긴다고 했다. 성현은 누구보다 강하다. 그러나 성현은 역에 있어서는 누구보다 약하다. 성현에게 있어 역은 곧 약(弱)이다. 그래서 성현은 모든 사람에게 어머니와 같다.

성현은 대인(大人)이다. 대인은 누구인가? 대인은 명지(明智)의 명(明)을 근본으로 삼고 지(智)를 말단으로 삼는다. 또 강력(强力)에서 강(强)을 근본으로 삼고 역(力)을 말단으로 삼는다. 그러나 소인은 근본과 말단을 정반대로 뒤집어 잡는다. 자기를 성찰하는 사람은 대인이 될 소지가 있다. 그러나 자기는 제쳐놓고 남을 두고 이러쿵저러쿵 입방아를 찧는 사람은 소인의 본보기이다.

"사람에게는 모두 잔혹하게 하지 못하는 마음이 있다. 선왕들은 남에게 잔혹한 짓을 하지 못하는 마음을 지니고 있었다. 사람을 잔혹하게 하는 정치를 하지 않으면 천하를 다스리는 일을 손바닥 위에서 움직이듯이 할 수 있다."

그러나 소인일수록 맹자의 이런 말을 비웃는다.

맹자가 들려주는 선왕은 곧 성현이다. 성현은 마음도 물질도 다 베푸는 사람이다. 성현이라고 어찌 욕심이 없겠는가? 본래 욕(欲)이란 인간이 타고난 본성이다. 다만 성현에게는 그것〔欲〕을 물리치는 마음〔明〕과 힘〔强〕이 있을 뿐이다. 베푸는 마음에는 잔혹한 것이 발을 붙일 수 없다. 잔혹함이란 나만 살면 되고 남이야 죽든 살든 나 몰라라 하는 용심이다. 칼로 살인을 하는 것은 드러나는 잔혹함이요, 제 욕심만 차리고 남을 못살게 구는 심술은 보이지 않는 잔혹함이다. 다스리는 자에게 숨은 잔혹성이 없다면 선정(善政)은 저절로 이루어진다.

"측은해하는 마음이 없다면 인간이 아니다〔無惻隱之心非人也〕. 부끄러워하는 마음이 없다면 인간이 아니다〔無羞惡之心非人也〕. 사양할 줄 아는 마음이 없다면 인간이 아니다〔無辭讓之心非人也〕. 시비를 가리는 마음이 없다면 인간이 아니다〔無是非之心非人也〕."

이렇게 맹자는 잘라서 선언한다.

측은해하는 마음은 불쌍히 여기는 마음이요, 안쓰러워하는 마음이다. 불쌍한 것을 도와주고 약한 것을 보살펴 주는 마음이 곧 측은해함이다. 이러한 마음을 맹자는 사랑을 드러내는 마음이라고 했다. 이러한 사랑의 마음을 공맹은 인(仁)이라 했다. 그래서 맹자는 이렇게 같이 밝혀 두었다.

"측은해하는 마음은 인(仁)의 드러남이다〔惻隱之心仁之端也〕."

부끄러워하는 마음은 나를 탓하고 남에게 미안해하는 마음이다. 남에게 못할 짓을 한 자신을 질타하는 것은 내가 나를 매질하는 것이다. 뉘우치고 후회하는 마음은 곧 스스로를 질책한다. 남을 못살게 해 놓고 모른 척하거나 무감각한 사람은 인간이 아니라 썩은 고깃덩어리보다 못한 존재다. 남을 돕고 보살펴 베풀지 못했음을 뉘우칠 때 인(仁)이 내 마음을 친다. 이렇게 부끄러워하는 마음을 맹자는 다음과 같이 밝혀 주고 있다.

"부끄러워하는 마음은 의(義)의 드러남이다〔羞惡之心義之端也〕."

사양하는 마음은 나를 뒤로하고 남을 먼저 생각하는 마음이다. '형님 먼저 아우 먼저' 라는 말처럼 나를 물리고 상대를 먼저 권하는 마음이 사양(辭讓)함이다. 좋은 것은 내 것이고 싫은 것은 네 것이라는 안면몰수를 철면피(鐵面皮)라고 한다. 살가죽이 쇠

가축처럼 되어 버린 인간은 썩은 것만 훔쳐먹는 하이에나보다 못하다. 남을 높이고 나를 낮추면 그 남이 나를 높여 준다. 이것이 곧 삶의 예(禮)이다. 이렇게 남을 높이는 마음을 맹자는 이렇게 밝히고 있다.

"사양하는 마음은 예(禮)의 드러남이다〔辭讓之心禮之端也〕."

시비(是非)하는 마음은 시비를 거는 마음이 아니다. 시비를 걸려면 남과 겨루어야 하지만 시비는 내 마음속에서 먼저 치러져야 한다. 내 마음 속에서 이미 시비가 가려졌다면 남과 시비를 걸어 옳고 그름을 가리고자 할 때 내가 먼저 그른 것을 골라야 하는 것이다. 내가 옳고 남은 그르다고 하면 어느 누가 승복하겠는가? 주먹다짐이 일어날 것이요, 심하면 법에 물어보자고 할 것이다. 인간관계를 이렇게 몰고 가는 것은 어리석고 앞뒤를 분간하지 못하는 만용(蠻勇)에 불과하다. 현명한 사람은 마음속으로 시비를 정리하지만 어리석은 사람은 시비를 내놓고 겨루자고 한다. 맹자는 마음속으로 시비를 가려 무엇이 옳고 그른지를 살피는 마음을 이렇게 밝혀 두고 있다.

"옳고 그름을 가리는 마음은 지(智)의 드러남이다〔是非之心智之端也〕."

인의예지(仁義禮智)를 구체적으로 밝힌 맹자는 분명 인간이란 존재가 우아하고 아름다운 주인이 되는 길을 터 주었다. 그러한 길을 터 주는 사람을 우리는 성현이라고 한다. 맹자는 인간이 선하다는 것을 이 네 가지 단서(端緖)로 증명해 주고 있다. 누구에게나 이 네 가지 단서가 있는데도 그것을 널리 실천하지 못하면 자신이 자신을 해치는 사람이 된다고 분명히 밝혀 준다. 맹자는 참으로 성현이다. 과학의 천재는 물질에서 법칙을 발견하지만 성현은 인간의 법칙을 발견한다.

맹자가 밝힌 인의예지, 즉 사단(四端)은 분명 행복한 삶의 법칙이다. 이 법칙을 어기고 잘살려고 한다면 행복하고 싶어도 불행의 늪에서 허우적거리게 될 뿐이다. 맹자의 말을 듣다 보면 어리석고 추하게 물질화(物質化)되어 버린 우리 자신을 발견할 수 있다. 인간이 물질화되면〔人化物〕 온 세상이 난장처럼 되고 추하고 더러워진다고《예기(禮記)》의 〈낙기(樂記)〉에서도 밝히고 있다.

사단(四端)을 충분히 실천하면 천하를 다스리기 쉽지만 그 실천이 부족하면 제 부모를 섬기기에도 부족하다고 맹자는 결론내린다. 인간의 물질화란 결국 인간의 선인 사단이 메말라 잔혹한 인간의 바닥이 드러난 꼴이다. 술값을 주지 않는다고 제 어미를 발길로 차 죽인 자식이 있는가 하면, 돈을 제대로 물려주지 않는다고 여든이 넘은 제 아비의 수염을 뜯어내고 행패를 부린 자식도 있다. 세상이 이 지경인데 강도가 칼을 들고 남의 집에 들어가 돈을 훔치고 사람을 찔러 죽이는 짓 따위야 식은 죽 먹는 것처럼 쉽지 않겠는가?

사람이라면 누구에게나 잔혹한 용심이 있다. 맹자는 이를 부인하지 않고 인정한다. 맹자는 분명 공자처럼 인간다운 성현이다. 다만 모든 사람에게는 그 잔혹함을 드러나지 못하게 하는 사단이 있기 때문에 인간은 선한 존재라고 한다. 물질은 소유욕을 꼬드기고, 사나운 물욕은 인간을 잔인하고 포악하게 한다. 맹자는 이것을 슬퍼하고 안타까워한다. 인간이 저 스스로 타락해 버리는 까닭이다.

인간은 누구나 인의예지라는 사단을 지니고 있다. 그것은 인간의 몸뚱이가 사지(四肢)를 지닌 것과 같다 [人之有是四端也 猶其有四體也].

10

사랑하는 것은 활을 쏘는 것과 같다

활로 전쟁을 치르던 시대에는 전쟁터에서의 활질과 활터에서의 활질이 사뭇 달랐다. 전쟁터에서 활을 쏘는 사람은 사람을 죽이기 위함이지만 활터에서 활을 쏘는 사람은 화살이 과녁에 적중하기를 바란다. 싸움터에서의 활질은 살인을 위한 화살을 날리는 짓이고, 활터에서의 활질은 자신의 마음을 적중시킬 수 있는지 없는지를 시험하는 일이다.

적중(的中)의 마음, 그 모습은 곧 성(誠)이요, 경(敬)이다. 모든 마음을 하나에 쏟는 것을 성(誠)이라 하고, 그 성을 이룩하려는 마음을 경(敬)이라고 한다. 성실하게 사랑하고 그렇게 사랑하는 것을 공경하라. 그러면 누구나 성현의 수제자가 될 수 있다.

맹자는 사랑한다는 것〔仁〕은 활을 쏘는 것과 같다〔仁者如射〕고 말했다. 이 말을 오해하지 마라. 남을 상하게 하거나 죽이려고 활을 쏘는 것이 아니라 온 정성을 다해 화살을 적중시키려는 마음가짐으로 인을 실천하라는 말일 뿐이다.

우화라면 장자를 능가할 사람이 없고, 비유라면 맹자를 뛰어넘을 사람이 없을 것이다. 맹자의 비유는 정곡을 찔러 단번에 눈을 뜨게 하는 권능을 지니고 있다. 공자는 인을 실천하라는 말을 '인에 머물러 살면 좋다〔里仁爲美〕' 고 했다. 그러나 맹자는 '인을 행하는 것은 활을 쏘는 것과 같다〔仁者如射〕' 고 했다. 공자의 말은 생각하게 하고 맹자의 말은 체험하게 한다.

비유로 체험케 하면 절실하게 몸에 와 닿는 법이다. 맹자의 비유는 멍한 마음을 말끔하게 한다. 맹자의 말을 들으면 누구나 인을 떠날 수 없어 옷깃을 여미게 될 것이다.

"활을 만드는 자가 어찌 갑옷을 만드는 자보다 인자하지 않을까마는, 화살을 만드는 자는 사람을 상하게 하지 않을까 봐 두려워하고 갑옷을 만드는 자는 사람을 상하게 할까 봐 두려워한다. 무당과 관을 만드는 사람 역시 그러하다."

기술을 택하는 데 있어서는 신중을 기해야 한다. 장군의 손에 들릴 명검을 만드는 장인(匠人)보다 여염집 아낙네의 손에 들릴 부엌칼을 만드는 장인의 마음이 편하다. 장군의 손에 들린 명검은 사람의 목을 칠 수도 있지만 여인의 손에 들린 부엌칼은 식구들을 먹일 음식을 요리하는 데 쓰일 것이기 때문이다. 사람을 위하는 기술인가, 사람을 해치는 기술인가를 가려 신중히 선택하라.

'기술을 선택하는 데 있어 신중하라.'

지금 세상에서는 이 말을 그대로 따르기가 어렵다. 오늘날의 모든 기술은 삶에 약을 주고 병을 주는 까닭이다. 기술은 삶을 편리하고 윤택하게 하는 온갖 물건을 쏟아 내기도 하지만 그로 인해 땅과 물이 썩고 바람이 썩어 살 곳을 잃게 하기도 하기 때문이다. 핵 기술(核技術)은 생활을 편리하게 하는 전기도 만들어 내지만 모든 사람을 죽여 버릴 수도 있는 원자탄도 만들어 낸다. 이제는 어디, 어느 곳 하나 어진 데라곤 없다.

"인에 머물러 사는 것이 좋다〔里仁爲美〕. 살 곳을 택해서 어진 데 머물지 않는다면 어찌 현명하다 하겠느냐〔擇不處仁 焉得智〕?"

공자가 밝힌 바를 맹자가 인용하고 있지만 지금은 그 어디에도 어진 곳이 없어 탈이다. 그러나 맹자는 그럴수록 더욱 마음을 인에 적중시키라고 한다.

"인이란 무엇인가? 하늘이 내린 존경스러운 벼슬이요〔天之尊爵也〕, 인간의 편안한 집이다〔人之安宅也〕."

맹자는 이렇게 대답해 주고 있다. 그러나 요즘 사람들은 모두 물질화되어 편안한 집을 버리고 불안한 집에서 호화스럽게 살기를 바란다. 이를 두고 맹자는 다음과 같은 말로 우리를 더욱 초라하게 한다.

"편안한 집으로 들어가는 것을 막지도 않는데 어질게 살지 않는 것〔莫不禦而不仁〕은 어리석다〔是不智也〕."

남을 사랑하기는 매우 쉽고 돈을 벌기는 매우 어렵다는 것이다. 맹자의 말은 사랑하고 베푸는 일은 내 마음먹기에 달려 있지만 돈을 벌려면 남과 다투어야 하는 것을 왜 모르냐고 질책하고 있는 것이다.

장자는 성망(誠忘)이란 말을 남겼다. 잊어야 할 것은 잊지 못하고 잊지 말아야 할 것은 잊어버리는 것을 성망이라고 한다. 맹자가 잊어 달라고 하는 것은 불인(不仁)이고, 장자가 잊어 달라 하는 것은 인위(人爲)이다. 잊으라는 것은 서로 다르지만 삶을 불편하게 하지 말고 편안하게 하라는 내용은 모두 같다. 인도 삶을 편안하게 하고 자연도 삶을 편안하게 하는 까닭이다. 그래서 맹자는 인을 잊지 말라 했고, 장자는 자연을 잊지 말라 했다.

내가 머슴 노릇을 하면 내 인생도 머슴 노릇을 한다. 내가 종 노릇을 하면 내 인생도 종 노릇을 한다. 내가 내 인생의 주인이 되고 내 인생 역시 주인이 되게 하려면 어떻게 해야 할까?

맹자는 이를 다음처럼 밝혀 준다.

"어질지 못하고 지혜롭지 못하고 무례하고 의롭지 못하다면 남에게 부림을 당한다〔不仁不智無禮無智人役也〕."

권력이 많아야만 주인이 된다고 생각하지 마라. 재물이 많아야 주인이 된다고 다짐하지 마라. 권력이 많고 재물이 많은 사람이 모두 주인 노릇을 하는 것은 아니다. 독재자는 권력의 노예가 되어 험한 꼴을 당하고 졸부는 재물의 종이 되어 추한 꼴을 당한다.

나 스스로에게 당당하고 떳떳한 주인이 되고 싶다면 어질고 현명하라. 그리고 예의 바르고 부끄럼 없이 살아라. 그러지 못해 남의 부림을 당하면서 그 부림을 수치스러워한다면 활을 만드는 장인이 활을 만드는 짓을 부끄러워하는 것과 같다.

"남에게 부림당하는 것을 부끄러워하는 것은 인을 실천하는 것만 못하다〔如恥之莫如爲仁〕. 인을 실천하는 것은 활을 쏘는 것과 같다〔仁者如射〕. 활을 쏘는 자는 자기를 바르게 한 뒤에 시위를 당긴다〔射者正己而後發〕. 쏘고 난 다음 적중하지 않아도〔發而不中〕, 자신을 이긴 자를 원망하지 않고〔不怨勝己者〕, 자신에게 무슨 결함이 없는가를 반성해 찾아내려고 할 뿐이다〔反求諸己而已矣〕."

인생의 주인이 되고 싶은가? 그렇다면 먼저 사랑하는 방법을 잊지 마라.

선을 나누고 함께하라

공자도 일흔이 되어서야 이순(耳順)을 알았다고 했다. 그만큼 남을 믿고 받아들인다는 것은 어려운 일이다. 이순이란 남의 말을 액면 그대로 받아들여 새긴다는 말이다. 남을 믿어야 인의가 살아난다.

이순(耳順), 그것은 인의를 옮기는 통로인 셈이다.

달콤한 말은 귀담아듣고 좋아하면서 귓전에 거슬리는 말은 두려워하고 싫어한다면 삶을 배울 줄 모르는 짓에 불과하다. 입에 단 것은 입맛을 앗아가지만 입에 쓴 것은 잃었던 입맛을 찾아 준다. 달디단 꿀맛이 소태가 되고 쓰디쓴 소태가 꿀맛이 되는 경우가 허다하다.

소인은 달콤한 말에 귀가 얇다. 이(利)를 밝히는 까닭이다. 그러나 조금이라도 비위를 건드리는 말을 들으면 패악한 성질머리를 내뱉는다. 이렇게 도량이 좁은 사람은 칭찬이 아부의 덫이 되고 질책이 약이 된다는 것을 모른다.

가는 말이 고와야 오는 말도 고운 법이다. 이것은 소인이 믿는 속담이다. 대인은 이런 속담을 모른다. 거친 말이라도 참이면 고마워하고 고운 말이라도 거짓되면 귀를 열지 않는다.

공자의 제자였던 자로(子路)는 그에게 잘못이 있음을 일러 주면 기뻐했고, 우 왕(禹王)은 좋은 말을 들으면 절을 했다. 맹자는 이렇게 밝힌 다음 순 왕(舜王)은 참으로 위대했다〔大舜有大焉〕고 단언했다. 참으로 공자의 이순이 어떤 것인가를 새겨 볼 수 있게 하는 부분이다.

왜 자로는 자신의 허물을 들추는데도 기뻐했을까? 허물을 들추어 지적해 주는 이가 곧 삶의 선생 구실을 하는 까닭이다. 삶의 병을 고쳐 주는 선생을 맞이하는 것보다 더 기쁜 일은 없다. 허물은 삶을 병들게 하지만 지적 당한 허물을 고치면 허물로 지을 병을 고치게 되는 법이다. 병든 삶을 고쳐 주었으므로 기뻐할 수밖에 없는 것이다. 자로는 이처럼 도량이 넓었다.

왜 우 왕은 좋은 말을 들으면 절을 했을까? 좋은 말이 고마워서였을까, 아니면 송구스러워서 그랬을까? 좋은 말을 듣고 부끄러워하는 것보다 더한 겸허함은 없다. 우 왕은 필시 더욱 좋은 일을 하지 못해 죄송하다는 마음을 저절로 품었으리라. 맹자가 위대하다고 밝힌 순 왕은 우에게 임금 자리를 물려주었으니 그렇게 여겨도 아무런 억지가 없을 것이다.

맹자는 왜 순 왕이 위대하다고 했을까? 맹자는 그 위대함을 이렇게 밝힌다.

"남과 더불어 함께 하기를 좋아해〔善與人同〕 자기 주장을 버리고 남의 의견을 따라〔舍己從人〕 그 의견을 취하여 선을 행하게 됨을 즐거워했다〔樂取於人以爲善〕."

내가 아니면 안 된다고 고집하는 사람은 남과 더불어 좋은 일을 할 수 없다. 일이 잘되면 내 덕이요, 일이 안 되거나 잘못되면 남의 탓이요 하는 사람은 더불어 어울릴 줄 모른다. 함께 선을 나누고 베풀어 우리 모두의 삶이 선해지는 것보다 더 위대한 일은 없다. 순 왕은 그렇게 했으므로 위대하다.

요 임금이 순에게 임금 자리를 물려줄 때까지 순은 온갖 일에 종사하는 백성과 더불어 살았다. 역산(歷山)에 있을 때는 농사를 지었고, 뇌택(雷澤)에 있을 때는 고기를 잡았고, 황하(黃河)에 있을 때는 그릇을 구웠다. 농부였을 때는 농부와 어울렸고, 어부였을 때는 어부와 어울렸으며, 그릇을 구울 때는 도공들과 어울렸다. 그러면서 순은 언제나 남의 의견을 존중하고 따라 취하여 남과 더불어 선을 행했다. 그래서 순 왕은 크고 위대하다고 맹자는 밝힌다.

시비는 왜 일어나는가? 저마다 남보다 잘나고 더 많이 안다는 자만심에서 비롯된다고 장자는 말한다. 그래서 시비를 하지 않는 것이 시비에서 이기는 것보다 더 낫다고 하는 것이다. 하지만 살다 보면 막히고 닫혀 갑갑할 때가 많다. 막혔으면 터야 하고 닫혔으면 열어야 하는 것이 삶의 숨통이 아닌가. 시비는 그래서 일게 마련이다.

시비가 너울칠 때는 내가 이겨야 하고 상대가 져야 한다는 속셈으로 시비에 임하지 마라. 나에게 잘못이 있으면 그대로 시인하면 되고 나에게 잘못이 없다면 걸어오는 시비를 풀어 주면 된다. 그렇게 하면 맹자가 밝힌 '남과 더불어 선을 행한다는 것〔與人爲者〕'을 새겨들을 수 있다.

남의 의견을 막고 내 의견만을 틀려고 하면 할수록 막막해지고 답답해진다. 세상은 나를 위해 있는 것도 아니요, 너를 위해 있는 것도 아니다. 만물을 위해 있는 것이 세상이다. 그래서 자로는 자신의 허물을 들추어 주면 기뻐했고, 우 왕은 좋은 말을 들으면 송구스러워 절을 한 것이다. 자로의 기쁨도 우의 절도 모두 남과 더불어 선을 행하는 모습이다. 남과 더불어 선을 행하라는 말은 겸허하고 겸손하라는 말로도 통한다.

'겸손하면 통하리라〔謙亨〕.'

이 말은 《주역》의 〈겸괘(謙卦)〉에 나오는 말이다. 사람이 걸어야 할 길은 가득 찬 것을 싫어하고 겸손한 것을 좋아한다〔人道惡盈而好謙〕고 겸괘는 전한다. 내 주장을 줄여 남의 주장에 더해 주면 내 오만은 사라지고 나는 겸손해질 수 있다. 겸손한 마음이 선을 찾는 데 밝다. 그러므로 맹자가 당부하는 사기종인(舍己從人)은 나로 하여금 먼저 타인과 삶에 대해서 겸허(謙虛)하기를 바라는 것이다.

내 주장을 버리고 남의 의견을 좇는다 [舍己從人].
사(舍)는 '버린다' 는 뜻이다.
군자에게 남과 더불어 선을 행하는 것보다 더 중한 것은 없다 [君子莫大乎與人爲善].

마음을 넉넉하고 너그럽게 가져라

넘쳐도 탈이고 모자라도 탈인 것이 인품(人品)이다. 인품은 도량에 따라 저울질할 수 있다. 도량이란 마음의 씀씀이다. 도량이 좁아 옹색하면 딱하고, 도량을 편한 대로 다루면 능청스럽고 능글맞아 너절하다. 마음 씀씀이를 귀하게 하려면 중용(中庸)을 따를 것이요, 천하게 하려면 중용을 버려라.

지금은 인간의 됨됨이가 저마다 다른 것이 좋다고 한다. 이른바 '개성 시대'를 찬양하고 자기 중심의 깃발을 내걸수록 자존심(自尊心)을 살릴 수 있다고 한다. 그러나 자존심은 남이 나를 귀하게 여겨 주어야 가능하다. 나는 귀한 존재이니까 나를 존경하라고 하는 것은 자만(自慢)에 불과하다.

마음 씀씀이를 중용에 맞추면 자만심을 물리치고 자존심을 얻을 수 있다. 자존심을 강조하면 잃고, 자만심을 내걸면 천하고 추해진다. 맹자는 대조적인 인간형을 예로 들어 밝히면서 인간 됨됨이에 있어 중용이 얼마나 중요한가를 스스로 살펴보게 한다

"백이(伯夷)는 자기가 좋아하는 임금이 아니면 섬기지 않았고,

폭군의 조정에는 서지 않았으며, 악한 사람과는 말도 나누지 않았다. 폭군의 조정에 서서 악한 무리와 말을 나누며 관복을 입고 관을 쓴다는 것을 시궁창이나 숯검정 위에 앉는 것과 같다고 여겼다. 이런 백이는 제후들이 초빙하는 글을 써 와도 응하지 않았다."

이것이 맹자가 밝힌 백이류(伯夷類)의 인간형이다.

"유하혜(柳下惠)는 더러운 임금을 부끄러워하지 않았다. 사소한 벼슬이라도 하찮게 여기지 않았으며 벼슬에 나가면 장점을 십분 발휘해 자신의 뜻을 폈고, 버려져도 원망하지 않았고 곤궁해져도 성내지 않았다. 유하혜는 이렇게 장담했다. '너는 너고 나는 나인데 네가 옷을 벗어 몸뚱이를 드러낸들 나를 더럽힐 수 있겠느냐?' 이처럼 유하혜는 자신만만하게 모든 사람들과 함께하면서도 자신을 잃지 않았다."

이것이 맹자가 밝힌 유하혜류(柳下惠類)의 인간형이다.

초빙해도 백이가 받아들이지 않은 것은 벼슬에 나아가는 것을 떳떳하게 여기지 않았던 까닭이며, 유하혜가 끌어당겨 머물러 있게 한 것은 물러나는 것을 떳떳하게 여기지 않았던 까닭이라고 맹자는 두 인간형을 분석했다.

그러면서 맹자는 백이류와 유하혜류 같은 인간형을 이렇게 명쾌하게 평가했다.

"백이는 사람 됨됨이가 좁고〔伯夷隘〕, 유하혜는 그 됨됨이가 불공하다〔柳下惠不恭〕. 좁은 것과 불공한 것은 군자가 취할 바가 아니다〔隘與不恭君子不由也〕."

백이는 명분에 사로잡혔고 유하혜는 실속에 사로잡혀 있었다.

백이가 선의 명분을 결벽증으로 맞이했다면, 유하혜는 남이야 선하든 말든 나만 선하면 그만이라는 실속에 탐욕스러웠다. 깨끗한 것도 지나치면 더러운 것과 같아질 수 있다. 물이 너무 맑아 증류수와 같아도 고기가 살지 못하는 법이고 물이 더러워 숨이 막혀도 고기가 살지 못하는 법이다. 살 수 있게 하려면 선한 것을 즐기고 악한 것을 물리치려는 용기를 내야 한다. 불의(不義)를 보고도 나 몰라라 했으니 유하혜는 불공(不恭)하고, 불의를 보고 피하기만 했으니 백이는 자신만 깨끗하면 그만인 줄 아는 속이 좁은 인간이다.

따지고 보면 백이나 유하혜는 모두 지나친 개인주의자에 불과하다. 남이야 어찌되든 나만 잘살면 그만이라는 자기 중심에 빠져 있을 뿐이다. 남과 더불어 선을 행해야 하는 것을 백이도 몰랐고 유하혜도 몰랐다. 먼지투성이에서는 옷을 털지 않는 법이다. 비를 들고 들어가 먼지를 털어 내고, 묻은 먼지가 땟국이 되면 걸레질로 닦아 내야 한다.

군자는 누구인가? 세상에 먼지가 끼면 털어 내는 자이고 땟국이 묻으면 닦아 내는 자이다. 군자는 넉넉해 좁지 않고, 너그럽되 능글맞지 않다.

군자는 패하지 않는다

전쟁을 본업으로 삼는 장수에게 승패는 언제나 있는 일이다. 전쟁은 서로 상대하여 싸움을 벌이게 한다. 내가 이기면 상대가 지고 내가 지면 상대가 이기는 것이 전쟁의 승패이다.

그러나 맹자는 군자가 전쟁을 하면 반드시 이긴다고 단언한다. 이길 수 있는 전쟁만 골라서 싸움을 걸기 때문이 아니라 어떠한 전쟁이라도 군자가 취하면 반드시 이긴다고 확언한다. 이렇게 확언하는 맹자의 사정적 근거는 무엇일까? 맹자는 그 근거를 이렇게 밝힌다.

"하늘이 내린 시운(時運)은 지형의 이로움만 못하고〔天時不如地利〕, 지형의 이로움은 인간들이 서로 화합하는 것만 못하다〔地利不如人和〕."

"삼 리 되는 성채와 칠 리 되는 성곽을 완전히 포위하고 공격해도 이기지 못한다. 완전히 포위해서 공격한다는 것은 시운을 얻었음이다. 그럼에도 불구하고 이기지 못하는 것은 지형의 이로움만 못해서이다."

맹자는 이렇게 말한다. 즉, 아무리 강한 무력과 시운을 얻어 성곽을 포위했다 해도 성채가 험준한 지형에 있다면 난공불락(難功不落)의 지리적 이점을 이겨낼 수 없다는 뜻이다.

"성이 높지 않은 것도 아니고, 성안의 물이 깊지 않은 것도 아니며, 군 장비가 튼튼해 불리하지도 않고, 식량이 적은 것도 아닌데, 그런 곳을 버리고 가는 것은 지형의 이로움이 인화(人和)만 못해서이다."

맹자는 이렇게 인화(人和)의 강력함을 설파한다.

첨단 과학이 동원된 전쟁이라도 뭉치면 이기고 흩어지면 진다. 뭉치게 하는 것은 군사 장비의 힘이 아니라 서로 나누어 베푸는 덕의 힘이다. 히틀러가 패한 것도 결국엔 인화의 힘을 몰랐던 까닭이 아닌가!

"백성을 나라 안에 살게 하는 것은 영토의 경계선이 아니고, 나라의 방비를 견고하게 하는 것은 험준한 지형이 아니며, 천하에 위세를 떨치게 하는 것은 막강한 군사력이 아니다."

이것이 바로 맹자가 밝히는 전승론(戰勝論)의 핵심이요, 요체다.

맹자는 왜 이렇게 단언했을까? 나라의 백성을 살게 하는 것은 험준한 지형의 이로움도 아니요, 막강한 군사력도 아니며 오로지 백성을 뭉치게 하는 인화임을 알고 있었던 까닭이다.

조선조는 일제(日帝)의 침략 전에 이미 망해 가고 있는 상태였다. 일제가 강탈해 정복한 것은 조선의 조정과 땅덩어리였지 조선의 백성은 아니었다. 백성은 힘으로 정복하지 못한다. 백성은 천지(天地)와 같기 때문이다. 무력(武力)은 땅을 정복할 수는 있어도 백성을 정복하지는 못한다. 인화의 덕이 없으면 백성은 마음을 주지 않는다.

백성이 귀한 줄 안다면 험한 법을 만들어 백성을 윽박지르지 못할 것이다. 백성을 천하게 여기면 철망으로 국경을 막아도 탈출한다. 백성이 나라를 등지면 그 무엇으로도 나라를 부지할 수 없다. 당분간은 탄압과 협박과 속임수로 나라를 끌고 갈 수 있겠지만 결국엔 험하게 망하고 만다. 이것이 맹자의 진단이다. 이러한 진단은 언제나 틀림없고 어김없다.

보릿고개의 배고픈 설움을 없애 준 박정희 정권도 그 종말은 험했다. 올림픽을 유치해 백성의 환심을 사기도 했지만 전두환 정권 역시 척족의 횡포 탓에 대권을 훔쳤다는 뒷말을 들으면서 백성의 모진 매를 맞았다. 끝이 험한 것은 망한 것이다. 아무리 잘한 일이 있어도 인화로 백성의 마음을 얻지 못하면 망하고 만다.

"도를 얻은 사람은 돕는 사람이 많고 도를 잃은 사람은 돕는 사람이 적다〔得道者多助 失道者寡助〕."

누구나 맹자의 이 말을 새겨들어야 한다. 따지고 보면 박정희나 전두환은 도를 잃은 상태에서 나라를 다스렸던 셈이다. 도(道)란 무엇인가? 그것은 곧 인화의 길을 말한다. 인화의 길은 어떤 모습일까? 굶을 때 함께 굶고 먹을 때 함께 먹는 그러한 길이다. 말하자면 동고동락의 길이 인화의 도이다. 치자들이 이러한 길을 걷지 못하면 그 끝은 언제나 험하다.

미운 놈, 고운 놈을 골라 미운 놈은 때리고 고운 놈에게는 떡을 주는 정치는 결국 패를 갈라놓을 뿐이다. 정치가 패가름을 하면 싸움이 벌어져 세상은 난장판이 된다. 고래 싸움에 새우 등이 터지는 형국을 당해야 한다. 그러면 백성은 정치에 신물을 내고 멀어져 가며, 나라는 중병을 앓게 된다. 왜 그렇게 되는가? 맹자의 말에서 그 연유를 새겨들어라.

"도와주는 사람이 적을 때는 친척마저 배반하고〔寡助之至 親戚畔之〕, 도와주는 사람이 많을 때는 온 천하가 순응한다〔多助之至 天下順之〕. 온 천하가 순종하는 힘을 가지고 친척마저 배반하는 자를 공격하기〔以天下之所順 攻親戚之所畔〕 때문에〔故〕 군자는 전쟁을 하지 않을 수 있어도 했다 하면 반드시 이긴다〔君子有不戰 戰必勝矣〕."

군자는 왜 전쟁을 했다 하면 반드시 이기는가? 인화만을 무기로 삼는 까닭이다. 인화는 죽이지 않고 살리기 때문에 항상 이긴다. 삶의 바른 길, 그것이 바로 인화의 도이다.

사람과 사람 사이에는 지켜야 할 예가 있다

맹자가 빈사로 제 나라에 있을 때 일이다. 빈사는 임금을 가르치는 선생을 말한다. 제 나라의 선 왕이 맹자를 빈사로 초빙했다. 왕은 빈사를 존경하고 예우해야 하므로 몸소 찾아가서 만나야지 빈사가 왕을 찾아가지는 않는다. 이것이 왕과 빈사 사이의 도리이다.

어느 날, 맹자가 선 왕과 만나기로 되어 있었던 모양이다. 맹자는 조왕(朝王)할 준비를 하고 있었다. 조왕이란 임금께 문안드리는 것을 뜻한다. 맹자가 막 떠나려고 하는데 선 왕이 보낸 사람이 와서 전했다.

"과인이 마땅히 가서 뵈어야 하지만 감기 탓에 바람을 쐴 수가 없습니다. 조정에 나오시면 만나 뵈려고 하는데 과인을 만나 뵙게 해 주시겠는지요?"

맹자는 왕이 보낸 사람에게 이렇게 말해서 돌려보냈다.

"불행히도 병이 나서 조정에 나가지 못합니다."

그리고는 이튿날 한 대부 집에 문상을 다녀왔다.

이에 제자인 공손추가 어제는 병이 났다고 나가는 것을 거절하시고 오늘은 문상을 가셨으니 그렇게 하실 게 아니었던 것이 아니냐고 묻자 맹자가 대답했다.

"어제는 앓다가 오늘은 나았는데 어찌 문상을 가지 않겠느냐?"

몸이 아파야 병을 앓는 것은 아니다. 마음을 앓게 하는 것보다 더한 아픔은 없다. 왕이 빈사를 대하는 도리를 어긴 것이 맹자의 마음을 아프게 했던 것이다. 또한 맹자는 사람이 죽으면 조문을 하는 것이 당연한 도리였기에 그것을 지켰을 뿐임을 공손추에게 가르쳐 준 것이다.

왕이 부른다고 무턱대고 달려가 만나지 않았던 맹자. 사람과 사람 사이에는 지켜야 할 예가 있다. 왕이 예를 어겼을 때 문제는 더욱 크다. 왕은 백성의 모범이 되어야 하는 까닭이다.

15

의롭게 하는 것이 공경이다

선 왕은 맹자가 아프다는 말에 사람을 보내 문병케 하고 의원을 보냈다. 그러나 맹자는 문상하러 가서 처소에 없었고 맹중자(孟仲子)란 사람만 남아 있었다. 난처해진 맹중자는 이렇게 얼버무렸다.

"어제는 들랍시는 왕명이 있었으나 병이 나서 조정에 나가지 못하셨답니다. 오늘은 병이 좀 나아서 바삐 조정으로 가셨습니다. 가실 수 있었는지는 모르겠습니다만…."

그리고는 사람을 풀어 도중에 맹자를 만나 집으로 올 것이 아니라 조정으로 갈 것을 알리게 하였다. 맹자는 이러지도 못하고 저러지도 못해 경추(景丑)라는 대부의 집으로 가 거기서 묵었다.

"안에는 부자(父子)가 있고 밖에는 군신(君臣)이 있습니다. 이것이 인륜 중에서 큰 것입니다. 아버지와 아들 사이는 은혜를 위주로 하고, 군신 사이는 공경을 위주로 합니다. 저는 왕이 선생을 공경하는 것을 보았습니다만, 왕을 공경하시는 경우는 보지 못했습니다."

이렇게 경추가 말을 꺼냈다. 경추의 말을 빌리면, 선 왕은 맹자를 공경하지만 맹자는 왕을 공경하지 않는다는 의미다.

이에 맹자가 답했다.

"그게 무슨 말씀이시오? 제 나라 사람들은 인의를 들어 왕께 말하는 분이 없습니다. 그렇다고 인의를 좋지 않게 여긴다고는 말할 수 없겠지요. 그네들의 심중에는 '그가 어찌 함께 인의를 갖고 이야기할 상대나 되느냐'는 속마음이 있는 것입니다. 그보다 더 큰 불경은 없는 것이지요. 나는 요 임금과 순 임금의 도가 아니면 감히 말하지 않습니다. 그러므로 제 나라 사람들은 오히려 내가 왕을 공경하는 것만큼 못한 거지요."

이 말은 맹자가 선 왕을 공경하는 것과 경추가 말하는 공경의 의미가 어떻게 다른가를 짐작하게 한다.

이에 경추가 반론을 제시하며 말했다.

"그렇지 않습니다. 그런 것을 두고 드린 말씀이 아닙니다. 부친이 부르면 '예' 하고 대답만 하고 마는 일이 없고, 왕이 부르면 수레에 말 걸기를 기다리지 않고 나선다고 했는데, 왕을 뵈러 들어가시려다 왕의 명을 들으시고도 가지 않으셨으니 아마도 선생께서 말씀하신 예와는 다른 것 같습니다."

왕명은 무조건 받들어야 한다는 것이 경추의 생각이다. 그러나 경추는 왕명에도 예(禮)가 따라야 함을 놓치고 있다. 경추는 '예로써 쓰라〔用之以禮〕'는 맹자의 뜻을 몰랐던 모양이다.

왕명도 그렇게 써야 한다. 성군은 명을 내리되 인의에 어긋나는 명을 내리지 않는다. 빈사를 오라 가라 할 왕인데 백성을 대하는 것이야 말해 무엇하랴. 성군을 공경하되, 성군이 아니면 성군이 되게 하는 것보다 더 왕을 공경하는 것이 없음을 경추는 몰랐던 것이다.

경추의 말을 들은 맹자는 공자의 제자였던 증자의 말을 들려주었다.

"진 나라와 초 나라의 부(富)를 따라가지 못한다. 그들은 부를 가지고 하지만 나는 인자함을 가지고 한다. 그들은 벼슬자리를 가지고 하지만 나는 정의를 가지고 한다. 내가 어찌 그들보다 못할 것인가?"

왜 맹자는 증자의 말을 빌려 경추의 말에 응해 주었을까? 진초(晋楚)의 왕은 벼슬과 재물을 통해 공경을 얻었지만 증자는 인의를 통해서만 따랐을 뿐이다. 맹자 또한 그렇게 함을 경추에게 알려 준 셈이다.

왕이 성군이 되도록 하는 것과 왕의 비위나 맞추고 감읍하는 것 중에 어느 것이 더 왕을 공경하는 일일까? 간지러운 곳을 긁어 주되, 그 간지러움이 부스럼이나 종기 탓일 때는 긁어 주지 말아야 하는 것이 진정한 신하의 도리다. 아첨과 아부는 충성과 모반의 저울질에 불과하다. 이익이 되면 충성하고 불리하면 돌아서는 것은 아첨배요, 간사한 무리이다. 그런 무리들은 주인을 따르는 개와 같다. 먹이를 주면 꼬리를 치고 먹이를 주지 않으면 달아나거나 제 주인을 무는 개와 조금도 다를 것이 없다.

공경(恭敬)은 변함없이 하나에 충실하는 것이다. 그 하나란 무엇인가? 공맹(孔孟)의 입장에서 보면 인의(仁義)일 것이고, 노장(老莊)의 입장에서 보면 자연(自然)일 것이요, 여래(如來)의 입장에서 보면 해탈(解脫)일 것이다.

16

천하에 존경할 것이 셋 있다

무엇을 바라는가? 바람이 있다면 그것은 존경할 대상이어야 한다. 《주역》에서는 존경할 것을 '원형리정(元亨利貞)'이라는 말로 새겨 보게 한다.

원(元)은 으뜸이고 크다. 그것은 만물이 자라는 것을 소중히 한다. 원은 곧 선(善)의 모습이다. 형(亨)은 막힘 없이 통한다. 그것은 만물이 번영하는 것을 소중히 한다. 형은 곧 미(美)의 모습이다. 이(利)는 억지나 어긋남이 없어 순조롭다. 그것은 만물이 마땅한 바를 얻는 것을 소중히 한다. 이는 곧 의(義)의 모습이다. 정(貞)은 곧게 지켜 함부로 동요하지 않는다. 그것은 원형리(元亨利)를 지키는 것을 소중히 한다. 정은 도리(道理)를 지켜야 하는 것이다.

무엇을 존경해야 할까? 인간을 위하여, 삶을 위하여 원형리정을 존경하면 될 일이다.

맹자는 존경할 대상을 이렇게 밝힌다.

"천하에 존경할 것이 셋 있다〔天下有達尊三〕. 작위가 그 하나요

〔爵一〕, 연령이 그 하나이며〔齒一〕, 덕망이 그 하나이다〔德一〕. 조정에서는 작위만큼 존경할 것이 없고〔朝廷莫如爵〕, 마을에서는 연령만큼 존경할 것이 없으며〔鄕黨莫如齒〕, 세상을 돕고 백성을 잘 살게 해 주는 것이 존경해야 할 덕이다〔輔世長民莫如德〕. 어찌 그 중에 하나를 취하고 나머지 둘은 소홀히 할 것인가〔惡得有其一以慢其二哉〕?"

벼슬을 가진 사람은 어떻게 하면 존경받을 수 있을까? 위를 보살피고 아래를 잘 돌볼 때 존경받을 수 있다. 벼슬을 빙자해 횡포를 부리는 사람은 존경할 가치가 없다.

나이 든 이가 왜 존경받을까? 어린 사람을 보살펴 주고 가야 할 길과 가서는 안 되는 길을 경험을 통해서 타일러 주는 지혜를 지닌 까닭이다. 그래서 나잇값을 못하면 천해지는 법이다.

덕이 없다는 것은 천하다는 의미다. 천한 것을 누가 존경할 것인가? 천한 것은 삶을 소중히 할 줄 모르기 때문에 추하다. 덕이 없으면 무엇이든 추하게 마련이다. 나를 귀하게 하고 상대를 소중하게 하는 덕이야말로 존경할 것이 아닌가?

왕이 불렀음에도 가지 않은 것은 불공이 아니냐고 따지는 경추에게 맹자는 존경할 것이 무엇인가를 밝혀 주고, 자신이 선 왕의 부름에 응하지 않은 이유를 이렇게 밝힌다.

"큰일을 할 왕에게는 반드시 불러서는 만나지 못할 신하가 있지요. 만나서 이야기하고 싶다면 왕이 스스로 찾아가야 하는 것이오. 덕을 존경하고 낙을 즐기기를 이와 같이 하지 않는다면 더불어 큰일을 하기에 부족하지요. 탕 왕은 이윤에게 배운 뒤에 그를 신하로 맞이해 힘들이지 않고 왕도의 왕이 되었지요. 환공은 관중에게 배운 연후에 그를 신하로 써서 쉽게 패도의 왕이 되었지요. 지금 천하의 왕들이 차지한 땅이 옛날과 비등하고 덕 역시 서로 비슷해 월등히 뛰어난 왕이 없는 데는 다른 이유가 없습니다. 자기가 가르친 자를 신하로 쓰기는 좋아하면서도 자기에게 배움을 주는 자를 불러 신하로 모시기는 꺼리는 탓이지요. 탕 왕은 이윤을 감히 부르지 않았고, 환공 역시 관중을 감히 불러 만나지 않았지요. 관중마저도 불러 만나지 않았는데 관중을 대견하게 여기지 않는 사람이야 두말할 것도 없지요."

빈사는 왕의 선생이기 때문에 왕이 빈사를 모시되, 부리지는 않는다. 선생을 찾아가 뵙고 배울 것을 청하는 것이 예다. 맹자를 빈사로 모셔 놓고 선 왕이 오라 가라 했다면 예에 어긋나는 것이다. 맹자가 이를 용인했을 리 없다. 예란 무엇보다 의를 밝혀 지키는 일이다. 그것을 어기면 공경은 발붙일 곳이 없음을 맹자는 알았던 것이다.

관중은 제 나라의 환공을 가르쳐 천하의 패자가 되게 했다. 그러나 맹자는 패도를 가르친 관중을 대견하게 보지 않았다. 패도는 힘으로 세상을 다스리는 기술에 불과하며, 강자가 약자를 정복하는 것을 당연하다고 여긴다. 왕도는 강자가 약자를 돕고 보살펴 편안히 잘살도록 해야지 군림해서는 안 된다고 밝힌다.

패도는 폭군을 낳고 왕도는 성군을 낳는다. 맹자는 선 왕에게 성군이 되는 법을 가르치려고 했을 뿐이다. 이보다 더 임금을 공경하는 방법이 어디 있겠는가? 맹자는 이렇게 경추를 부끄럽게 한다.

세상은 언제나 힘으로 저울질해 강약을 따진다. 강하면 이기고 약하면 진다는 논리가 바로 힘의 저울질이다. 그러한 저울대를 손아귀에 쥐고 세상을 주름잡으려는 야심이 곧 패(覇)이다. 이러한 패는 잔인하고 무도한 길을 밟는다.

'부드럽고 연약한 것이 굳고 강한 것을 이긴다〔柔弱勝剛强〕.'

이것은 노자의 말이다. 이 말은 맹자의 입장에서 보면 왕도로 통한다. 성군은 권력을 믿지 않고 백성을 믿는다. 백성은 연약하지만 강한 권력을 이겨낸다는 것을 성군은 안다. 그러나 폭군이나 독재자는 백성을 얕본다. 그래서 성군은 세상을 얻고 폭군이나 독재자는 세상을 잃는다.

성군처럼 삶을 대할 것인가, 폭군처럼 삶을 맞이할 것인가? 도둑과 깡패, 사기꾼 따위는 삶을 폭군처럼 맞이하는 것이고, 착하고 성실한 사람은 저마다의 삶을 성군으로 모시는 셈이다.

삶을 성군처럼 맞이한다면 풀리지 않을 것이 없고 막혀 답답할 것도 없다. 왜냐하면 삶은 덕과 더불어 이어지기 때문이다. 이해해 주고 용서해 주는 것이 곧 덕이다. 도와주고 보살펴 주는 것 또한 덕이다. 이렇게 덕을 쌓는 것을 한마디로 묶어 사랑하는 방법이라고 한다.

받을 것과 받지 말아야 할 것이 있다

먹어서 살로 가는 것이 있는 반면에 먹어서 탈이 나는 것도 있다. 세상에는 밥이 있고 미끼가 있는 법이다. 밥은 먹어도 되지만 미끼를 물면 낚이고 만다. 미끼를 탐하다 물려서 물 밖으로 끌려 나오는 물고기를 보라. 물고기의 밥은 물속에 있지 낚싯줄에 달려 있는 것이 아니다.

못난 인간들이 주고받는 뇌물은 낚싯줄에 매인 미끼와 같다. 미끼 속에는 무엇이 있는가? 미늘이 숨겨져 있다. 미늘은 목을 걸어 채고 숨통을 막는다. 준다고 무작정 받아서는 안 된다. 받는 것이 당연하다면 받고 꺼림칙하면 받지 말아야 한다. 이것이 미끼에 걸려들지 않는 지혜다.

맹자에게는 진진(陳臻)이란 제자가 있었다. 진진이 맹자에게 물었다.

"옛날 제 나라에 계셨을 때는 금 이천 냥을 주어도 받지 않으셨습니다. 송 나라에서는 금 일천사백 냥을 주니까 받으셨고, 설(薛) 나라에서는 금 일천 냥을 주니까 받으셨습니다. 지난날에 받지 않았던 것이 옳았다면 지금 받은 것은 옳지 않은 것이고, 이제 받은 것이 옳다면 지난날에 받지 않은 것은 옳지 않은 것입니다. 선생님께서는 이 둘 중에 하나일 것입니다."

제자 진진의 말을 들은 맹자는 이렇게 말해 주었다.

"송 나라에 있을 때는 내가 먼 길을 떠날 예정이었다. 길가는 사람에게는 반드시 전별금을 주게 마련이다. 전별금을 보낸다고 하기에 받았다. 설 나라에 있을 때는 의외의 변고를 막아야 한다는 생각이 들었다. 보내 온 말에 의하면 경비하신다는 말을 듣고 무기를 장만하라고 돈을 보낸다고 했다. 내가 무엇 때문에 그것을 받지 않겠느냐? 그러나 제 나라에서는 내가 받을 만한 일이 없었다. 받을 만한 일이 없는데도 주는 것은 재물로 환심을 사려는 것이다. 어찌 군자로서 환심을 사려는 재물에 매수될 수 있겠느냐?"

돈은 요긴하게 쓰는 수단이다. 넘쳐도 탈이고 모자라도 탈이다. 돈은 넘쳐날 때보다는 모자랄 때가 낫다. 넘치면 귀한 줄 모르고 모자라면 귀한 줄 아는 까닭이다.

돈이 넘쳐 탕진하는 졸부들을 보면 제 인생을 저당 잡히는 함정을 파고 있는 것 같아 씁쓸하다. 인생을 고무풍선처럼 부풀리면 반드시 터지고 만다. 터져 버린 풍선은 아무도 간직하지 않고 쓰레기통에 버릴 뿐이다.

신세를 질 만하면 지되, 정당한 이유 없이 도움을 받을 필요는 없다. 이유 없이 도움을 요청하는 것은 구걸하거나 속이는 짓에 불과하고, 그러면 매수당하게 마련이다. 서로의 사정을 헤아려 정으로 베풀면 받아야 한다. 정으로 베푸는 것을 거절하는 것은 괴팍한 결벽증에 불과할 뿐이다. 그러나 환심을 사서 이용하려고 한다면 손을 털고 일어나 나와야 한다. 내미는 것을 덥석 쥐었다가는 불에 달군 쇳조각을 받아 쥐는 꼴이 되고 만다.

뇌물을 받고 쇠고랑을 찬 사람들, 노름으로 패가망신을 당한 사람들, 여자를 밝히다 망신을 당한 사람들은 받아서 요긴하게 쓸 것과 뿌리칠 것이 무엇인가를 모르는 어리석은 자들이다. 받아 마땅하면 받고 그렇지 못하면 뿌리쳐야 한다. 이것이 곧 삶을 간명하게 누리면서 삶의 즐거움을 만끽하는 지혜이다.

어찌 군자이면서 재물에 매수당한단 말인가 [焉有君子而可以貨取乎]?
언(焉)은 '어찌', 취(取)는 '매수당하다'는 뜻이다.

공밥을 먹어서는 안 된다

일하지 않으면 놀아서도 안 되고 쉬어서도 안 된다. 하물며 공밥을 먹을 생각은 해서도 안 된다.

'하루 놀았다면 하루를 굶어라.'

이 말은 백장 선사(百丈禪師)의 화두이다. 해야 할 일을 적당히 얼버무려 넘기려는 잔꾀는 결국 스스로 잘못을 저지르는 셈이다. 몸에 병이 들었다면 어쩔 수 없이 누워지내야겠지만 몸이 성하다면 맡은 일을 제대로 하기 위해 몸과 마음을 써야 한다. 이렇게 하는 것이 목숨을 지닌 것의 도리이다. 목숨을 지닌 것은 무엇이든 제 할 일을 가지고 있다.

참새가 날아다니는 것은 노는 것이 아니라 먹이를 찾아다니는 것이다. 그러다 잠시 가지에 앉아 쉬면서 노래를 부른다. 길가에 있는 풀섶도 그냥 있는 것이 아니다. 땅에 뿌리를 내리고 양분을 찾는 것이다. 이처럼 모든 목숨은 제 할 일을 해야만 목숨을 부지할 수 있다. 사람이라고 해서 예외일 수는 없다.

사람이라면 누구나 저마다 맡고 있는 일이 있게 마련이다. 그 일을 소홀히 하면 마음에 저절로 사(邪)가 자리잡는다. 그러면 누구나 간사해지고 영악해지며, 심하면 악해진다. 그래서 성실해야 선하다고 한다. 성(誠)은 하늘의 길이다. 하늘의 길이란 곧 세상의 진리이다. 그러한 진리를 잊지 말고 살아라. 이것이 생존의 도리이다.

맹자가 제 나라의 평륙(平陸)이란 고을에 갔을 때의 일이다. 그곳에서 고을을 다스리고 있던 공거심(孔距心)이란 대부를 만나 이렇게 물었다.

"당신의 병사가 하루에 세 번씩이나 행렬에서 벗어난다면 어떻게 하실 건가요? 쫓아 버리시겠지요?"

맹자의 물음에 공거심은 세 번씩이나 기다릴 것 없이 당장 쫓아낼 것이라고 했다.

공거심의 대답을 들은 맹자가 따끔하게 따진다.

"그렇다면 당신은 지금까지 행렬을 벗어나는 일을 많이 했소. 흉년 때문에 기근이 들어 당신네 고을 사람들 중 늙고 연약한 자들은 도랑으로 굴러 들어가 죽고, 수천 명의 장정들은 사방으로 흩어져 고을을 떠났소."

그러자 공거심은 이렇게 조아렸다.

"그것은 거심(距心)이 어찌해 볼 수 없는 일이었습니다."

흉년이 든 마음은 방백이 도우려 해도 도울 수가 없다. 백성이 굶지 않도록 고루 보살피는 것은 한 나라를 다스리는 왕이 해야 하는 일이다. 그러니 공거심은 자기 소관에서 벗어난 처사를 맹자가 꼬집고 있다고 여겼는가 보다.

맹자는 비유를 들어 공거심을 다잡았다.

"남의 소와 양을 받아서 치는 목동이 있다고 합시다. 그 목동이 소와 양을 치기 위해서는 반드시 목장과 풀밭을 찾아야 할 것입니다. 그러나 목장과 풀밭을 아무리 찾아도 찾을 수 없다면 소와 양을 주인에게 되돌려 주어야겠지요. 그렇지 않고 소와 양이 굶어 죽는 꼴을 보고만 있어야 하겠소?"

이 말에 공거심은 자인하며 말했다.

"그것은 이 거심의 죄입니다."

공거심은 고을에 흉년이 들어 백성이 기근에 굶주리고 있음을 중앙에 알려 도움을 간청하는 일을 게을리한 것이다. 벼슬에 있는 자가 직무를 유기하면 백성이 굶는다. 지방을 다스리는 사람은 목장에서 소와 양을 치는 목동에 비유할 수 있다. 그래서 목민(牧民)이라고 하는 것이다. 백성을 후리고 등치고 빼앗는 썩은 벼슬아치들은 목장의 소나 양을 훔쳐다 잡아먹는 늑대와 같다. 늑대를 찾아내 몰아내는 것은 왕이 할 일이다. 옛날에는 왕이 하나였지만 지금은 백성이 왕이다. 대통령도 잘못하면 쫓아내는 것이 백성의 힘 아닌가? 아마도 공거심은 맹자 앞에서 몸 둘 바를 몰랐을 것이다.

평륙 지방을 다녀온 맹자는 왕을 만났다. 왕을 만난 맹자는 왕에게 이렇게 말했다.

"왕의 슬하에 있는 고을을 다스리는 사람들 가운데 다섯 명을 알고 있습니다. 그 다섯 중에서 자신의 죄를 아는 사람은 공거심밖에 없습니다."

그런 다음 맹자는 왕에게 평륙 지방에 흉년이 들어 기근이 심해 굶어 죽거나 고을을 떠나는 백성의 수가 수천에 이른다는 이야기를 들려주었다. 왕은 그 말을 듣고 이렇게 조아리며 말했다.

"그것은 과인의 죄입니다."

지위가 높아질수록 져야 하는 짐도 무거워진다. 무거운 짐을 질 능력이 없다면 스스로 그 자리를 떠나는 것이 현명하다. 지연(地緣), 학연(學緣) 등의 인맥을 통해 능력에 부치는 자리를 차지하려고 들면 그 끝은 언제나 험하게 마련이다. 새알 훔쳐먹기를 좋아하는 뱀도 제 몸집에 따라 새알을 먹는다. 참새 알을 훔쳐먹을 수 있는 실뱀이 달걀을 훔쳐먹으면 목이 메어 죽게 마련이다.

어떻게 하면 잘 다스릴 수 있을까? 이에 대해 노자는 '그 마음을 비우고〔虛其心〕 그 배를 채워 주라〔實其腹〕' 고 했다. 공맹과 노장의 사상이 다르다고 하지만 백성에 대한 마음은 하나로 통한다. 모두 다 삶을 소중히 하고 목숨을 사랑하는 사상인 까닭이다. 그 마음〔其心〕은 누구의 마음인가? 다스리는 자의 마음이다. 그 배〔其腹〕는 누구의 배인가? 다스림을 받는 자의 뱃속이다. 다스리는 자의 마음이 제 욕심으로 차 있다면 백성은 굶게 마련이다.

흉년이 무서워 조베개를 만들어 둔다는 말이 있다. 조베개란 베갯속을 좁쌀로 채워 두는 것이다. 젖먹이의 배를 채워 주기 위해서 그렇게 한다. 흉년이 들면 조베개를 뜯어 그 좁쌀로 암죽을 끓여 젖먹이의 목숨을 살려야 한다는 조베개의 지혜를 잊지 않고 인생을 마주하면 굶어 죽는 비극을 극복할 수 있다. 다스리는 사람일수록 조베개의 지혜를 잊지 말아야 한다.

책임이 없다면 자유롭다

맹자가 지와(蚳鼃)를 만났다. 지와는 제 나라 영구(靈丘)라는 고을을 다스리던 대부였다. 맹자는 지와가 벼슬을 그만두고 왕에게 사사(師士)의 직위를 청했던 사실을 알고 있었다. 사사는 법 집행을 다루는 직위로, 오늘날의 감사원과 같은 기능을 수행하는 벼슬이었다. 왕에게 언로(言路)를 여는 자리가 사사였던 셈이다.

맹자가 지와에게 물었다.

"당신이 영구의 읍재(邑宰)를 그만두고 사사의 자리를 청한 것은 일리가 있었던 것 같소. 그 이유는 그 자리가 말을 할 수 있는 까닭이오. 사사의 자리에 간 지 여러 달이 되었는데 말할 수 없었던가요?"

맹자는 지와가 사사의 벼슬을 그만두고 물러나 있는 것을 몰랐을까? 아니면 알고도 지와에게 물은 것일까? 지금은 알 수 없는 일이다. 하여튼 지와는 사사의 자리에서 이미 물러나 있었다. 지와가 왕에게 간(諫)했지만 왕이 말을 들어주지 않자 지와는 사사 자리를 떠나 있었던 것이다. 그래도 지와는 백성들이 존경했던 대부였던가 보다. 지와가 벼슬을 그만두고 물러나자 제 나라 사람들이 입질을 한 걸 보면 그렇다.

"맹자가 지와를 위해 말한 것은 좋았으나 그가 자기를 위해서도 그렇게 하는지 모르겠어."

이것은 맹자를 허물 잡는 소리였다. 당시 맹자는 제 나라 선 왕을 가르치고 바른 말을 하는 선생인 빈사로 있었다. 제 나라 사람들은 왕이 맹자의 말을 들어주지 않으면 맹자도 지와처럼 빈사 자리를 그만두겠느냐고 비아냥거렸던 것이다. 이러한 쑤군덕거림을 맹자의 제자인 공도자(公都子)가 듣고 와서 맹자에게 고했다. 맹자는 공도자의 말을 듣고 이렇게 말해 주었다.

"벼슬자리를 가진 사람이 그 직책을 지켜 내지 못하면 자리에서 물러나야 하고, 말할 책임을 가진 사람도 그 자리에서 물러나야 하는 법이다. 나는 벼슬자리도 없고 말할 책임도 없는데, 내가 나가고 물러나는 데 어찌 여유가 없겠느냐?"

지와는 사사의 벼슬을 맡았고 맹자는 빈사를 맡고 있었다. 사사는 관리요, 빈사는 선생이다. 사사는 왕에게 바른 말을 해서 상벌(賞罰)을 내리게 하는 자리요, 빈사는 왕을 가르치는 자리이다. 선생은 책임과 의무를 스스로 다 져야 하지만, 관리는 직무 수행의 결과를 놓고 책임과 의무를 져야 한다. 관리는 직무 수행의 결과가 좋으면 승진하고 나쁘면 물러난다. 그러나 선생은 나가고 물러남을 타의에 의해서가 아니라 스스로 결정해야 한다. 선생은 옳은 것을 가르치면 그만일 뿐 가르침을 받는 자가 따르고 안 따르는 것마저 책임질 수는 없다.

옛날에는 선생은 관직이 아니었다. 선생은 오늘날의 교사(敎師)

와는 다르다. 신하는 윗사람을 모시지만 선생은 제자를 둘 뿐이다. 왕은 빈사의 제자다. 제자로 둘 것이냐, 내칠 것이냐는 선생의 결정에 달려 있다. 그러므로 맹자가 빈사의 자리에 있는 것도 맹자의 뜻이고 그 자리를 내치는 것 또한 맹자의 뜻이다. 선 왕으로 하여금 왕도의 길을 걷도록 가르치는 맹자에게 어느 누가 들고날 것을 입질할 수 있겠는가? 그래서 맹자는 진퇴의 여유가 있다고 했을 것이다.

지와는 제 나라의 산뜻한 관리였나 보다. 머물 때와 물러날 때를 알았으니 지와는 흠 잡힐 짓은 하지 않았을 것이다. 바른 말을 해서 왕이 받아들이지 않을 때 선뜻 그 자리에서 물러나는 것은 당연한 일이다. 당연한 일을 두고 칭송한다면 그만큼 당연한 일이 이루어지지 않고 있음을 반증하는 것이다. 당연한 것이 새삼스럽게 받아들여지는 세상은 이미 그 세상이 잘못되어 있다는 것을 의미한다. 언제 어디서나 못된 것이 잘된 것을 쫓는 모양이다.

잘못을 고치면 잘못이 아니다

제 나라가 연 나라를 쳤다. 그 싸움에서 제 나라가 연 나라 땅을 차지하게 되었다. 그러자 연 나라 사람들은 제 나라에 반기를 들었다. 이를 두고 제 나라 왕은 진가(陣賈)에게 맹자 보기가 부끄럽다고 했다. 진가는 제 나라의 신하였다.

덕은 정복하지 않는다. 덕은 저절로 따라오게 한다. 덕은 흐르는 물과 같다. 물길은 움푹 패인 웅덩이가 있으면 그것을 채우고 난 다음에야 다시 흐른다. 넘어야 할 언덕이 있으면 멈추어 기다릴 뿐 그 언덕을 무너뜨리지 않는다. 덕은 그렇게 순리대로 함께 살게 한다. 그래서 덕에는 모반도 없고 저항도 없고 반항도 없다.

그러나 힘은 무엇이든 정복하려고 한다. 힘으로 정복당한 백성은 돌에 눌려 있는 풀잎과 같다. 풀잎은 돌을 치우면 다시 일어선다. 이를 다시 억누르려면 힘이 든다. 그러나 그런 힘은 계속해서 쓸 수 없다. 힘으로 정복당한 백성은 힘이 느슨해지면 다시 머리를 들고 일어나기 때문이다. 제 나라가 힘으로 연 나라를 쳤으니 연 나라 백성이 제 나라에 대항해 반기를 든 것은 당연하다.

맹자는 힘으로 전쟁을 일삼지 말라고 했다. 왕도에 힘으로 하는 전쟁이란 없다. 패도만이 무력으로 하는 전쟁을 일삼을 뿐이다. 패도를 행사한 제 나라 왕이 맹자 보기가 부끄럽다고 한 것은 당연한 일이다. 맹자 보기가 민망하다는 왕의 말을 들은 진가는 듣기 좋은 말을 올렸다.

"그런 걱정을 하실 필요가 없습니다. 왕께서는 주공과 견주어 어느 쪽이 인자하고 현명하다고 생각하십니까?"

이런 진가의 물음에 제 나라 왕이 그게 무슨 소리냐고 반문하자 진가는 다시 듣기에 달콤한 말을 올렸다.

"주공이 관숙(管叔)을 시켜서 은 나라 백성을 지키게 했습니다. 관숙은 은 나라 백성을 앞세워 주공에게 반기를 들었습니다. 그럴 줄 알고 시켰다면 주공은 인자하지 못하고, 그럴 줄 모르고 시켰다면 주공은 현명치 못한 것입니다. 주공마저도 인자함과 현명함을 몰랐는데, 하물며 왕께서야 더 말할 게 있겠습니까? 제가 맹자를 만나 해명하겠습니다."

말을 마친 진가는 물러나와 맹자를 만나 물었다.

"주공은 어떤 인물입니까?"

"옛 성인이시지요."

"관숙을 시켜 은 나라 백성을 지키게 했지만 관숙은 은 나라 사람을 앞세워 반기를 들었다고 합니다. 그게 사실입니까?"

"그랬지요."

"주공은 관숙이 반기를 들 것을 알고 시켰던가요?"

"몰랐었지요."

"그렇다면 성인에게도 과오가 있습니까?"

"주공은 동생이었고 관숙은 형이었으니 주공의 과오야 있을 법한 것이 아니겠소?"

맹자는 이렇게 진가에게 반문하며 밝혔다.

"옛 군자들은 과오를 범하면 그것을 고쳤지요. 그러나 지금의 군자들은 과오를 범해도 그것을 그대로 밀어붙입니다. 옛 군자들의 과오란 일식과 월식 같아서 백성들이 다 보았습니다. 그러나 그들이 과오를 고치면 백성들이 모두 우러러 보았다오. 그러나 지금의 군자들은 밀어붙이기만 하는 것이 아니라 과오에 따라서 변명까지 늘어놓지요."

맹자는 이처럼 진가의 폐부를 찔러 부끄럽게 만들었다.

먼지 구덩이에서 옷을 턴다고 옷에 묻은 먼지가 떨어져 나가겠는가? 옷에 묻은 먼지를 털었다고 시치미를 떼고, 먼지가 떨어져 나갔다고 핑계대는 짓에 불과하다. 이것은 약은 짓이다. 잘못을 했으면 그 잘못을 시인하고 고치면 떳떳해질 수 있다. 쥐꼬리만한 명분을 살려 보려고 잔꾀를 부리면 작은 부스럼이 오히려 등창이 되는 법이다. 긁어 부스럼을 만들어 등창을 앓는 짓만큼 어리석은 짓은 없다.

시궁창 물에 더러운 발을 씻는다고 해서 발이 깨끗해지는 것은 아니다. 더러운 발이 물을 더 더럽힐 뿐이다. 잘못을 하고 변명을 늘어놓으면 흉한 혹을 감추려다 추한 꼬리를 드러내는 꼴을 당한다. 과오는 잘못이지 거짓이 아니다. 과오는 본의 아니게 범할 수 있지만 거짓은 의도적인 수작이다. 잘못은 거짓말로 덮는다고 해서 감추어지지 않는다. 땅속에 있는 돌부리도 세월이 가면 드러나는 법이다.

진가여, 왕에게 아첨하지 마라. 그대는 지금 왕의 개 노릇을 자청하고 나섰지만 그대가 던진 미끼를 맹자가 받아먹을 줄 믿었다면 오산이다. 왕이 부끄럽다고 했으면 그것을 받아들여 황송하다 할 일이지, 의가 아니면 용서하지 않는 맹자를 구슬려 점수를 따려고 한 그대는 강아지에 불과하다. 강아지는 범을 무서워할 줄 모르고 쥐새끼는 고양이의 꼬리를 긁다가 제 어미를 고양이에게 잡아먹히고 만다.

잘못을 시인하느니 차라리 밀어붙이자고 하지 마라. 우직하면 덫에 걸려든 멧돼지 꼴과 같아질 뿐이다. 올가미에 걸려든 멧돼지가 한두 발짝만 뒤로 물러설 줄 안다면 제 목숨을 건질 수 있을 것을 미련한 멧돼지는 앞으로 밀고 나가면 올가미가 풀릴 줄 알고 밀어붙이다가 결국 목숨을 잃는다.

진가여, 그대는 지금 올가미를 만들고 왕으로 하여금 그 올가미를 목에 감고 밀어붙이게 꼬드기고 있음을 어찌 모르는가?

우리는 맹자가 진가에게 들려준 마지막 말을 새겨들어야 한다. 어차피 모든 사람은 과오를 범하고, 그것을 후회하고 뉘우치며 부끄러워하면서 살아가게 마련이다. 천하에 완벽한 인간은 없다. 누구에게나 나름의 장단점이 있다. 장점을 드러내 과시하고 단점을 감추어 숨기려는 짓을 하지 마라. 단점이란 병과 같다. 병이 들수록 그 병을 소문내야 명약을 얻을 수 있다 하지 않는가? 등잔 밑이 어둡고, 내가 내 얼굴에 묻은 티는 볼 수 없는 법이다. 내가 지닌 단점 역시 그런 티와 같아서 남이 봐 주어야만 찾아내서 털어 낼 수 있다. 과오를 지적해 주는 이에게 감사하라. 그러면 저절로 큰사람이 된다.

빼앗지 말고 베풀고 나누어라

맹자는 제 나라에서 유례가 없을 정도의 높은 봉록(俸祿)을 받고 빈사로서 객경(客卿)의 자리에 있었다. 제 나라에서 맹자가 받은 봉록은 무려 십만 종(鍾)에 이른다. 일 종(鍾)은 육 곡(斛) 사 두(斗)이고, 일 곡(斛)은 십 두(斗)이니 십만 종이라면 근 백만 석의 봉록을 받았던 셈이다.

봉록은 요즘 말로 따지자면 개런티(Guarantee)에 해당한다. 말하자면 맹자는 수십억 달러의 개런티를 받고 제 나라의 빈사로 있었던 것이다. 그러나 맹자는 그렇게 엄청난 봉록을 마다하고 제 나라를 떠나기로 마음먹었다. 십만 종의 재물도 맹자를 붙들어 둘 수는 없었다. 맹자의 눈에 제 나라는 인의가 통하지 않는 천하로 보였던 까닭이다. 인의의 씨앗을 심어 아무리 열심히 가꾸어도 싹을 틔울 수 없는 밭이라면 그 밭에 황금이 매장되어 있다 해도 미련 없이 떠나는 것이 맹자다.

언젠가 불가(佛家)의 조주 선사(趙州禪師)도 맹자의 뜻을 비추어 주는 말을 한 적이 있다.

"황금으로 만든 부처는 용광로를 지나쳐 가지 못하고, 나무로 만든 부처는 불길을 지나쳐 갈 수 없으며, 흙으로 만든 부처는 물길을 건너가지 못한다."

재물에 걸신이 들려 넋을 팔아서라도 황금을 사면 좋다는 현대인에게는 덧없는 이야기로 들리겠지만 빈손으로 왔다 빈손으로 가는 것이 사람의 운명임을 맹자는 알았다.

맹자가 빈사의 임무를 그만두기로 하고 집으로 돌아왔을 때 제나라 왕이 나와서 말을 건넸다.

"전날에는 뵙고 싶었지만 뵐 수 없었습니다. 모시고 조정에 함께 있게 되어서 몹시 기뻤습니다. 지금 다시 과인을 버리고 돌아가시니 앞으로도 계속해서 만나 뵐 수 있을지 모르겠습니다."

"감히 그렇게 하시라고 청할 수는 없습니다만 그렇게 되기를 바라는 바입니다."

왕은 재물이나 벼슬로도 맹자를 잡아 둘 수 없음을 몰랐던 것이다. 맹자는 왕이 왕도를 벗어나면 그 옆을 떠나 버린다. 이처럼 성현은 어떤 자리에 연연해하지 않는다.

그리고 몇 날이 지난 뒤, 왕은 시자(時子)를 불러 맹자를 붙들어 둘 수 있는 계책을 말했다.

"맹자에게 나라의 한 중앙에 가르칠 집을 마련해 주고 만 종의 봉록으로 많은 제자를 기르게 하고 싶다. 나라의 모든 대부들과 백성으로 하여금 맹자를 받들고 본받게 하고 싶다. 나를 위해 그대가 전할 수 없겠는가?"

왕의 비서인 시자는 진자(陳子)를 통해 이 말을 맹자에게 전했다.

진자는 비서의 말을 맹자에게 고했다.

"그런가? 시자야, 어찌 그렇게 할 수 없음을 알겠는가? 만일 내가 부유해지기를 바랐다면 어찌 십만 종의 봉록을 뿌리치고 만 종의 봉록을 받아 부유해지기를 바랐겠느냐?"

맹자는 이렇게 진자로 하여금 스스로 반문해 보게 했다. 곡식도 그 싹을 보고 키우는 법이다. 이미 썩어 문드러져 자랄 수 없는 싹이라면 새로운 씨앗을 심고 새로운 싹을 찾아 키워야 한다. 문들어진 싹에는 아무리 인의라는 물을 주어도 소용없다는 걸 어찌 맹자 같은 성현이 몰랐겠는가? 맹자는 다시 말을 이었다.

"계손이 이런 말을 했다네. '자숙의(子叔疑)란 자는 이상하다. 제가 정치를 하다 받아들이지 않았다면 그만둘 일이지 제 자제에게 경(卿)노릇을 하게 하다니……. 어느 누가 부귀를 바라지 않겠는가? 그런데 저 혼자 부귀 앞에 우뚝 솟아 제 것으로 독차지 한단 말이야.'"

십만 종이든 만 종이든 봉록이란 일한 만큼 받는 것일 뿐 축재(蓄財)하려고 받는 것이 아니다. 뜻을 이룰 수 없다면 부귀가 무슨 소용이 있겠는가? 이와 같은 맹자의 말을 어느 세상이 귀담아 듣겠는가. 세상은 언제나 재물 앞에서는 고깃덩어리를 본 개처럼 게걸스럽다.

"옛날의 장터는 자기가 가진 것을 갖고 나와 자기에게 없는 것과 바꾸어 가던 곳이었다네. 장터를 관리하는 자는 이런 일들을 살폈을 뿐이었지. 그런데 한 천한 사나이가 나타나 우뚝한 곳에 올라가 사방을 살피고 시장의 이익을 싹 거두어 가 버렸지. 장터의 사람들은 모두 그를 천하게 생각했다네. 그런데 그 짓을 보고 세금을 징수하게 되었다는 거야. 상인으로부터 세금을 징수한 것은 이 천한 사나이로부터 시작되었고 하네."

맹자는 진자에게 이렇게 말해 주었다.

왕이 신하들에게 주는 봉록이 어디 왕이 땀 흘려 번 돈이겠는가? 백성이 낸 세금이요, 백성을 후려 끌어들인 재물로 만든 미끼일 뿐이다. 왕과 신하가 백성을 위해 봉직하지 않는다면 봉록이란 장터에서 천하게 빼앗아 간 것과 다름없다. 제 나라 조정은 이미 맹자의 눈에 나 있었다. 제 나라 왕이 맹자의 정치관을 모른 척하면서 맹자의 교육만을 이용해 보려고 했던 것 자체가 치사한 짓이다.

나라를 훔치는 무리는 누구인가? 백성이 낸 세금을 제 것인 양 착복하고, 나눠 먹고, 횡령하는 무리들이다. 세상이 썩어 문들어지는 것은 큰 도둑들 때문이다. 큰 도둑이 많아지면 살길이 없는 백성은 좀도둑질을 부끄럽게 여기지 않게 된다.

뒷돈이 생기는 자리에서 부정을 저질러 대는데도 유능한 아들을 두었다고 자랑하는 부모가 있다. 따지고 보면 도둑질하는 아들을 자랑하는 셈이니, 도둑놈이 되지 못하면 바보라는 말과 같다. 이런 세상이 어찌 밝고 맑을 수 있겠는가? 하늘에 태양이 있어 밝지만 세상은 암흑을 벗어나지 못한다. 맹자가 제 나라를 등지고 떠나려 했던 것은 썩은 조정에 소금을 칠래야 칠 수 없음을 알았기 때문일까?

맹자에게는 썩어 가는 세상을 소생하게 하는 소금이 있었다. 그 소금은 무엇일까? 빼앗아 독차지하지 말고 베풀고 나누며 서로 사랑하고 삶을 소중히하라는 인의라는 소금이다.

어리석음이 어진 것을 뿌리친다

맹자가 제 나라 선 왕에게 덕으로 세상을 다스리라고 했지만 선 왕은 패도에만 군침을 흘리고 힘으로 세상을 움켜쥐려고 했다. 가야 할 길을 마다하고 가지 말아야 할 길을 한사코 찾아갈 때는 동행할 수 없다. 서로 뜻이 맞아야 벗 따라 강남도 갈 것이 아닌가? 손뼉도 짝이 맞아야 소리가 나는 법이다.

맹자는 제 나라 선 왕과 더불어 동행할 수 없음을 알고 제 나라를 떠나 자신의 고국인 추 나라로 갔다. 추 나라로 가던 맹자는 제 나라의 주(晝)라는 고을에서 묵게 되었다. 그 고을에는 왕을 위해서 맹자가 떠나는 것을 만류하겠다는 사람이 있었다. 그는 맹자 앞에 꿇어앉아 제 나라 선 왕을 위해 제 나라를 떠나지 말아 달라고 간청했다. 그러나 맹자는 들은 척도 않고 자리를 잡고 누워 버렸다. 맹자가 자리에 눕자 꿇어앉아 있던 자는 불쾌했는지 이렇게 내뱉었다.

"이 제자는 목욕 재계하고 하루를 묵고 난 뒤에 감히 말씀을 올렸는데, 선생께서는 들어 주시는 척도 않고 누워 버리시다니 다시는 뵙지 않겠습니다."

"거기 앉으시오. 내 당신에게 분명하게 말하리다. 옛날 노 나라 목공(穆公)은 자사(子思) 곁에 사람이 없으면 자사를 편하게 해 줄 수 없었고, 설류(泄柳)와 신상(申詳)은 목공 곁에 사람이 없으면 그들 자신이 편안하지 못했다 하오. 당신이 어른을 염려한다지만 목공이 자사를 대하던 정도에는 미치지 못했으니 당신이 어른을 거절한 것이겠소, 아니면 어른이 당신을 거절한 것이겠소?"

자사는 공자의 손자였다. 노 나라의 목공은 자사를 무척 존경했다. 그러나 자사는 자신의 뜻에 맞지 않으면 언제라도 노 나라를 떠날 준비를 하고 있었다. 그래서 목공은 항상 현명한 사람을 자사 곁에 있게 하여 자사의 뜻에 맞는 정치를 하겠다고 다짐해 자사를 떠나지 못하게 했다. 그럼에도 불구하고 자사가 노 나라를 떠났다면 그것은 자사가 목공을 뿌리친 것이다.

설류와 신상 역시 목공의 존경을 받긴 했지만 자사처럼 높이 받들지는 않았던 모양이다. 설류와 신상은 목공 곁에 현명한 사람이 있어서 그릇된 길로 빠져들지 않아야 안심했다. 이들은 목공을 어른으로 모셨고, 목공은 자사를 어른으로 모셨던 것이다.

제 나라 선 왕은 말로는 맹자를 모신다 하면서도 자신이 펴는 정치는 패도로 일관했으니 어찌 맹자의 마음이 편했겠는가? 일이 이렇게 되었다 함은 결국 선왕이 맹자를 뿌리친 꼴이다. 그렇다면 목욕 재계하고 맹자를 만류하려는 자는 누구를 붙들고 떠나는 맹자를 막아 달라고 읍소를 해야 한단 말인가? 이렇게 맹자는 불쾌하여 가겠다는 자를 앉혀 놓고 사리를 따져 주었던 것이다.

어리석은 자는 현명한 자를 멀리하고, 어진 사람은 현명한 사람과 어리석은 사람을 나누어 대할 줄 안다. 어리석음을 깨우쳐 주어도 깨치지 못할 때는 억지부리지 않는 것이 가장 어질고 현명하다. 말의 목을 매어 강으로 끌고 갈 수는 있어도 억지로 물을 먹일 수는 없는 일이다. 목이 마르면 스스로 물을 찾아 마셔야 한다. 그러나 제 나라 선 왕은 패도의 힘만을 믿고 억지로 물을 마시게 할 수 있을 것이라 생각한 나머지 결국 맹자를 뿌리친 꼴이다.

아무리 좋은 일이라도 억지로 잘되게 하려고 하면 안 된다. 하물며 잘못된 일을 억지로 잘되게 하려고 하는 짓은 헛수고에 불과하다. 일이 안 될 것을 뻔히 알면서도 잘될 것이라고 거짓말하면서 봉록을 축내는 것은 속이는 짓이다. 군자는 그런 짓을 하지 못한다. 억지로 하지는 않되, 마음에 들지 않는다고 뿌리치지도 않는 것이 성현의 사랑이다. 맹자는 선 왕이 미워서 떠난 것이 아니다. 그래서 선 왕을 원망하지도 않는다. 여전히 맹자는 선 왕이 성군이 되기를 바랄 뿐이다.

경솔한 판단은 허물을 짓는다

'까마귀 노는 골에 백로야 가지 마라.'

왜 이런 말이 왜 생겨났을까? 소인배들 틈바구니에 대인이 끼어들면 그는 바보가 되고 만다. 애꾸들만 사는 마을에서는 두 눈 멀쩡한 사람이 병신이 되는 법이다. 그러나 대인은 소인배의 짓거리에 상처를 입지 않는다. 똥이 무서워 피하는 것이 아니라 더러워 피해 가는 법이다. 사람 사는 세상에는 언제, 어디에나 소인배들이 들끓게 마련이다. 제 나라 조정도 예외는 아니었다.

제 나라에 윤사(尹士)라는 사람이 있었다. 그가 맹자의 전후 차사를 두고 입질을 했다.

"왕이 탕 왕이나 무 왕처럼 될 줄 몰랐다면 명철하지 못했던 탓이다. 맹자가 그렇게 될 수 없음을 알고도 제 나라로 온 것은 봉록을 탐했기 때문이다. 천 리 길을 와서 왕을 만났다가 뜻이 맞지 않는다고 떠나면서 주 읍에서 삼 일을 묵고 떠났다면 얼마나 늑장을 부린 것인가? 나는 그런 일이 불쾌하다."

부처의 눈에는 부처만 보이고 돼지의 눈에는 돼지만 보이는 법이다. 소인은 저울질을 해도 소인배답게 저울질하고 대인은 저울질을 해도 대인답게 저울질한다. 윤사는 소인배의 눈으로 맹자를 보았으니 맹자 역시 소인배의 저울질에 올려질 수밖에 없다.

고자(高子)가 맹자께 윤사의 말을 고하자, 그 말을 전해들은 맹자는 자신의 심정을 이렇게 토로했다.

"윤사가 어찌 나를 알겠는가. 내가 천 리 길을 마다 않고 가서 왕을 만난 것은 내가 원해서 한 일이었다네. 그러나 뜻이 맞지 않아 떠난 것은 어찌 내가 바란 일이었겠는가. 나는 어쩔 수 없이 제 나라를 떠나야 했던 거네. 내가 주 읍에서 사흘 저녁을 묵고 떠난 것을 두고 늑장을 부렸다고 하네만 내 마음은 그것도 빨랐다고 여기고 있다네. 왕이 마음을 고쳐먹기를 바랐고, 왕이 마음을 고쳐먹는다면 반드시 나를 되돌아오게 했을 것이네. 그런데 내가 주 읍을 떠나도록 왕은 나를 쫓아오지 않았다네. 그런 다음에야 나는 홀가분한 마음으로 떠날 생각을 했던 것이네. 그렇다고 어찌 내가 왕을 저버리겠는가? 왕은 그래도 좋은 정치를 해낼 만하다네. 왕이 만약 나를 쓴다면 어찌 제 나라 백성만 편해지겠는가? 온 천하의 백성이 편해질 것이네. 나는 왕이 마음을 고쳐먹기를 바라거니와 매일 같이 그리 되기를 바라고 있다네. 내 어찌 쩨쩨한 사나이처럼 굴겠는가."

인자한 사람과 쩨쩨한 사람의 차이가 무엇인가를 한 귀에 들을 수 있는 말이다.

뒷날 윤사는 맹자의 말을 전해듣고 이렇게 고백했다.

"나는 정말로 소인배다."

맹자는 멀리서도 윤사를 가르쳐 준 선생이었다. 자신을 뉘우쳐 부끄럽게 하는 사랑이 곧 인생의 선생이다. 나를 칭찬하여 우쭐하게 하는 자보다 나의 허물과 단점을 지적해 주는 사람이 진정한 선생이다.

잘되기를 바랄 뿐 다른 것은 없다. 원망도 없고 미움도 없다. 다만 저마다 맡은 바를 다해 잘되기를 바란다. 이것이 어진 마음의 씀씀이다. 그러나 사촌이 논을 사면 배아파하고 남의 밥에 있는 콩이 더 커 보이는 심술은 어진 마음을 비웃는다. 이보다 더 쩨쩨한 짓은 없다.

발이 많이 달린 노래기는 발 없이 배비늘로 줄달음치는 뱀을 부러워하지 않는다. 뱁새 역시 공작의 꼬리를 부러워하거나 시샘하지 않는다. 패랭이꽃은 모란꽃을 시기하지 않는다. 저마다 맡은 바를 성실히 하면서 남을 해칠 생각을 않는다면 어질고 현명한 마음에 가까워질 수 있다.

왜 윤사는 소인배 짓을 범했던가? 경솔하고 경망스럽게 생각했고, 그 생각이 미처 도리에 맞는 양 지껄인 탓이다. 남의 마음을 내 마음에 붙여서 이러쿵저러쿵 입방아를 찧으면 결국 스스로를 좁쌀로 만들 뿐이다.

윤사여, 그대가 얼마나 소인배였던가를 가르쳐 준 맹자께 공손히 엎드려 절을 올려라. 선생이 그대로 하여금 대인이 될 수 있는 기틀을 만들어 주었으니 그것을 잊지 마라.

군자는 자신을 위해 근심하지 않는다

맹자가 제 나라를 떠나 고국인 추 나라를 향해 천 리 길을 가고 있었다. 맹자는 제자들과 함께 가면서 제자들과 대화를 나누었다. 충우(充虞)라는 제자가 말했다.

"선생님의 안색이 유쾌하지 못합니다. 전날 선생님께 들은 말씀입니다만 '군자는 하늘을 원망하지 않고 사람을 허물하지 않는다' 고 하셨습니다."

충우는 맹자가 제 나라 선 왕을 괘씸하게 여기고 있어서 스승의 안색이 불유쾌하다고 생각했던 모양이다. 그러나 충우의 말은 맹자의 마음을 겉돌고 던진 헛말에 불과하다. 송사리는 홍수가 나면 물가의 풀잎을 물어 목숨을 건지려고 하지만 고래는 바다에 태풍이 몰아쳐 파도가 넘실대도 성난 파도에 몸을 맡긴다. 군자는 아무리 세상이 험해도 그 험함을 남의 탓으로 돌리지 않고 험한 세상을 고뇌한다.

충우의 말을 들은 맹자가 말했다.

"그때도 한 시대였고 지금도 한 시대이다. 오백 년이 되면 반드시 왕자가 일어나고, 그럴 때마다 세상에는 이름을 떨치는 사람들이 나오게 마련이다. 주 나라가 흥한 이래로 칠백 년이 지났다. 지나간 햇수를 따진다면 왕자가 일어날 시기가 지난 셈이다. 시기만 가지고 본다면 왕자가 일어날 수 있게 되어 있다. 하늘이 아직 천하를 평화롭게 하려 하지 않을 뿐 천하를 평화롭게 다스리려 한다면야 오늘날 세상에서 나를 버리고 그 누가 그 일을 감당하겠느냐? 그런데 내가 무엇 때문에 불유쾌하겠느냐?"

왕이라고 해서 홀로 왕이 되는 것은 아니다. 성군에게는 성군이 되게 하는 어질고 현명한 신하들이 옆에 있게 마련이고, 폭군에게는 폭군이 되게 하는 간사하고 패악한 간신들이 밑에 있게 마련이다. 제 나라 선 왕이 자신을 뿌리친 것을 하늘의 뜻이라고 돌리는 맹자에게 무슨 원망이 있을 것인가? 하늘이 하라 하면 하고 하늘이 말라 하면 마는 것이 군자가 세상을 바라보는 무심(無心)이다. 군자는 뜻을 품되, 야심이나 야망을 불태우지 않는다. 이러한 마음가짐을 일러 하늘의 뜻에 맡긴다고 하는 것이다.

순 임금 옆에는 어질고 현명한 고요(皐陶)와 직(稷)이라는 신하가 있었다. 순 임금은 고요와 직의 말을 들어 세상을 다스리는 마음을 닦았다. 그래서 백성은 편안한 삶을 누렸다. 또한 탕 왕 옆에는 이윤(伊尹)과 내주(萊朱)가 있어서 세상을 어질고 현명하게 다스릴 수 있었고, 문 왕 옆에는 강태공(姜太公)과 산의생(散宜生) 등이 있어서 세상을 어질고 현명하게 다스릴 수 있었다. 어질고 현명한 신하는 왕에게 덕을 베풀 수 있는 이치를 밝혀 주고, 그 방법을 터 준다. 덕치는 임금 홀로 하는 것도 아니요, 대통령 혼자 하는 것도 아니다.

맹자는 거울과 같은 선생이다. 거울은 깨끗하면 깨끗한 대로, 더러우면 더러운 대로 비추어 준다. 거울에 비친 얼굴이 더러우면 세수를 할 수 있도록 성현은 맑은 지혜를 마련해 준다. 지혜가 터 주는 방법은 언제나 새롭다.

"그때도 한 시대이고〔彼一時也〕 지금도 한 시대이다〔此一時也〕."

맹자의 이 말은 시대정신을 새겨 보게 한다. 그러나 그때는 태평성대가 이루어졌던 시대이고 지금은 전국 시대와 같은 시대이다. 맹자는 지금의 전국 시대를 태평 시대로 변화시키려는 뜻을 버릴 수 없었다. 공맹이 요순 시대를 태평성대의 모범으로 삼았던 것은 그 시대로 되돌아갈 것을 요구하는 것이 아니라 전국 시대와는 전혀 다른 시대가 있을 수 있음을 증명하기 위해서였다.

현실이 목숨을 위해 부족하다면 만족할 만큼 변화시켜야 한다. 전국 시대는 목숨을 부정해야 할 시대일 뿐이다. 전쟁을 일삼는 시대, 덕을 물리치고 힘을 바탕으로 세상을 정복하려고 하는 시대는 인간의 존재 가치를 무참하게 한다. 맹자는 그러한 전국 시대를 태평 시대로 치환하려고 고뇌했다. 그 고뇌는 새로운 시대를 완성하기 위한 아픔이었다. 충우가 맹자의 제자이긴 했지만 선생의 고뇌를 어찌 알았겠는가?

덕이 결핍된 세상이나 선이 결핍된 세상은 험하고 소란스럽다. 인간의 사사로운 욕심이 나를 앞세우고 상대를 정복해야 한다는 기질들이 세상을 훙정하기 때문이다. 맹자는 그러한 못된 훙정을 덕으로 분쇄하려 했고, 상처 입은 인간의 삶을 선으로 구제하려고 했다. 그러기 위해서는 세상을 움켜쥐고 있다고 믿는 자들이 패도를 버리고 왕도를 걸어야 한다. 그러나 맹자가 처했던 시대의 모든 군왕은 패도를 원하고 왕도를 모른 척했다. 이처럼 맹자의 고뇌는 시대의 고뇌였으니 무엇을 원망하고 무엇을 서운하다 하겠는가? 성현은 인간을 위해서 그 시대를 고뇌한다. 그러나 소인은 제 일신의 처지에만 매달려 있을 뿐 자기가 처한 시대를 모른다.

왜 성현을 창조하는 사람이라고 보아야 할까? 새로운 사람을 만들어 내고, 새로운 세상을 만들어 내는 지혜와 방법과 용기를 알고, 나아가 그 앎을 몸으로 실천하는 까닭이다. 처참한 시대에 성현이 있다면 그래도 밝아질 가능성이 있지만, 시대가 처참한데도 지금처럼 성현이 없다면 시대는 항상 풍랑 위에 놓인 잎새 꼴과 같다.

자신만 생각하지 마라. 주변을 생각하고 더불어 사는 사람들을 생각해 보라. 자기 자신만 생각한다면 하나의 고깃덩어리를 놓고 서로 으르렁거리는 굶주린 개처럼 물고늘어지는 꼴이 되고 만다.

군자는 하늘을 원망하지 않고 사람을 허물 잡지 않는다 [君子不怨天 不尤人].
원(怨)은 '원망하다' 란 뜻이다.
우(尤)는 '허물을 잡는다' 라는 뜻이다.

일에 따라 뜻을 정하라

산다는 것은 갖가지 자리〔位〕를 맡아 일을 해야 한다는 말로 통한다. 인생은 놀이가 아니다. 저마다 할 일이 있고, 그 일을 하는 것이 곧 인간의 삶이다. 목숨이 있는 것은 무엇이든 할 일이 있다. 할 일 없는 목숨이란 없다. 논다는 것은 일한 다음의 선물쯤으로 여기면 된다. 놀지 못해 안달을 내는 것은 삶을 소모하고 축내는 짓이자 심하면 죽이는 짓이 되고 만다.

제 나라를 떠나 고국 추 나라로 가던 맹자가 휴(休)라는 고을에서 쉬어 가게 되었다. 제 나라 사람으로, 맹자의 제자였던 공손추도 떠나는 선생을 따라 동행했던 모양이다. 공손추가 대뜸 맹자께 물었다.

"벼슬을 하면서 녹을 받지 않는 것은 옛날 사람의 방법입니까?"

공손추의 말투로 보아 맹자는 제 나라에 있을 때 봉록을 제대로 받지 않았던 모양이다. 공손추의 물음에 맹자는 이렇게 타일러 주었다.

"아닐세! 숭(崇)이란 곳에서 내가 왕을 만나 보았는데 그때 바로 물러나와 가 버릴 생각이 들었다네. 그때의 생각을 바꾸고 싶지 않아 받지 않았던 것일세. 그러나 바로 군대를 동원하는 명령을 내리는 바람에 그만두겠다고 청할 기회가 없었다네. 내가 제나라에 오래 있었던 것은 내 본뜻이 아니었다네."

사(士)는 벼슬을 할 수 있는 인재이고, 사(仕)는 벼슬자리를 맡는 것을 뜻한다. 맹자는 십만 종의 봉록을 받기로 하고 빈사로서 제 나라에 있었다. 빈사는 왕을 가르치는 선생이었으므로 맹자는 숭이란 곳에서 가르칠 왕을 처음으로 만났던 모양이다. 처음 제나라 왕을 만나 본 맹자는 왕도의 길을 가라 해도 가지 않을 위인임을 알았던 것이다.

봉록(俸祿)은 공(功)에 따라 받고, 뜻은 일에 따라 정해진다. 이것이 위(位)가 지닌 본뜻이다. 자릿값도 제대로 하지 못하면서 봉록을 받는 것은 받는 것이 아니고 훔쳐먹는 짓이다. 소인은 부끄러움을 모르기 때문에 훔쳐먹을수록 뻔뻔하게 더 많이 먹으려고 한다. 그러나 군자는 부끄러움을 알기 때문에 봉록을 훔쳐먹지 않는다. 봉록은 요샛말로 봉급도 되고 연봉도 된다. 맹자는 왕이 왕도를 걷는 왕이 될 수 없음을 알았던 까닭에 십만 종의 봉록을 요구하지 않았던 것이다.

봉록은 사람을 보고 주는 것이 아니라 맡은 일을 제대로 완수하고 받는 수고비와 같다. 수고한 만큼 받는 것은 의롭다. 한 되의 땀을 흘리고 한 말의 수고비를 요구하는 것은 받는 것이 아니라 빼앗아 먹는 꼴이다. 이러한 짓을 부끄러워한다면 누구나 성실하고 부지런한 일꾼이 될 수 있다. 성현은 매사에 성실하고 부지런할 뿐 구실을 찾거나 핑계를 대어 모면하려고 하지 않는다. 그래서 때로는 도량이 깊고 넓은 자가 어리숙하거나 모자란 것처럼 보일 수도 있다. 군자는 영악한 살쾡이처럼 먹이를 탐하다 덫에 걸려드는 짓을 범하지 않는다. 군자는 잔꾀를 부릴 줄 모른다. 욕심을 다스릴 줄은 알아도 욕심에 놀아날 줄은 모른다. 도량이 넓고 깊은 자는 군자의 이웃에서 살 수 있는 성품을 지닌다.

봉록을 받지 못한 것이 아니라 받지 않았다는 맹자의 말을 듣고 공손추는 무엇을 배웠을까? 아마도 벼슬자리와 봉급이 어떤 관계인가를 깨우쳤을 것이다. 주고받는 것은 베풂이어야지 뺏고 빼앗기는 꼴이 되어서는 안 된다. 뺏으면 한쪽에는 이롭겠지만 다른 쪽에는 해가 되고 만다. 그러면 서로의 어울림에 금이 가고 깨져 버린다. 또한 덕은 산산조각나고 힘 겨루기가 기승을 부리게 된다.

덕이란 무엇인가? 공치사를 않는 것이 곧 덕이다. 왜 공치사를 하는가? 공을 돋보이게 하려고 그렇게 하기도 하고 자기가 이룬 공을 강조하기 위해서도 그렇게 한다. 그러나 이런 것들은 모두 부덕한 골을 파고야 만다.

등문공장구
滕文公章句

■ 등문공장구(滕文公章句)에 대하여

맹자는 〈등문공장구〉를 통해 사람에게 가장 귀한 것이 무엇인가를 보여 주려고 한다. 맹자는 왜 사람이 짐승과는 다른 존재인가를 분명히 해 두고 있다. 선악을 분별할 수 있으므로 사람이요, 예를 지니고 그것을 지키므로 사람인 것이다.

선한 마음을 가르치지 않고 예를 지킬 줄 모르면 사람도 짐승과 같아질 수밖에 없다. 이 장구는 악한 사람이나 무례한 사람은 사람의 모습일 뿐 짐승에 불과하다는 것을 깨우치게 한다.

우리는 지금 물질은 얻었지만 도덕은 잃었다. 사람은 지금 부유한 짐승처럼 잔인한 존재로 군림하고 있다. 저마다 자기 중심에 사로잡혀 사람은 부재하고 나[我]만 있는 꼴이 되어 버렸다. 나를 위해서 천지가 있고 세상이 있어야 한다고 믿는 것보다 더 큰 착각은 없다. 맹자는 이러한 착각을 불식하려고 한다.

〈등문공장구〉에는 성선설(性善說)이 나오고 오륜(五倫)이 설파되고 있다. 사람은 본래 선한 존재라는 맹자의 사상이 극명하게 나타나고, 인륜의 핵이 무엇인가를 분명히 밝히는 대목에 이르면 맹자가 이 시대의 썩은 것을 도려낼 수 있는 성현임을 확인할 수 있다.

맹자는 이렇게 선언한다.

"충(忠)이란 무엇인가? 사람이 선해지는 방법을 가르치는 것이다. 인(仁)이란 무엇인가? 천하의 인재를 얻어 씀이다."

그러나 지금은 충심이 사라진 지 오래이고, 인은 빈사(瀕死) 지경에서 허덕이고 있다. 선한 존재가 되기보다는 영악한 사람이 되려고 자처하는 이가 많고, 인륜을 소중히 하는 인재보다 지식을 요리하는 능력자를 앞세우는 것이 지금의 모습이다.

맹자여, 짐승을 몰아다 사람을 잡아먹게 한다는 말씀을 지금 우리는 잊고 있을 뿐이다.

〈등문공장구〉에는 여러 부류의 사람이 나온다. 그러한 부류의 사람을 대하면 사람이 얼마나 추하고 더러운 존재로 타락할 수 있는지를 절감할 수 있다. 사람의 가치가 여지없이 추락하는 광경을 보고 맹자는 논쟁을 벌여야 했다. 덕을 펴고 사람이 사람으로서 살 수 있는 세상을 이룩하기 위하여 맹자는 논쟁을 폈다. 자기 중심에 매달린 양주(楊朱)를 물리치고, 한결같이 우리 모두를 사랑하자는 묵적(墨翟)의 허황된 달변을 배척해야 했던 맹자의 심회가 절절하게 나타나기도 한다.

세상이 쇠잔하고 정도가 사라져 사설(邪說)과 폭행이 횡행하는 현실을 맹자는 도피할 수 없었다. 흑백논리로 상대를 제압하고 힘으로 상대를 굴복시켜 모든 것을 정복하려는 폭행의 심리가 악의 씨앗을 뿌려 뿌리를 내리고 세상을 아프게 한다. 그러한 뿌리를 뽑아 잃어버린 선을 찾기 위하여 사람의 마음을 바로잡고, 사설을 없애고, 치우친 행동을 막아내고, 방자한 언행을 몰아내기 위하여 성자(聖者)를 계승하려 한다는 맹자의 고백을 들으면 절로 부끄러워진다.

나만 사람이 아니다. 사람은 누구나 나와 같이 소중한 존재다. 어찌 나만 소중하고 남들은 천하단 말인가? 맹자는 우리 모두에게 이러한 질문을 던져 보라고 한다. 나를 앞세우지 않고 남을 앞세우려는 마음이 없다면 현실은 소란스럽고 잔인해진다. 이것은 변함없는 세상의 진실이다.

선한 사람이면서 왜 그러한 존재의 가치를 스스로 거부하는가? 〈등문공장구〉를 통해 맹자의 말씀을 듣게 되면 누구나 이렇게 자문하게 될 것이다. 지금 우리는 그 무엇보다 나를 자기 중심으로부터 해방시켜야 한다. 나뿐만 아니라 모두가 함께 어울려 이 세상을 밝고 맑은 보금자리로 만들어야 한다. 맹자는 이렇게 하기 위해서는 선한 마음과 예를 지킬 줄 아는 사람이 되라고 한다. 그렇게 하지 않으면 사람은 잔인한 짐승처럼 되어 사람이 사람을 잡아먹는 꼴을 면할 수 없다. 이러한 맹자의 경고는 지금 더욱 분명하다.

선을 잊어서는 안 된다

맹자가 살았던 전국 시대 때 등(滕) 나라가 있었다. 등 나라는 사방이 오십 리쯤 되는 작은 나라로, 당시에는 이렇게 작은 나라를 제후국(諸侯國)이라 불렀다. 제후(諸侯)는 작은 나라를 맡아서 다스리는 왕이다. 큰 나라의 왕은 천자(天子)라고 불렀는데, 제후는 이 천자를 받들었다. 등 나라는 주 나라의 문공(文公)이 그의 아들 조숙주(錯叔綢)를 왕으로 봉했던 제후국이었다. 등 나라에 대해서는 제 나라에 31대 만에 망했다는 설도 있고, 송 나라에 망했다는 설도 있다.

등 나라의 문공이 세자(世子)였을 때 초 나라로 가던 도중 송 나라에서 맹자를 만났다. 세자인 등문공(滕文公)을 만난 맹자는 인간의 본성이 선함을 누누이 말하면서 말끝마다 요 임금과 순 임금을 들어 부디 성군이 되어 왕도를 걸을 것을 당부했다. 등문공은 또한 초 나라에서 돌아오는 길에도 세자의 몸으로 다시 맹자를 만났다.

등문공을 두 번째로 만났을 때 맹자는 이렇게 말해 주었다.

"세자께서는 내 말을 의심하십니까? 무릇 도는 하나뿐입니다. 성간(成覵)은 제 나라 경공(景公)에게 '그 사람도 사나이고 나도 사나인데 어찌 그 사람을 두려워하겠습니까?' 라고 말했답니다. 안연(顔淵)은 '순 임금은 어떤 사람이고 나는 어떤 사람인가? 보람 있는 일을 하려는 사람이라면 역시 그와 같지' 라고 말했습니다. 공명의(公明儀)는 '문 왕은 내 스승이다. 주공이 어찌 나를 속이랴' 하고 말했답니다. 이제 등 나라는 이리저리 모으면 사방 오십 리는 되니 그것으로 좋은 나라를 만들 수 있습니다. 《서경》에 말하기를 '만일 약이 눈을 캄캄하게 하고 어찔하게 하지 않는다면 병은 낫지 않는다' 라고 했습니다."

제 나라의 장수였던 성간은 용맹하고 과감한 인물이었다. 공자의 제자 안연은 덕이 많아 공자마저도 부러워했다는 사람이다. 그리고 공명의는 노 나라에 살던 현인이다. 맹자가 앞으로 왕좌에 앉을 세자를 앞에 두고 용자(勇者)와 덕자(德者), 현자(賢者)의 말을 빌려 부탁한 것은 예사로운 일이 아니다. 등문공이 세자였을 때 선하고 덕이 있고 용기 있는 현명한 왕이 되어 달라고 부탁한 것이다. 맹자는 세자로 하여금 현명한 왕은 타고나는 것이 아니라 자기를 이겨 살을 깎는 노력을 통해서만 될 수 있음을 새겨준 것이다.

힘으로 세상을 틀어쥐고 군림하는 것을 맹자는 병균처럼 보았다. 괴질(怪疾)이면 그 병균이 독하다는 것이고, 독한 병균을 살균하려면 그 약 또한 독해야 한다. 눈앞이 캄캄하고 현기증이 날 정도로 독한 약을 먹어야 살균할 수 있는 그 병균을 뭐라고 부르면 좋을까? 힘을 맹신하고, 그 힘을 맹종하면서 세상을 아프게 하는 못된 짓이라고 여겨도 무방하리라.

인간은 본래 선하다는 맹자의 믿음을 허무는 병균이 바로 악인 셈이다. 그러나 맹자는 악에 대해 별로 말하지 않았다. 맹자는 무엇을 하지 말라기보다는 무엇을 하라는 쪽에서 인간을 가르친다. 하지 말라 함은 소극적이요, 하라 함은 적극적인 것이다. 인간을 믿었으므로 맹자는 인간에 대해 적극적이었다. 선하게 사는 것은 덕이요, 용기요, 현명함이다.

악은 비열하고 천하며 조잡하다. 그래서 악은 괴질처럼 몰래 숨어서 인간을 파먹는다. 더러운 물을 두고 물이 더럽다고 하지 마라. 더러운 것들이 물속으로 들어가 물을 더럽혔을 뿐이다. 선이 물이라면 악은 그 물을 더럽혀 천하게 하는 쓰레기나 썩어 빠진 것과 같다.

"순 임금은 어떤 사람이고 나는 어떤 사람인가〔舜何人也 予何人也〕? 보람 있는 일을 하고자 하는 이라면 역시 그와 같다〔有爲者若是〕."

이렇게 말한 안연을 오만하다 말하지 마라. 천하에 겸손하고 과묵했던 안연이 이렇게 말한 것은 당연하다. 안연은 좀처럼 말을 많이 하진 않았지만 했다 하면 언제나 정곡을 찌른다고 공자도 찬탄한 인물이다. 덕이 있어 현명하고 용기가 있다면 누구나 순 왕처럼 된다는 말이 아닌가? 맹자는 등문공으로 하여금 이를 반문케 한 셈이다.

선생은 속이지 않는다. 살길을 열어 줄 뿐 사지로 모는 길을 한 사코 막아 주는 까닭에 선생은 누구도 속일 일이 없다.

썩어빠진 은 나라가 천하를 쥐고 있을 때 주 나라는 작은 제후국에 불과했다. 작은 주 나라를 다스리던 문공은 덕치를 베풀어 백성을 편안하게 했고, 그의 아들 무 왕에 이르러 은 나라의 폭군이었던 주를 격파하고 대국이 되었다. 덕이 폭력을 이긴 것이니 이 얼마나 현명하고 용기 있는 일인가? 맹자는 등문공으로 하여금 바로 이런 점을 생각해 보게 한 것이다.

맹자의 말이 어디 세자 문공에게만 통하는 가르침이겠는가? 이 말은 모든 사람에게 두루 통하는 지혜의 길이다. 지혜는 덕을 밭으로 삼아 삶을 심을 수 있는 솜씨와 같다. 덕이란 밭에 심은 싹에서 싹이 트고 자라 피우는 꽃은 언제나 현명한 열매를 맺고, 그 열매는 향기로운 삶의 누림과 같다. 왕이 천하를 덕으로 다스리면 세상이 향기롭지만 힘으로 눌러 세상을 쥐면 세상은 추하고 더러워진다. 이것이 바로 맹자의 확신이요, 천명이다.

"등문공이여, 내 말을 의심하지 말라."

이렇게 당부했던 맹자는 참으로 인간을 사랑했다.

만일 약이 눈을 캄캄하게 하고 어찔하게 하지 못한다면 그 병은 낫지 않는다 [若藥不瞑眩厥疾不瘳].

명(瞑)은 '눈앞이 캄캄하다' 는 뜻이다.

현(眩)은 '어찔하다' 는 뜻이다.

요(瘳)는 '고치다' 는 뜻이다.

예로 섬기는 것이 효이다

어른을 섬기는 것은 곧 어른을 모시는 것이다. 섬기고 모시는 마음이 예를 벗어난 것은 위선이다. 재물을 보고 섬기는 것은 사람을 섬기는 것이 아니라 재물을 섬기는 것이다. 지위를 보고 모시는 것은 사람을 모시는 것이 아니라 지위를 모시는 것이다. 효(孝)는 오로지 목숨을 물려준 것을 감사하는 마음으로 목숨을 물려준 이를 모시고 섬기는 예이다.

목숨이 소중한 줄 모르면 사람이 귀한 줄 모르고, 사람이 귀한 줄 모르면 어른을 모시고 섬길 줄도 모른다. 목숨이 소중한 줄 모르면 효는 사라진다. 이는 목숨보다 물질을 더 귀하게 여기는 데서 비롯된다. 인간이 재화(財貨)나 지위의 권력을 사람 목숨보다 더 귀하게 여기는 것을 인화물(人化物)이라고 한다.

《예기》의 〈낙기〉에서는 인간이 인화물로 타락하면 천하고 사나워져 잔인해진다고 했다. 이미 삼천여 년 전에 인간의 물질화를 두려워했던 것이다. 인간의 물질화란 무엇인가? 목숨이 있는 것보다 목숨이 없는 것을 소중하게 여길 때 인간은 물질화된다.

황금 때문에 사람을 죽이고 돈 때문에 사람을 죽이고 권력 때문에 사람을 죽이는 짓은 모두 인간이 인화물에 빠져 걸려든 광란(狂亂)이다. 인간이면서 인간이 아닌 것으로 미쳐 버린 것이다. 우리는 지금 이러한 광란의 균을 마음속에 숨겨 놓고 산다. 이러한 인화물의 병균을 살균하는 데 효제(孝弟)보다 더 좋은 명약은 없다.

효의 줄기는 어디에 있는가? 새삼스럽게 이러한 문제를 제기해야 할 만큼 지금 우리는 위기의 시대에 살고 있다. 맹자가 연우(然友)에게 들려준 이야기를 들으면 이러한 위기를 극복할 수 있는 마음가짐의 기틀을 짚어 낼 수 있다. 맹자는 증자의 말을 빌려서 연우에게 이렇게 말한다.

"살아 계실 적에는 예로써 섬기고〔生事之以禮〕, 돌아가시면 예로써 장사 지내고〔死葬之以禮〕, 예로써 제사를 올리면〔祭之以禮〕 효성스럽다(可謂孝矣)."

예로써〔以禮〕 해야 한다면 그 예(禮)는 무엇일까? 마음과 몸가짐이 하나같이 경(敬)으로 통하면 예가 된다. 경은 생명을 받들어 섬기고 모시는 마음을 정성되게 하는 것이다. 그래서 예는 몸가짐으로 나타나지만〔禮自畏作〕 마음속도 그와 같아야 허례(虛禮)가 되지 않는다. 허례를 범하지 않기 위해서는 공손하고 겸허하며 사양할 줄 알아야 한다.

맹자는 연우에게 효를 말한 것이 아니다. 연우는 등 나라 문공이 세자 때부터 사부(師傅)로 모시던 문공의 신하였다. 문공은 맹자에게 연우를 보내 정공(定公)의 장례(葬禮)를 어떻게 치러야 하는지를 알아 오라고 했다. 정공은 문공의 선친이자 선왕이었다.

또한 두 사람 사이에는 세자 시절 문공이 추 나라로 가던 중 송 나라에 있던 맹자를 찾아갔을 때 맹자가 문공에게 왕도의 길을 걸어 달라고 부탁했던 사연이 있었다.

연우는 등 나라로 돌아와 문공을 찾아갔다. 제후의 예를 맹자에게 직접 배운 적은 없지만 들은 바는 있다고 하면서 그 내용을 아뢰었다.

"상을 당한 뒤 삼 년 동안 거친 옷을 입고, 된 죽을 먹고 지내는 것은 천자에서 서인에 이르기까지 삼 대 이래로 지켜 온 것입니다."

문공은 연우의 말을 듣고 삼년상(三年喪)을 치르기로 결정했다. 그러나 문공의 인척들과 관원들은 모두 그렇게 하지 않으려고 했다. '등 나라의 종주국이었던 노 나라의 선군(先君)들도 그렇게 하지 않았고, 이 나라의 선군들도 그렇게 하지 않았는데 지금에 와서 전례를 어겨서는 안 된다'며 사람들은 입방아를 찧었다. 또한 '상례와 제사는 선조에 따른다'고 하면서 정공의 삼년상에 반발했다. 이에 문공은 그들의 말을 한마디로 자르면서 이렇게 말했다.

"나는 배운 데가 있어서 그러는 것이오."

그 당시에도 삼년상은 논란거리였던 모양이다. 지금은 삼년상은커녕 일년상도 버티기 어려워졌다. 산 사람이 죽은 사람 때문에 손해를 볼 수 없다는 실리가 앞서 이제는 상례를 단순하면서도 간명하게 해치우고 있다. 삼 년 동안 거친 옷을 입고 거친 음식을 먹으며 망자(亡者)를 기억하자고 고집할 필요는 없다. 그러나 마음속에서까지 망자의 예를 없앤다면 섭생(攝生)의 깊은 뜻은 무너지고 만다.

섭생의 생명관을 잊거나 잃어서는 안 된다. 섭생은 인간을 겸허하게 하고 두려워할 줄 알며 부끄러워할 줄 알게 하는 길잡이가 되기 때문이다. 섭생관(攝生觀)은 모든 목숨은 천지가 빌려준 것이란 사상에서 비롯된다. 동양의 천명 사상이 곧 섭생관을 형성한다.

목숨은 천지가 빌려준 것이란 생각을 비웃지 마라. 모든 목숨은 먹고 마시고 배설하고 숨을 들이쉬고 내쉬어야만 살 수 있다. 먹고 배설하려면 밥이 있어야 하고, 마시려면 물이 있어야 하며, 숨을 쉬려면 허공에 공기가 있어야 한다. 먹고 마시고 배설하는 것, 들숨과 날숨의 것들이 모두 천지이다. 그러한 천지를 어기며 살지 마라. 이것이 섭생관이다.

내 목숨은 순전히 내 것이 아니므로 소중히 간직했다 돌려주어야 한다. 빌렸으면 긴요하게 쓰고 돌려주면서 감사해야 하는 것이다. 조상을 천지로 보는 것을 우습게 여길 것은 없다. 나를 낳아 길러 주고 살게 해 준 부모를 천지로 보는 것을 잊지 마라. 그러면 목숨을 물려준 부모를 받들고 섬겨 모시는 것이 인륜만이 아니라 천륜이 된다.

등 나라 문공이 예로써 정공의 상례를 치르는 것을 반대했던 자들이여, 모름지기 효는 지성스러워야 한다. 인간은 효성(孝誠)이 불효(不孝)로 바뀌면 목숨을 서로 해치는 살풀이를 마다하지 않을 것이다.

예는 상대를 기쁘게 한다

무례(無禮)는 불쾌하게 하고 극례(極禮)는 불편하게 한다. 예든 낙이든 중용을 벗어나면 안 된다. 그래서 '낙이 지나치면 방탕하고〔樂勝則流〕 예가 지나치면 정이 떨어져 나간다〔禮勝則離〕' 고 하는 것이다. 본래 예락(禮樂)이란 예술과 인륜을 합쳐 삶을 선하게 하고 아름답게 하여 바르고 제대로 살게 하는 길이다. 생존의 어울림〔和〕은 예락의 길을 열어 준다.

등 나라 문공은 정공이 죽은 뒤 왕위에 오르면서 세자 때를 상기하고 자신을 성찰해 보았다. 그리고는 세자 때부터 자기를 가르쳐 준 연우(然友)를 불러 이렇게 실토했다.

"나는 과거에 학문을 하지 않고 말타기와 활쏘기만을 좋아했습니다. 그래서 지금 인척들과 관원들은 나를 부족하게 여겨 내가 큰일을 제대로 치러 낼 수 있을까 두려워하고 있습니다. 선생이 나를 위해 맹자께 가서서 물어봐 주십시오."

이에 연우가 추 나라로 가 맹자를 뵙고 문공의 청을 여쭈자 맹자는 이렇게 말해 주었다.

"그래요? 다른 데서 그 해결책을 구할 수는 없습니다. 공자께서는 '왕이 돌아가시면 국정은 재상에게 맡기고 죽을 먹고, 얼굴을 시커멓게 하여 즉위하고 곡하면 모든 이들이 감히 슬퍼하지 않을 수 없다. 그렇게 되는 것은 그들에 앞서서 하기 때문이다. 윗사람이 좋아하는 것이 있으면 아랫사람들은 그보다 더 좋아하게 된다. 군자의 덕은 바람이고 소인의 덕은 풀이다. 풀은 바람이 부는 방향을 따라 눕는다' 고 하셨습니다. 그러니 세자께서 하시기에 달려 있습니다."

연우가 되돌아와 문공에게 복명(復命)하자 문공은 이렇게 말했다.

"그렇습니다. 그것은 나 하기에 달렸습니다."

그리고는 아직 세자의 몸이었던 문공은 여섯 달 동안 갈대로 움막을 치고 그곳에 거처하면서 정치에 전혀 관여하지 않았다. 이에 모든 관원과 친족들은 잘하는 일이라고 하며 세자가 예를 안다고 입을 모았다. 또한 왕의 장례를 치르게 되어 사방에서 사람들이 와 보았는데 세자의 얼굴빛이 슬프고 그 울음이 애절하여 모든 조문객들이 세자의 효성을 기뻐했다.

효성은 말로만 되는 것이 아니다. 몸이 그 마음을 따라야 한다. 본래 예란 마음에서 나와 겉으로 드러나야 하는 법이다. 마음은 음흉해도 입으로는 미소를 띠고 위선을 부릴 수 있지만 공손한 마음에서는 주먹질이 나올 수 없다. 효성의 예가 지극하면 사람을 감동시키고 삶을 기쁘게 할 수 있다.

염불에는 뜻이 없고 잿밥에만 눈이 팔려 있는 것, 이런 것이 바로 위선이다. 위선은 선을 팔아 악을 사는 짓이요, 부덕함을 감추고 덕을 농락하는 짓이다. 만일 등공이 왕위에 오르고 싶어 연극을 했다면 맹자의 말을 팔아 사람을 속이는 짓이겠지만, 몰랐던 것을 배워 몸소 지성으로 예를 다했다면 왕위에 올라도 흠이 없을 것이다.

내 부모를 섬기고 모실 줄 아는 마음은 남의 부모를 업신여기지 않는다. 효는 아랫사람이 윗사람을 섬기는 정성에만 그치는 것이 아니다. 그 정성은 언제나 사랑하는 방법을 터득하게 한다. 왜냐하면 아래가 위를 섬기는 효(孝)나 위가 아래를 돌보는 제(弟)는 모두 인의를 삶으로 실천하는 장치이기 때문이다.

윗사람의 덕은 바람이고 아랫사람의 덕은 풀이다. 풀잎은 반드시 바람이 부는 대로 눕는다[君子之德風也 小人之德草也 草尙之風必偃].
상(尙)은 '더하다' 는 뜻이다.
언(偃)은 '눕다' 는 뜻이다.

나라를 어떻게 다스릴 것인가

등 나라 문공(文公)이 맹자에게 나라를 어떻게 다스리면 되겠느냐고 물었다. 이에 맹자는 이렇게 간명하게 대답해 주었다.

"백성과 관련된 일에 대해 늑장을 부려서는 안 됩니다."

백성이 원하는 바가 무엇인지를 알아채 즉각 일을 처리하여 백성들이 불편을 느끼지 않도록 하라 함이다. 이렇게 하려면 법은 간편하고 간명할수록 좋고, 관리들은 백성이 가려워하는 곳이 어디인가를 찾아서 시원스럽게 긁어 주어야 한다. 그러면서 맹자는 《시경》의 시를 인용했다.

"너는 낮에는 띠풀을 베어 오고 밤에는 새끼를 꼬아 빨리 지붕을 이어라. 그런 다음 비로소 온갖 곡식의 씨앗을 밭에 뿌려라."

이 시는 유풍(幽風 : 주 나라 백성의 세시에 관한 민요)의 칠월편에 있는 구절로, 먼저 살 집을 마련하게 한 다음 일을 하도록 해야 함을 강조하고 있다.

왜 맹자는 등 나라 문공에게 이 시구를 인용해 주었을까? 맹자의 말을 들으면 그 이유를 알 수 있을 것이다.

"백성이 생활하는 방법에는 일정한 근거가 있어야 합니다. 근거가 있는 사람은 일정한 마음을 정하고, 그렇지 못한 사람은 일정한 마음이 없습니다. 일정한 마음이 없으면 방탕하고 편벽해지며 사악해지고 사치를 일삼습니다. 죄에 빠지게 해 놓고 잡아들이는 것은 백성을 그물로 잡아들이는 것과 같습니다."

인자한 왕은 백성을 그물질로 잡아들이는 짓을 하지 않는다. 맹자는 이 말을 양 혜 왕에게도 그대로 들려주었다. 나라를 다스리는 위치에 있을수록 현명해야 한다는 뜻이다. 현명하다 함은 밝게 베푼다는 말이다. 그렇게 하려면 맹자의 말을 새겨들어야 한다.

"현명한 왕은 공손하고 검약하며, 아랫사람을 예로 대접하고, 백성으로부터 받아 내는 데도 제도가 있습니다."

공손한 폭군이나 독재자는 없다. 독재자는 언제나 교만하고 오만하다. 검소하고 수수한 독재자는 없다. 사치를 일삼고 방탕한 것이 독재자의 성질이다. 독재자는 아랫사람을 종처럼 부려먹고 힘으로 군림하여 천하게 다루며, 눈에 거슬리면 목숨마저도 앗아가 버린다. 또한 독재자는 백성을 수탈하고 약탈해 제 뱃속만 두둑이 채운다.

현명한 삶이란 어떤 것인가? 공손하고 검소하며 수수하게 사는 것이다. 사람을 예로써 대하고 인자하게 사는 것이 곧 현명한 삶이다. 다스리는 사람이 현명하게 살면 백성도 따라 현명하게 산다. 이러한 삶의 이치는 맹자의 말을 새겨들으면 누구나 깨우칠 수 있다.

맹자는 등 나라 문공에게 양호(陽虎)가 했다는 말도 끌어내 타일러 준다.

"재물을 모아 부자가 되면 인자하지 않게 되고〔爲富不仁也〕, 인자하게 살면 부유해지지 않는다〔爲仁不富也〕."

양호는 《논어》의 〈양화 편(陽貨篇)〉에 나오는 그 양화(陽貨)이다. 양화는 노 나라의 권문세도였던 계 씨(季氏)의 가신으로 있으면서 백성들로부터 과도한 세금을 긁어모아 계씨를 부유하게 하고 자신도 떡고물을 챙겨 부유해진 자다.

맹자는 현명하지 못했던 양호 같은 인간마저도 끌어다 인용함으로써 현명한 삶과 그렇지 못한 삶이 무엇인가를 문공에게 설파해 주었던 것이다. 맹자는 왕이 재물로 부유한 삶을 누리려고 하면 현명한 왕이 될 수 없다는 지혜를 밝히고 있다. 어디 왕만 그러하겠는가? 어느 인간이나 현명한 삶을 누리고 싶다면 재물을 꼴사납게 탐해서는 안 된다.

현명한 치자는 공손하고 검약하며 아랫사람을 예로써 대한다［賢君恭儉禮下］.

공(恭)은 '공손하다'는 뜻이다.

검(儉)은 '검소하다'는 뜻이다.

백성의 것을 억지로 빼앗지 마라

조세 저항(租稅抵抗)이 일어나는 나라는 험해지거나 망한다. 나라 살림을 꾸리려면 백성이 세금을 내야 한다. 세금을 내는 데는 반드시 합당한 제도가 있어야 한다. 조세 제도가 잘못되면 세금을 내야 할 백성은 분노하게 마련이다. 세금 때문에 백성이 불평불만을 늘어놓는 나라의 정치는 거칠 수밖에 없다.

맹자는 등 나라 문공에게 조세 내역에 관해 세 갈래의 사례(事例)를 들어 풀어 준다. 그 세 갈래는 공(貢)과 조(助), 철(徹)이다.

옛날의 조세는 농업을 근간으로 했다. 농업 사회였던 까닭이다. 농사를 짓도록 나라에서 땅을 나누어 준 다음 십 대 일의 비율로 조세를 거두어 갔다. 열 되의 쌀을 생산하면 그중 아홉 되는 농부가 갖고, 한 되는 나라가 세금으로 받아 갔다.

철(徹)은 받아 간다는 뜻이고, 조(助)는 빌려 간다는 뜻이며, 공(貢)은 여러 해에 걸쳐 평균치를 내어 그 평균치에 따라 거두어 간다는 뜻이다. 이렇게 설명해 준 맹자는 용자(龍子)의 말을 빌려 다시 문공에게 밝혀 준다.

"농사짓는 땅을 다스리는 데 조보다 좋은 것은 없고 공보다 나쁜 것은 없다. 공이란 여러 해에 걸쳐 평균 소출을 따져 일정한 납부 규정으로 삼는 것이다."

용자는 옛 현인으로 알려져 있다. 현명한 사람이 세금의 질을 놓고 말할 때는 왕의 편에서 말한 것이 아니라 백성의 편에 서서 말하는 것이 분명하다. 본래 현은 베푸는 쪽만 생각할 뿐 빼앗는 쪽은 생각하지 않는 법이다. 그래서 현명하면 삶의 평화를 불러오고, 우둔하면 불행을 불러오는 법이다. 욕심을 부려 무엇을 빼앗으려다 도리어 빼앗기는 것이 우둔함이다.

이러한 용자의 말을 빌려 맹자는 이렇게 설명한다.

"풍년이 들면 곡식 낟알이 많으므로 많이 받아 가도 포악한 것이 아니지만 그럴 때는 적게 받아 가고, 흉년이 들었을 때는 그 소출이 논밭의 거름 값도 모자라는데 정해진 대로 받아 갑니다. 백성의 부모라는 치자들이 백성들로 하여금 일 년 내내 땀 흘려 일하게 한 다음 남은 것으로 부모도 부양하지 못하고 늙은이와 어린것들이 시궁창에 빠져 죽는 꼴이 되게 해서 백성의 부모 된 보람이 있겠습니까?"

경기가 좋을 때는 세금 불평이 별로 없다. 세금이 잘 걷히기 때문에 세무서에서 딱딱거리지 않는 까닭이다. 그러나 불경기가 되어 세금이 잘 걷히지 않게 되면 세무서는 걸핏하면 세무 사찰을 한다고 으름장을 놓는다. 예나 지금이나 세금을 징수하는 버릇은 조금도 바뀐 것이 없다. 세금을 거두어 백성을 이롭게 하는 데만 쓴다면 그것이 곧 조(助)일 것이다. 왜냐하면 세금을 조라고 하는 것은 빌려 갔다가 되돌려 준다는 뜻이기 때문이다. 빌린 것을 돌려 줄 때는 엄격해야 한다. 그러나 세금을 받아 나누어 먹기 식으로 착복한다면 세상은 반드시 썩고 만다.

탈세(脫稅)는 왜 일어나는가? 세금이 과하거나 세금을 내지 않고 치부하려는 속셈 때문에 그런 짓들이 빚어진다. 세법이 거미줄 같다면 탈이다. 거미줄에는 벌레 같은 약한 것들만 걸려들고 새처럼 센 것들은 치고 날아가 버린다. 탈세로 부를 축적하는 자들이 있는 한 치자들은 백성으로부터 믿음을 얻을 수 없다.

온갖 기업들이 세무 사찰을 무서워하는 꼴을 보면 세금 앞에 떳떳하지 못한 모양이다. 털어서 먼지 안 나는 사람이 어디 있느냐고 말하지 마라. 그런 말은 도둑이나 못된 짓을 범한 자들이 내뱉는 변명에 불과하다. 맹자가 등 나라 문공에게 조세 문제를 밝힌 것은 현명한 왕이 되는 필수 조건을 제시한 것이고, 그 정신은 지금도 지켜야 할 치자의 마음가짐이다. 세금을 무서워하고 공정하게 거두어 백성을 위해 써라.

인륜을 교육의 목표로 삼아라

인륜의 중심이 효제(孝悌)라는 것을 옛날 사람들은 알았으나 지금 사람들은 잊고 산다. 인간관계를 흥정하듯이 맺으려고 하면 인륜은 없어지고 만다. 흥정은 손익에 따라 맺어지기도 하고 깨지기도 한다. 인간이 지켜야 할 도리가 흥정하듯이 된다면 인간관계는 힘으로 저울질되고 만다.

'정승집 개가 죽으면 문상객이 몰려들지만 정승이 죽고 나면 찾아오는 문상객이 없다'는 말이 있다. 왜 이런 속담이 생겨났을까? 사람들이 저마다 제 잇속을 차려 서로 만나기도 하고 헤어지기도 하는 까닭이다. 인륜은 유리하냐, 불리하냐를 따져 인간관계를 정하지 않는다. 모든 것을 떠나 서로 어울려 살아야 한다는 삶의 길이다.

서로 어울려 사는 방법을 가르치는 곳을 학교라고 한다. 그러나 지금은 학교라는 말만 있지 진실된 학교는 없는 셈이다. 인륜은 팽개쳐 두고 물질적으로 사는 방법만 가르쳐 주는 곳이 학교라는 이름으로 있을 뿐이다. 인륜은 지식으로 무장한다고 해서 살아나는 것이 아니다. 어떻게 사는 것이 현명하게 사는 것이고 어떻게 사는 것이 우둔하게 사는 것인지를 가르치는 곳이 진정한 학교이다.

맹자가 등 나라 문공에게 말했다.

"상서(庠序)와 학교(學校)를 세워서 백성을 가르칠 것입니다. 상(庠)은 기른다〔庠者養也〕는 뜻이고, 교(校)는 가르친다〔校者敎也〕는 뜻이며, 서(序)는 활을 쏜다〔序者射也〕는 뜻입니다. 하 나라에서는 교(校)라 했고, 은 나라에서는 서(序)라 했으며, 주 나라에서는 상(庠)이라 불렀을 뿐 삼 대에 걸쳐 배운다는 것은 다 같았습니다. 그 모두가 인륜을 밝히기 위한 것입니다."

인간 됨됨이가 틀려먹었다면 그 외의 것이 아무리 좋더라도 경멸하는 것이 인륜의 관점이다. 명성은 있지만 그 집안의 꼴이 말이 아니라면 그것은 철저한 삶의 허수아비에 불과하다고 인륜은 깨우쳐 준다. 갖은 권모술수를 부려 높은 지위에 올라간들 그것은 추한 것에 불과함을 인륜은 말해 준다. 남을 짓밟거나 해쳐서 내가 잘되게 하는 것은 인륜을 훔치는 짓에 불과하다.

인륜은 무엇인가?

"인륜은 위에서부터 밝혀져〔人倫明於上〕 백성은 밑에서 친밀해지는 것〔小民親於下〕입니다. 왕자가 일어난다면〔有王者起〕 반드시 그 인륜을 본받을 것〔必來取法〕입니다. 인륜은 왕자의 선생(是爲王者師也)입니다."

이것이 바로 맹자가 밝히는 인륜이다. 사람이 모여 사는 곳이면 위아래가 있게 마련이다. 그런 위아래의 질서를 장유(長幼)라고 한다. 장(長)은 어른을 말하고 유(幼)는 어린이를 말한다. 나이

든 사람의 버릇이 좋아야 어린것의 버릇도 좋아진다는 것이 장유의식(長幼意識)이다. 어른이 제 구실을 못하면서 인륜을 외치는 것은 공염불(空念佛)에 불과할 뿐이다.

요새 젊은것들은 버르장머리가 없다고 푸념하는 사람들이 많다. 이러한 푸념을 하기 전에 먼저 자기 스스로 인륜을 제대로 실천하고 있는지를 물어보아야 한다. 나이 든 쪽[長]의 인륜은 제(悌)에 있다. 제는 어린것을 현명하게 보살펴 키우고 기른다는 뜻이다.

잘 먹이고 잘 입히고 부족할 것 없이 돈을 많이 준다고 해서 제가 되는 것은 아니다. 자식 키우는 일을 일러 농사짓는 것과 같다고 하지 않는가? 현명한 농부는 함부로 곡식에 비료를 주지 않는다. 비료를 많이 준다고 농사가 잘되는 것은 아니다. 오히려 비료가 넘치면 곡식은 이삭을 맺지 못하는 법이다. 곡식도 비료가 넘치면 어긋나고 만다. 김을 매 주고 물갈이를 제대로 해 주어야만 곡식이 튼튼히 자라 열매를 맺는다. 제의 인륜은 곡식이 제대로 잘 자랄 수 있도록 김을 매고 북을 주고 알맞게 거름을 주는 것과 같다. 이것이 보살피고 키워 기르는 방법이다.

언젠가 초등학교 4학년짜리 어린이가 부모에게 유서를 남기고 투신 자살한 사건이 있었다. 그 유서의 내용은 이러했다. '어머니 아버지, 성적이 나빠 죄송해요.'

이런 유서를 남기고 투신 자살한 그 어린것은 제(悌)가 없는 부모를 둔 탓에 생목숨을 잃어야 했다. 이쯤 되면 인륜은 없다.

효는 부모에 대한 인륜일 뿐만 아니라 손아랫사람이 손윗사람을 섬기고 모셔야 한다는 젊은이들의 인륜이다. 봄에 씨앗을 뿌려 더운 여름에 김을 매고 북을 주고 거름을 넣어 정성껏 기른 곡식은 가을이 되면 어김없이 여문 열매로 보답한다. 이처럼 여문 열매를 맺는 곡식처럼 자란 것을 잊지 않고 고마워하면서 섬기고 모시는 것이 효라는 인륜이다.

왜 젊은것들이 불효를 할까? 어른들이 어린것들을 잘못 키운 탓이라고 말할 수밖에 없다. 옛말에 '부잣집에 효자 없고 가난한 집에 효자 난다'는 말이 있다. 자식에게 재산을 많이 물려준다고 그 자식이 효자가 되는 것은 아니다. 목숨을 물려받았음을 알아야 하고, 그 물려받은 목숨을 소중히 할 줄 알아야 하며, 그 목숨을 물려준 부모가 천지 같다는 믿음이 있어야 효를 북돋울 수 있다. 목숨이 소중하고, 서로 함께 어울려 살지 않으면 안 된다는 것을 알아야 효가 드러난다. 제 몸 하나만 아는 놈에게 효를 기대한다는 것은 빙산에 씨를 뿌려 싹이 돋기를 바라는 것과 같다.

형제를 둔 부부가 있었다. 남부럽지 않게 부족할 것 없이 형제를 키운 부부는 효가 재물로 보강될 줄 알았다. 그러나 두 아들이 장성했을 때 남편이 죽었고, 아내는 갑자기 과부가 되었다. 큰아들은 술꾼이 되어 어머니에게 술 마실 돈을 얻어 갔다. 술 밑천이 나가기 시작하면 밑 빠진 독에 물 붓는 것과 같은 꼴이 벌어진다. 술값을 대라는 통에 가진 것을 다 팔아 더는 술값을 대줄 수 없게 되었다. 그러자 술에 미쳐 버린 큰아들은 제 어미를 발로 차고 구타하기 시작했다. 그 꼴을 보다 못한 작은 아들이 결국 제 친형을 부엌칼로 찔러 죽였다. 이렇게 되면 효의 인륜은 사라진다.

재물이나 황금이 태산처럼 많고, 명성과 지위가 하늘처럼 높다 한들 무슨 소용이 있단 말인가? 서로 오순도순 사랑하고 의지하며 믿고 살지 못한다면 삶은 짐처럼 무겁고 아프게 찔러 대는 가시와 같을 뿐이다. 인간관계가 짐이나 가시처럼 되지 않게 하려면 인륜을 따라야 한다. 인륜을 따른다 함은 효제의 나눔이 정성스러워야 한다는 뜻과 같다.

효보다 제가 앞서야 하는 법이다. 뱁새는 알을 낳아 품어 새끼를 까서 잘 키워 새끼의 날개에 날 수 있는 힘이 붙으면 먹이를 물어다 먹이지 않고 직접 먹이를 찾아 먹고 살게 한다. 자식을 온실의 화초처럼 거두어 키우는 것은 올바른 제가 아니다. 틀려먹은 제 밑에서는 효가 제대로 발아하지 못한다. 마찬가지로 부모의 됨됨이가 바르지 못하면 그 자식들 역시 바르게 되지 못한다. 이것이 인륜을 버리면 받는 벌이다.

위에 있는 사람일수록 인륜을 밝혀야 한다. 그러면 아랫사람은 그것을 좇아 서로 친밀해진다. 맹자의 이러한 말을 새겨듣는 세상이라면 삶이 날마다 새로울 수 있을 것이다. 새롭다는 것은 반갑다는 말과도 통한다. 반가운 것은 고맙고 그립다. 삶도 그렇게 된다면 저절로 화목해질 것이다. 나라가 화목하려면 사회가 화목해야 하고, 사회가 화목하려면 가정이 화목해야 한다. 가정이 화목하려면 가정을 이루고 있는 가솔들이 저마다 효제에 정성스러워야 한다.

효제 사상을 누가 낡았다고 할 것인가? 인륜의 핵심인 효제가 숨을 쉬어야 삶이 새롭다. 사는 일이 날마다 새롭다고 한 공자의 말은 살맛이 난다는 말로 들어도 무방하리라. 왜 살맛이 나겠는가? 사는 일이 즐거운 까닭이다. 즐거운 삶을 위하여 인륜이 있는 것이다.

조선 시대에 삶을 옥죄었던 삼강오륜(三綱五倫)을 떠올려 재무장할 것은 없다. 서로 사랑하고 믿고 돕고 보살피며 살아야 한다는 마음이 있으면 그것으로 인륜의 기초는 마련된 셈이다. 맹자가 등 나라 문공에게 인륜을 새롭게 하라던 말은 지금 우리에게도 절실하다.

인심은 언제나 뒤주에서 난다

목구멍이 포도청이라고, 사람은 굶게 되면 짐승도 되고 도둑도 된다. 다스림이란 먼저 굶지 않게 하는 데서 시작된다. 금강산 구경도 배가 부른 다음의 일이다. 농업 사회에서는 농지를 어떻게 다루느냐에 따라 폭군이 되기도 하고 성군이 되기도 한다. 산업 사회에서는 경제를 어떻게 다루느냐에 따라 독재 국가가 되기도 하고 민주 국가가 되기도 한다.

공산주의나 사회주의 국가도 따지고 보면 독재 국가에 불과하다. 생산과 분배를 모두 당(黨)이 틀어쥐고 있는 까닭이다. 백성은 노동을 제공하고 일정량의 배급을 받으므로 모두 고르게 산다고 한다. 하지만 당에 붙어 있는 자들은 포식하고, 노동을 제공하는 백성은 항상 굶주림의 위협에서 벗어나지 못한다.

경제가 백성의 손에 들어 있으면 어떤 자도 독재를 할 수 없다. 왕이 통치하던 시대에도 다를 것이 없었다. 왕이 농지를 제대로 다스리면 관리들의 횡포를 막을 수 있다. 관리의 횡포가 없으면 백성은 권력이란 것을 모르고 살 수 있다. 공맹이 주창하는 태평

성대란 백성을 위한 세상이 펼쳐졌던 시절을 말한다. 백성을 위하는 정치가 있다면, 그것이 곧 민주 정치이다. 맹자는 민주 정치를 역설했던 성현이다.

등 나라 문공이 농지를 다스리는 방법을 배워 오라고 하며 필전(畢戰)이란 신하를 맹자에게 보냈다. 맹자는 필전에게 무릇 모든 인정(仁政)은 농지를 제대로 다스리는 데 있음을 먼저 강조한 다음 말을 이었다.

"무릇 인정은 경계를 잡아 두는 것에서부터 시작됩니다〔夫仁政必自經界〕."

이것이 맹자가 필전에게 들려준 인정(仁政)의 요체다.

경계(經界)란 무엇일까? 그것은 경제(經濟)와 같은 말이다. 옛날에는 경제란 말이 지금의 정치(政治)와 같은 말로 통했다. 경계를 정치가 지녀야 할 선이라고 새겨도 무방하다. 폭군이나 독재자는 어떤 인간들인가? 정치의 선을 그음에 있어 백성에게는 불리하게 긋고 자신에게는 유리하게 긋는 염치없는 인간들이다.

"농지를 다스리는 경계가 바르지 못하면〔經界不正〕 농사지을 땅을 고르게 구획 짓지 못하고〔井地不均〕, 논밭에서 거두어들이는 소출도 공평치 못하게 된다〔穀祿不平〕. 그래서 폭군이나 썩은 관리는 반드시 농지를 다스리는 한계선을 정하는 일에 태만하다〔暴君 吏必慢經界〕."

맹자는 이렇게 필전에게 급소를 찔러 주었다.

권력형 부패, 권력형 부정, 권력형 특혜, 괘씸죄, 보복 세무 사찰 등의 말들이 자주 백성의 입에 오르내리는 것은 폭군과 오리(汚吏)들이 횡포를 부리고 있음을 반증해 주는 현상들이다. 이런 것들이 곧 다스림의 한계선을 벗어나 권력을 남용하는 짓이다. 어진 정치〔仁政〕을 펴기 위해서는 먼저 권력을 남용할 수 있는 빌미를 그 싹부터 없애야 한다. '다스림의 경계를 태만히 한다〔慢經界〕'는 맹자의 말은 곧 독재자나 폭군의 근성을 말한다.

"농지를 다스리는 경계가 바르면〔經界旣正〕, 밭의 구획이나 소출량을 앉아서도 정할 수 있다〔分田制祿可以定矣〕."

이것이 맹자가 필전에게 들려준 인정의 핵심이다. 어진 정치를 베푸는 치자는 백성들에게 세습을 거두어들인다고 여기지 않는다. 빌려쓰는 것〔助〕으로 생각하며, 세금은 백성을 위하는 일로 되돌아간다는 것을 잊지 않는다. 맹자가 밝힌 경계기정(經界旣正)의 참뜻은 세금을 훔쳐먹거나 착복하는 짓거리 없이 공정하게 백성을 위해 쓴다는 데 있다.

다스리는 자라면 마땅히 군자의 길을 걸어야 한다. 군자는 베풀 뿐 빼앗을 생각을 하지 않는다. 그래서 군자를 덕자(德者)라고 부르고, 덕치(德治)는 군자로부터 나온다고 하는 것이다. 덕치를 공명정대한 민주 정치라고 이해해도 된다.

백성이 없으면 나라도 없고, 나라가 없으면 정치도 없다. 다스리는 사람은 군자(君子)이고, 다스림을 받는 사람들은 야인(野人)이다. 군자는 야인을 다스리고 야인은 군자를 먹여 살린다.

그래서 맹자는 이렇게 밝힌다.

"군자가 없으면 야인을 다스리지 못하고〔無君子莫治野人〕, 야인이 없으면 군자를 먹여 살리지 못한다〔無野人莫養君子〕."

왜 치자는 백성의 주인이 아니라 백성을 위해 일하는 봉사자여야 하는가를 밝힌 셈이다. 머슴이 주인 노릇을 하면 그 집이 망하듯이 치자가 백성을 얕보고 군림하면 나라가 망한다.

맹자는 등 나라 문공에게 인정을 베풀어야 하는 이유를 왕도 정치로부터 경제를 다루는 방법을 통해 가르치려고 했다. 맹자는 이미 그 당시 대국이었던 제와 송 나라 군주에게 왕도의 어진 정치를 펴라고 역설했지만 그 뜻을 이루지 못했다. 비록 작은 등 나라지만 인정을 베풀려는 문공에게 정성을 쏟는 맹자의 모습은 우리를 감동시킨다.

맹자는 문공에게 학교를 세워 백성을 교육하고, 예와 의를 널리 권하고, 백성들로 하여금 부지런하게 하고, 정치의 한계를 바로잡아 농사지을 땅을 바르게 하는 것이 나라를 다스리는 근간임을 역설했다. 인자하게 정치를 베푸는 치자는 백성의 눈을 뜨게 하지만, 학정을 일삼는 폭군은 백성을 우둔하게 할 뿐이다.

경찰 국가(警察國家)란 것이 있다. 백성을 낱낱이 감시하며 의심하는 나라가 곧 경찰 국가다. 거기에는 감옥과 수용소가 많아서 폭군의 눈에 나면 바로 죽을 곳으로 끌려간다. 이렇게 백성을 겁나게 하면서 세상을 다스린다면 그곳은 지옥이다.

군사 정권(軍事政權)이란 것이 있다. 군대가 나라를 다스리게 되면 모든 것을 힘으로 지배하려고 한다. 그러면 강한 자가 약한 자를 잡아먹는 꼴이 벌어진다. 서로가 강자로 군림하기 위해 갖은 권모술수를 사정없이 동원하는 사태가 빚어진다.

무단 정치(武斷政治)는 군사 정권이 휘두르는 칼날 정치를 말한다. 그러면 백성은 죽지 못해 사는 꼴이 되고, 권력을 잡은 무리들은 날아가는 새도 떨어뜨리는 힘을 남용하면서 백성을 울린다.

맹자가 살았던 시대는 전국 시대로, 경찰 국가와 군사 정권이 천하를 주름잡고 있던 시절이었다. 그런 참담한 세상에서 백성을 구하는 길이 왕도임을 절감했던 맹자, 그러나 이러한 맹자를 두고 그 시대의 양심이라고 한정할 수는 없다. 맹자의 왕도 정신은 곧 민주 정신에 그 바탕을 두고 있는 까닭이다. 말하자면 왕이 천하를 소유하는 것이 아니라, 천하는 백성을 주인으로 삼을 뿐 왕을 주인으로 모시지 않음을 왕도 정신은 새겨 보게 한다.

요즘은 국민 투표를 통해 정치할 일꾼을 뽑는다. 그렇지만 아직도 주인 노릇하는 국가보다는 종 노릇하는 국가가 더 많고, 봉사하는 정치보다는 군림하는 정치가 더 기세를 부리고 있다. 우리가 살고 있는 이 나라는 어느 부류일까? 이를 맹자에게 묻는다면 과연 뭐라 대답할까?

이 나라의 치자(治者)들이여, 등 나라 문공처럼 맹자에게 물어보라. 어찌 정치를 직업으로 하는 사람만 맹자의 왕도를 들어야 하겠는가? 우리 모두 귀담아듣고 오늘의 난세를 헤쳐 나가야 하리라. 산다는 것은 결국 저마다 자신의 삶을 다스리는 일이다. 나를 닦고 남을 다스리라〔修己治人〕고 공자가 말하지 않았던가. 사람들을 만나고 갖가지 일을 하는 것이 곧 다스림의 범주에 들어간다.

치인(治人)이 안인(安人)이면 그것이 곧 삶의 인정(仁政)이다. 사람을 편안하게 해 줄 줄 알면 그것이 곧 덕(德)이요, 사람을 편치 못하게 한다면 그것이 곧 부덕(不德)이다. 그래서 비록 한 개인이라도 삶의 왕도를 걸어가면 하는 일마다 새롭고 즐겁다. 그러나 힘만 믿고 살다 보면 그 끝은 언제나 험하다. 맹자의 왕도 정신은 왕만 지녀야 하는 것이 아니다. 삶의 행복을 바란다면 맹자가 밝힌 인정의 길을 벗어나지 마라.

8

현명해야 백성을 얻는다

물은 낮은 곳으로 흐르고 바람은 빈 곳을 찾아 분다. 이처럼 목숨이 없는 것마저도 알맞은 곳을 찾는다. 여우는 모래 언덕에 굴을 파지 않고 황새는 땅에 둥지를 틀지 않는다. 이처럼 목숨이 있는 것은 무엇이나 저 살기에 알맞은 곳을 찾는다. 사람이라고 해서 예외일 수는 없다. 살기에 알맞은 곳이면 정을 붙이고 그렇지 못하면 정을 떼고 등진다.

조선조 말엽부터 일제 시대를 거치면서 살던 곳을 뒤로하고 만주 땅 북간도로, 러시아 땅 연해주로 떠난 사람들이 많았다. 떠나고 싶어서 떠난 것이 아니라 이 땅에 정을 붙이고 살 수 없어서 떠난 것이다. 즉 이 땅이 박해서 떠난 것이 아니라 다스림이 포악해져 굶주림을 이기지 못해 떠난 사람도 있고 농사지을 땅을 빼앗겨 떠난 사람도 있다.

기후가 알맞고 토질이 좋아야 살기 좋은 곳은 아니다. 기후가 나쁘고 토질이 박하더라도 마음 편한 곳이면 살기에 알맞다. 힘으로 다스리는 곳이면 어디든 무섭고, 덕으로 다스리는 곳이면 어디든 안온하다. 천하에 덕으로 다스리는 곳은 어디에도 없지만, 목숨을 부지하기 위해 백성을 낯설고 물선 곳으로 찾아 나서게 하는 세상은 산목숨들로 하여금 피눈물을 흘리게 한다.

맹자의 말에 따라 나라를 다스리려고 노력했던 덕으로 등 나라 문공은 덕치를 베푼다고 소문이 났다. 그러다 보니 새들이 수풀을 찾아 모여들고 고기들이 물을 찾아 모여들 듯 등 나라에서 살려고 찾아드는 백성이 많았다.

신농(神農)의 가르침을 따랐던 허행(許行)이란 자도 초 나라를 등지고 등 나라로 갔다. 허행은 수십 명의 무리를 이끌고 문공의 궁궐로 찾아가 문공이 인정(仁政)을 베푼다는 말을 듣고 등 나라에서 살고 싶어 왔다고 밝혔다. 그러면서 자신이 살 수 있는 거처를 마련해 달라고 간청했다. 이에 문공은 허행의 간청을 들어 주었다.

신농의 말을 따라 살았다고 하니 허행은 농사짓는 자였을 것이다. 신농은 전설 속에 나오는 제왕으로, 염제(炎帝)라고도 한다. 신농은 땅에 곡식을 심어 먹고살 수 있는 방법을 맨 처음 백성들에게 가르쳐 준 농사의 시조인 셈이다.

신농은 계절에 따른 날씨를 밝히고, 농사를 지을 수 있는 땅과 지을 수 없는 땅을 살펴 백성들에게 농사지을 수 있는 방법을 가르쳤다. 또한 제왕이면서도 백성과 함께 나란히 서서 농사일을 하고 자신이 지은 곡식으로 손수 밥을 지어먹고 살았다. 인간은 농사를 지으면서부터 이리저리 먹이를 찾아 떠돌아다니는 유랑생활을 면할 수 있었다. 한곳에 모여 백성으로 머물러 살 수 있게 된 것이다.

송 나라를 떠나 등 나라로 왔던 진상(陳相)이란 자도 있었다. 그 역시 등 나라 왕이 성인의 정치를 베푼다는 소문을 듣고 등 나라를 찾아왔다고 했다. 진상은 동생 진신(陳辛)과 함께 농사짓는 기구를 짊어지고 등 나라로 왔다. 진상은 등 나라에서 허행을 만났다. 허행의 말을 들은 진상은 자신이 배운 모든 것을 버리고 허행의 가르침을 따르기로 했다. 진상은 진량(陳良)의 제자였으니 유가(儒家)를 배웠을 것이다. 진상이 허행의 가르침을 따른다 함은 곧 유가의 가르침을 버렸다는 말이다.

진상은 맹자를 만나 허행의 가르침에 대해 말했다.

"등 나라의 왕은 정말로 현명합니다. 그러나 아직 올바른 도리를 모르고 있습니다. 현명한 사람은 백성과 나란히 서서 농사를 지어먹고 살며 조석을 손수 지어먹고 나라를 다스립니다. 그런데 지금 등 나라에는 양식 창고와 재물 창고가 있지만, 그것들은 백성을 괴롭혀 왕을 살리자는 것이니 어찌 현명한 왕이 될 것입니까?"

진상의 말을 들은 맹자는 편견이 지어내는 고집이 무엇이며, 또 그런 고집은 꽉 막힌 독단에 불과하다는 것을 스스로 깨우치게 해 주고 싶었던 모양이다. 인간의 무지를 스스로 깨우치게 하는 데 있어 대화보다 더 좋은 방법은 없다. 소크라테스 역시 대화술을 통해 아는 체하며 세상을 농락하려던 말꾼들(소피스트)을 일깨우지 않았던가?

맹자와 진상 사이에 이루어진 대화는 맹자가 묻고 진상이 응답하는 형식으로 이어진다.

"허행은 스스로 농사를 지어먹소?"

"그렇습니다."

"허행은 스스로 천을 짜서 옷을 지어 입소?"

"아닙니다. 거친 털로 짠 옷을 입습니다."

"허행은 관(冠)을 쓰오?"

"흰 관을 씁니다."

"허행 스스로 그 흰 관을 짜오?"

"아닙니다. 곡식으로 바꿔다 씁니다."

"허행은 왜 스스로 관을 짜 쓰지 않소?"

"농사짓는 데 방해가 되기 때문입니다."

"허행은 솥이나 시루로 취사를 하고 쟁기로 농사를 짓소?"

"그렇습니다."

"허행이 손수 그것들을 만드시오?"

"아닙니다. 곡식을 주고 바꿔다 씁니다."

맹자는 진상과 이렇게 문답을 나눈 다음 말을 이었다.

"곡식을 주고 쟁기와 기물을 바꿔다 쓰는 것은 도공(陶工)과 야공(冶工)을 괴롭히는 것이 아니며, 도공과 야공이 그들이 만든 것을 가지고 곡식으로 바꿔다 먹는 것이 어찌 농부를 괴롭히는 것이 된단 말이오? 왜 허행은 도공과 야공의 일을 직접 하지 않는 거요? 왜 직접 하지 않고 귀찮게 곡식을 내다 여러 장인들과 교역을 하는 것이오? 어찌 허행은 그렇게 귀찮은 일을 꺼리지 않는 것이오?"

맹자의 반문에 진상이 실토했다.

"여러 장인들이 하는 일은 본래 농사를 지으면서 같이 할 수 없는 노릇입니다."

이에 맹자가 다시 물었다.

"그렇다면 천하를 다스리는 것만은 농사를 지으면서 같이 할 수 있는 거요? 대인이 할 일이 있고 소인이 할 일이 있소. 한 사람이 모든 장인의 기술을 고루 지니고 있다 해도 그 자신이 만든 뒤에야 쓴다면 온 천하의 사람을 끌어다가 기술을 가르쳐야 하니 결국엔 지치게 될 뿐이오. 그래서 어떤 사람은 마음을 수고롭게 하고 어떤 사람은 몸을 수고롭게 하는 것이오. 마음을 수고롭게 하는 자는 남을 다스리고, 몸을 수고롭게 하는 자는 다스림을 받는 거요. 남의 다스림을 받는 자는 그 사람을 먹여 주고, 남을 다스리는 자는 그 사람에게 얻어먹게 되는 것이 천하의 원칙이오."

맹자가 진상에게 한 말의 요체는 마음을 수고롭게 하는 사람과 몸을 수고롭게 하는 사람을 분별할 줄 알라는 것이다. 정신 노동과 육체 노동의 귀천을 따져 분별할 것이 아니라 맡은 일의 성격이 다르다는 것을 분별하라는 것이다. 이와 같은 분별은 현실적으로 어긋나지 않는다. 그러나 정신 노동과 육체 노동을 귀천으로 따져 육체 노동은 멸시하고 정신 노동은 귀하게 여겼던 것은 이른바 양반들의 횡포였지 맹자의 뜻은 아니었다.

맹자는 다시 말을 잇는다.

"요 임금 때는 천하가 아직 안정되지 않았었소. 홍수가 나면 온 천하가 범람했고, 초목이 멋대로 무성했고, 새와 짐승이 번창해 곡식이 제대로 여물 수가 없었소. 새와 짐승이 사람에게 달려드는 일도 있었고, 새와 짐승의 발자국이 나라의 복판에까지 이른 적도 있었오. 요 임금은 그런 일들을 혼자서 근심하다 순을 등용해 정리케 했소. 순은 익(益)을 시켜 불을 맡게 했오. 익이 산과

들의 무성한 초목에 불을 지르자 새와 짐승이 도망쳐 숨어 버렸소. 우(禹)는 아홉 강의 줄기를 뚫고 제수(濟水)와 탑수(漯水)를 훑어 바다로 뽑았고, 회수(淮水)와 사수(泗水)를 밀어 장강으로 뽑아 냈소. 그렇게 한 뒤에야 나라 안이 먹고살 수 있게 되었소. 그때 우는 팔 년 동안이나 외지에서 살았고, 세 차례나 자기 집 문 앞을 지나치면서도 들어가지 않았다고 하오. 그런 그가 농사를 지으려 했다 한들 농사를 지을 수 있었겠소? 농사짓는 것을 관리하는 후직(后稷)이란 관리가 있어 백성들에게 농사를 가르치고 오곡을 심게 하고 여물게 하여 백성들이 살게 되었소."

머리를 쓰는 사람과 몸을 쓰는 사람은 저마다 할 일이 따로 있다. 다스린다는 것은 나만을 이롭게 하는 것에만 그치는 것이 아니라 모든 사람들이 이롭게 되는 방책을 찾아 실현하는 일이다. 익이 불을 질러 새와 짐승을 쫓아야겠다는 생각을 낸 것은 머리를 쓴 것이며, 홍수로 인한 재앙을 없애기 위해 물줄기를 틀어 범람하는 물을 바다로 밀어내야 한다는 생각 역시 머리를 쓴 것이다.

몸보다는 마음을 써야만 그 이익이 더 크게 펴질 수 있다. 그래서 마음을 수고롭게 하는 자를 대인이라 하고, 몸을 수고롭게 하는 자를 소인이라 불렀던 것이지, 대소를 두고 귀천(貴賤)을 따져 저울질했던 것은 아니다. 마음의 수고와 몸의 수고는 삶을 위해서 모두 똑같이 귀할 뿐이다.

몸으로 할 수 있는 일은 몸으로 하고, 마음을 써야 할 수 있는 일은 마음을 써서 해야 한다. 다스리는 일은 힘이 아니라 어진 것이어야 하므로 마음을 먼저 써야 한다. 마음을 쓰는 자가 다스리고 몸을 쓰는 자가 다스림을 받는 것은 삶을 영위하기 위해서는 어쩔 수 없는 일이다.

한 개인을 두고 보면 마음과 몸을 함께 써야 할 일이 많지만, 나라를 다스리는 일에서는 크든 작든 마음 쓰는 일을 근본으로 삼아 맡은 일을 마무리해야 한다. 그러니 진상의 편견은 너무나 좁다. 좁은 마음이 아집(我執)에 걸려들면 마음속은 눈뜬 봉사가 되어 아무것도 분별할 줄 모르게 된다.

9

인륜은 바뀌지 않는다

사람이 개가 되고 개가 사람이 될 수는 없다. 무궁화가 해바라기로 둔갑할 수 없고 가재가 지렁이로 탈바꿈할 수는 없다. 흙이 물이 될 수 없고 바람이 돌이 될 수 없다. 이러한 이치를 아는 것을 윤(倫)이라고 한다. 그러니 인륜(人倫)이라 함은 사람이 사람으로 존재해야 하는 이치를 말하는 것이다.

만물은 저마다의 윤리(倫理)에 따라 살기도 하고 죽기도 한다. 있다가 없어지는 것이 천지의 이치요, 그러한 이치 역시 존재의 윤리를 의미한다. 노자는 이를 일러 '유생어무(有生於無)' 라고 했다. 모름지기 있는 것〔有〕은 없는 것〔無〕에서 생겨난다.

태어난 것은 무엇이나 되돌아간다. 태어나기 전을 무(無)라고 생각하면 태어난 것〔有〕이 무(無)로 되돌아간다는 것은 틀림없다. 왔다가 되돌아가는 것을 생사(生死)라고 한다. 생사의 사이에 만물은 저마다 지니고 지켜야 할 도리가 있다. 사람의 도리란 무엇일까? 그것을 일러 말해 주는 것이 곧 인륜이다.

인륜은 사람이 사람으로서 살아가는 길을 마련해 준다. 인륜은 인도(人道)이고, 조륜(鳥倫)은 조도(鳥道)인 셈이다. 새가 사람처럼 살 수 없고 사람이 새처럼 살 수는 없다. 그래서 사람이 인륜을 벗어나면 겉모습은 사람일지 몰라도 그는 사람이 아니다.

노장은 목숨이 짓는 삶은 어떤 것이든 다 같다고 보았지만, 공맹은 그렇지 않다고 보아 사람과 짐승은 다르다〔人獸之辨〕고 했다. 사람의 삶과 짐승의 삶은 왜 다른가? 맹자를 그 이유를 이렇게 밝힌다.

"사람의 삶에는 방도가 있다〔人之有道也〕. 그 방도는 배불리 먹고 따뜻하게 입고 편안하게 사는 것이며, 교육이 없다면〔飽食煖衣逸居而無敎〕 새와 짐승에 가까워진다〔則近於禽獸〕."

살아 있는 모든 목숨은 포식(飽食)하기를 바란다. 굶고 배고프기를 바라는 목숨은 없다. 그래서 새들은 모이를 찾아 날아다니고 짐승은 먹이를 찾아 들판을 헤매는 것이다. 사람은 일하다가도 때가 되면 배를 채워야 한다. 배불리 먹어야 한다는 점에서 인간 역시 새나 짐승과 같다.

추위에 떨기를 좋아하는 목숨은 없다. 저마다 체온을 유지하려고 난의(煖衣)를 걸친다. 난의는 몸을 따뜻하게 해 주는 옷이다. 사람은 옷을 지어 입고 짐승은 제 몸에 털을 길러서 옷을 입는다. 이처럼 몸이 따뜻하기를 바라는 점에서도 사람과 짐승은 다를 바가 없다.

모든 목숨은 편안히 살기를 바란다. 총소리가 나면 날던 새도 숨고 뛰놀던 짐승도 도망간다. 위험 앞에서 두려워하는 것이 목숨의 본능이다. 모든 목숨은 건강하고 튼튼하기를 바란다. 병들어 앓기를 바라는 목숨은 없다. 편안한 삶을 바라는 것으로 본다면 사람이나 짐승이나 다를 바가 없다.

그러나 오로지 인간에게만 가르치고 배우는 고도의 방도가 있다. 그러한 방도를 교(敎)라고 한다. 이러한 교는 짐승의 어미가 그 새끼에게 가르쳐 주는 방도와는 아주 다르다. 짐승의 어미는 새끼가 몸으로 익히도록 가르치지만 사람이 가르치고 배우는 것은 마음을 트게 한다. 모든 목숨에는 나름대로 제 마음이 있을 것이다. 하지만 사람의 마음만은 신비로울 만큼 영험(靈驗)하다. 영험이란 무엇일까? 느낌으로 그치지 않고 생각하는 능력을 낳는 자궁과 같은 것이 영(靈)이요, 그 영을 마음을 써서 실천에 옮길 수 있는 것이 험(驗)이다. 오로지 사람만이 교를 통해 영험의 폭과 깊이를 넓혀 갈 수 있는 능력이 있다. 인간은 이러한 능력을 지닌 까닭에 새나 짐승과는 다르다.

사람이 사람다워지려면 무엇을 배우고 가르쳐야 하는가? 맨 처음 이런 고민을 한 사람을 성인(聖人)이라고 한다. 성인은 부자가 되는 법이나 출세하는 방법을 가르치지 않는다. 사람이 사람다워지는 법을 가르치는 선생의 길을 걷는 분이 성인이다. 맹자가 순 왕을 성인으로 칭하는 것은 백성을 다스리되 인륜을 가르쳐 다스렸던 까닭이다.

순 왕은 사람이 짐승처럼 되는 것을 걱정했다. 짐승의 세상에서는 강하면 살고 약하면 먹힌다. 사람은 그렇게 살아서는 안 된다는 것을 순 왕은 설(契)이란 신하를 시켜 가르치게 했다. 맹자는 이를 들어 이렇게 인륜의 근본을 밝히고 있다.

"성인(순 왕)에게는 백성이 짐승 같아질 수 있다는 걱정이 있었다〔聖人有憂之〕. 그래서 설이란 신하를 시켜 교육을 담당하는 관리로 하여금 인륜을 가르치게 했다〔使契爲司徒敎以人倫〕. 어버이와 자녀 사이에는 친밀함이 있어야 하고〔父子有親〕, 왕과 신하 사이에는 의로움이 있어야 하며〔君臣有義〕, 부부 사이에는 분별이 있어야 하고〔夫婦有別〕, 벗과 벗 사이에는 믿음이 있어야 한다〔朋友有信〕."

인륜은 곧 오륜이다. 조선조의 삼강오륜은 지나치게 형식에 치우쳐 사람을 옥죄었던 흠이 있었다지만 인간이 절대로 잊어서는 안 되는 것이 곧 오륜이다. 아무리 세상이 바뀌어도 오륜을 벗어나면 인간은 야수처럼 돌변할 수 있다.

부자유친(父子有親)의 친(親)은 서로 사랑함이다. 그러한 사랑을 효제라고 한다. 효는 목숨을 물려준 어버이를 받들어 섬기고 모시는 마음이요, 제는 나이 든 자가 나이 어린 자를 감싸고 돌봐 길러 주고 키워 주는 마음이다. 이러한 마음이 있어야 목숨이 소중하고 삶이 귀중한 것인지를 알아 세상을 행복한 보금자리로 만들 수 있다.

군신유의(君臣有義)의 의(義)는 선을 행하고 악을 물리치는 것이다. 선을 행하고 겸손한 것이 곧 의이며, 악을 보고 부끄러워하는 것 또한 의이다. 왕이 선을 행하면 칭송하는 것이 신하의 의이며, 왕이 악을 행하면 서슴없이 직언하는 것 또한 신하의 의이다. 이러한 의를 실천하는 것을 충이라고 한다.

왕과 신하 사이에 있어야 하는 의에는 이가 없다. 이익을 따져 이익이 되면 충성하고 손해가 되면 되돌아서는 것은 간신의 짓이다. 세조 때의 한명회(韓明澮, 1415~1487)는 경륜을 앞세워 세상을 호령했지만 역사의 입장에서 보면 간신의 줄에 서야 하고, 세조가 왕위를 빼앗은 것은 악이라며 목숨을 바쳐 단종을 모셨던 사육신(死六臣)을 역사는 충신으로 기록한다.

지금 충신이 몇 명이나 있다고 보는가? 의보다는 이에 따라 아군이 되기도 하고 적군이 되기도 하는 것을 쉽게 볼 수 있는 것으로 보아 신하는 없고 무리〔徒黨〕들이 득세하는 세상이라고 봐도 틀리지 않을 것이다.

부부유별(夫婦有別)의 별(別)은 남편과 아내 사이에서 남편이 다 같은 남자가 아님을 아는 것이 아내의 별이요, 남편은 아내가 다 같은 여자가 아님을 아는 것이 남편의 별이다. 이러한 별을 지킨다면 간음(姦淫)도 일어나지 않을 것이요, 간통(姦通) 따위도 일어나지 않을 것이다. 하지만 조선조의 사대부들은 첩을 두고 호사를 했다니 남편들이 별을 짓밟았던 것이고, 지금은 남편이 바람나면 아내도 덩달아 바람을 피우는 세상이 되었으니 부부유별은 난장판이 되고 말았다.

장유유서(長幼有序)의 서(序)는 앞뒤가 바르고 위아래가 바르게 서 있음을 말한다. 선후(先後)는 탄생의 순서를 말하고 상하는 직위의 고하(高下)를 말한다. 인간관계에서는 선후를 따라 질서를 잡고, 업무 관계에서는 상하를 따라 질서를 잡는다. 그러나 그 질서는 군림하고 복종하는 것이 아니라 서로 존경하고 돕는 마음으로 질서를 잡는 것을 말한다. 삶의 질서가 이러하다면 무례함도 없을 것이며 하극상(下剋上)도 없을 것이다.

선(先)이 오만하면 후(後)도 방자해진다. 상(上)이 거만하면 하(下)도 당돌해진다. 이렇게 되면 삶은 어긋나고 뒤틀리며 덧나고 만다. 그래서 예는 서로 사양(辭讓)하라는 것이다. 사양은 나를 앞세우기 전에 남을 먼저 앞세우라 함이다. 내가 존경받고 싶다면 남을 먼저 존경하라 함이 곧 사양이다. 사양할 줄 모르고 요구할 줄만 아는 세상은 장유유서가 부서진 꼴이다.

붕우유신(朋友有信)의 신(信)은 선한 마음을 믿고 신용하라 함이다. 신은 마음을 믿을 것이지 그 밖의 다른 것은 문제삼지 말라고 한다. 서로 마음을 주고받아 믿음을 엮는 것을 화라고 한다.

그대여, 삶의 행복을 바라는가? 그렇다면 어울림〔和〕에서 떠나지 마라.

"덕이 많은 사람은 어울리되 패거리를 짓지 않고〔君子和而不同〕, 덕이 없는 사람은 패거리를 짓되 어울리지 못한다〔小人同而不和〕."

공자의 이 말은 붕우유신의 신(信)이 어떤 것인가를 살펴 듣게 한다. 달면 삼키고 쓰면 뱉는 사람은 벗을 사귈 수 없다. 벗은 선을 위해 동고동락한다. 이것이 벗과 벗 사이의 신이다.

인간 교육의 근본은 어디에 있는가? 삶의 수단을 가르치기에 앞서 바르고 제대로 살아가는 길을 열어 주는 것이 교육의 근본이다. 근본에서 벗어난 교육은 전투에 필요한 장비를 제공해 주는 것에 그치기 쉽다. 오늘날의 교육을 보라. 저마다 살촉을 만드는 장인이 되는 방법만을 가르칠 뿐, 갑옷을 만드는 장인이 되는 방법을 가르치는 일은 뒷전으로 밀어내고 있다. 살촉을 만드는 사람은 혹시나 자기가 만든 살촉이 남을 상하게 하지 않을까 봐 걱정하고, 갑옷을 만드는 사람은 자기가 만든 갑옷이 남을 상하게 할까 봐 걱정한다고 맹자는 말했다. 그러나 맹자가 밝히는 교육은 뒷전으로 물러나고 말았다. 그래서 세상은 후레자식과 망나

니들이 난장판을 벌이려고 덤벼들고 있다.

남에게 재물을 베푸는 것을 혜(惠)라 하고, 선을 가르치는 것을 충(忠)이라 하고, 천하를 위해 인물을 얻는 것을 인(仁)이라 한다 [分人以財謂之惠 敎人以善謂之忠 爲天下得人者謂之仁也].

10

양(量)으로 값을 매기지 마라

맹자는 진상에게 오륜을 들어 인륜을 밝힌 다음 성인의 가르침을 배반하지 말라고 충고한다. 진상은 초 나라에 있을 때는 진량의 제자였으나 등 나라로 온 뒤로는 허행의 제자 노릇을 했다. 그러면서 공자의 가르침보다는 신농의 가르침이 더 낫다면서 맹자에게 반론을 제기하기도 했다.

진량은 초 나라에 살던 유자(儒者)로, 유가 사상(儒家思想)이 일천하던 곳에서 인륜을 전파했던 사람이다. 그러나 허행은 신농의 가르침을 받아 농사짓는 사람이 되는 것이 유가의 인륜보다 낫다고 여겼다. 맹자는 진상에게 사람이 농사를 짓기 전에 먼저 사람이 되어야 함을 밝힌 다음, 인간의 도리가 무엇인지를 설파한다.

"나는 하 나라의 것으로 미개한 나라를 고친다는 말은 들었지만, 미개한 나라의 것으로 하 나라를 변화시킨다는 말은 듣지 못했소. 진량은 초 나라 태생이지만 주공과 공자의 도를 기뻐하여 북방 중국에 와서 배웠소. 그러나 북방의 학자들도 진량보다 앞서지 못했으니 그분은 걸출한 분이었지요. 당신의 형제들은 진량을 수십 년 동안 섬기다가 그분이 죽자 배반했단 말이오."

맹자는 인륜을 가르쳐 준 선생을 배반한 진상에게 옛일을 떠올려 주어 잘못을 뉘우쳐 주려고 했다. 공자가 죽은 뒤 삼 년 후 제자들은 짐을 꾸려 저마다 제 집으로 돌아가면서 자공(子貢)에게 읍을 하고 서로 마주하여 울었다고 한다. 어찌나 울었는지 다들 목이 쉬도록 울다가 돌아갔다고 한다. 그런 다음 자공은 또다시 삼 년을 공자의 무덤 가에서 움막을 짓고 혼자 지내다 공자의 무덤을 떠났다. 인륜을 가르쳐 준 선생을 잊을 수 없어 그렇게 했던 것이다.

공자의 제자 중에 유약(有若)이란 사람이 있었다. 그는 공자보다 십삼 년 연하였다. 공자가 죽을 무렵, 유약은 예순이 넘었을 것이다. 그런데 유약의 언행과 기상, 용모가 공자를 닮아 비슷했던 모양이다. 이에 공자의 젊은 제자였던 자유(子游)와 자장(子張)은 증자에게 유약을 성인으로 모시자고 청했다. 그러나 이 말을 들은 증자는 단호하게 거절하며 말했다.

"안 되오. 공자의 덕은 장강과 한수가 빨아 주는 것 같고, 가을 햇볕이 쏟아져 맑고 흰 것 같아 그렇게는 할 수 없소."

공자의 덕은 생사로써 변할 수 없음을 밝힌 셈이다. 공자의 몸을 섬긴 것이 아니라 공자의 정신을 섬겼으니 공자의 육신이 있고 없고는 문제될 필요가 없다는 것이다.

이와 같은 옛일을 말한 다음 맹자는 진상의 됨됨이를 직언해 주었다.

"이제 남방 미개인이 왜가리같이 떠벌리는 자가 선왕의 도를 비난하는데, 당신은 당신의 선생을 배반하고 허행에게 배운다고 하니 당신은 역시 증자하고는 다르시구려. 나는 깊은 골짜기에서 나와 큰 나무가 있는 곳으로 옮겨갔다는 사람의 이야기는 들어 봤어도 큰 나무가 서 있는 곳을 떠나 깊은 골짜기로 옮겨갔다는 사람의 이야기는 들은 바가 없습니다."

맹자가 비유한 큰 나무는 성인일 것이다. 큰 나무 그늘에서 쉬는 것처럼 성인의 품을 떠나지 않는다면 누구나 편안히 살 수 있음을 맹자는 말하고 있는 것이다. 맹자의 꾸짖음은 《시경》의 〈노송(魯頌)〉에 나오는 시구로 다시 이어진다.

'융(戎)과 적(狄)을 치고〔戎狄是膺〕, 형(荊) 나라와 서(舒) 나라를 징벌해 주자〔荊舒是懲〕.' 주공은 늘 격파하려고 했는데, 지금 당신은 그것을 배우고 있다니 역시 사람은 잘 변화하지 않는 모양이오."

주공은 중국 문화를 대표하는 인물이며, 공자는 인륜을 널리 가르친 성인이다. 맹자는 특히 인륜을 가볍게 여기는 종족을 야만인이라고 불렀는데, 융(戎)은 서쪽의 야만인이고, 적(狄)은 북쪽의 야만인이었다. 주공은 인륜을 모르고 짐승처럼 굴었던 융적(戎狄)을 격파해 인륜을 아는 백성으로 만들려고 했다. 형(荊)은 초 나라의 다른 이름이고, 서(舒)는 초 나라에 인접해 있던 나라이다. 초 나라와 서 나라는 항상 주 나라에 복종하지 않았다. 진상은 초 나라 태생이었으니, 맹자는 진상에게 야만인을 가르쳐 인륜을 아는 인간으로 변화시키기는 어렵다는 것을 실토한 셈이다.

비난을 받은 진상은 맹자에게 반격을 시도했다.

"허행의 이론에 따르면 시장의 물가는 서로 다르지 않고, 나라 안에는 거짓이 없어서 어린아이를 시장에 보내도 그 아이를 속이는 일이 없고, 베와 깁은 서로 길이가 같으면 값이 같고, 마포와 명주도 무게가 같으면 서로 값이 같고, 오곡도 양이 같으면 서로 값이 같고, 신도 크기가 같으면 값이 같다고 합니다."

진상은 이렇게 신농의 가르침을 따른다는 허행의 말을 들어 허행이 좇는 도가 유가의 도보다 실생활에서 더 낫지 않느냐고 말하고 있는 것이다.

진상의 반격을 들은 맹자는 이렇게 타일렀다.

"대체로 물품의 질이 같지 않다는 것은 물질의 참 모습이오. 자고로 물품에는 서로 한 배나 다섯 배, 혹은 열 배나 백 배, 천 배나 만 배의 차이가 있는 법인데 당신은 양만 맞춰서 값을 같게 하고 있소. 그런 짓은 세상을 어지럽힐 뿐이오. 굵게 삼은 신발과 가늘게 삼은 신발의 값이 같다면 어느 누가 힘을 더 들여 가늘게 신발을 삼으려 하겠소? 허행의 이론을 따른다면 서로 끌고 나와 거짓을 범하는 것에 불과한데, 그것으로 어찌 나라를 다스릴 수 있단 말이오?"

양으로만 값을 따진다면 모든 물품이 불량품이 되어도 그만이다. 그러나 질로 값을 따지게 되면 불량품은 허용될 수가 없다. 인간의 품성도 이와 같다. 겉모습만으로 인간의 됨됨이를 따진다면 세상은 삽시간에 난장판이 되고 말 것이다.

빛깔 좋은 독버섯은 눈에 보기에는 좋을지 몰라도 먹으면 죽는다. 마찬가지로 겉만 보고 인품을 따지는 세상은 타락하고 방탕할 수밖에 없다. 인륜을 무시하고 몸매만 가꾸는 지금 세상은 분명 물질로 보면 문명 사회이지만 인륜으로 보면 미개 사회일 뿐이다. 맹자는 이러한 뒤틀림을 걱정하고 있는 것이다.

속마음도 절실하면 드러난다

묵가(墨家)의 한 사람이었던 이지(夷之)가 맹자의 제자 서벽(徐辟)을 통해 맹자를 만나자고 했다. 서벽이 맹자에게 그 사실을 아뢰었으나 맹자는 몸이 불편해 만날 수 없다며 다음에 만날 것을 약속했다. 그 뒤에 다시 이지가 서벽을 통해 맹자를 만나고자 하자 맹자는 그제서야 만날 수 있다고 하며 이렇게 말했다.

"정공법으로 나가지 않으면 도가 나타나지 않는다. 나는 정공법으로 나가겠다. 내가 듣기로 이지는 묵가이다. 묵가에서는 장사를 지냄에 있어 박하게 하는 것을 정도로 삼고 있다. 이지는 그렇게 하는 것으로 천하의 풍속을 바꾸려고 하니, 그가 어찌 박하게 치르는 장례를 옳지 않다고 여길 것이며 존중하지 않겠느냐? 그런데 이지는 자기의 어버이를 후하게 장사지냈다고 하니, 그런 짓은 천하게 여기는 것을 가지고 어버이를 섬긴 셈이다."

서벽이 이지에게 맹자의 말을 전하자 이지는 이렇게 말했다.

"유자(儒者)의 도로 말한다면 옛 사람들은 아기를 보살피듯이 했다는데, 그 말은 무엇을 두고 한 말인가? 나는 그 말이 사랑에는 차등이 없고, 사랑을 베풀려면 친족에서부터 시작해야 한다는 뜻이라고 생각되네."

이지는 묵가의 겸애설(兼愛說)이 유가의 인(仁)에 위배되지 않음을 넌지시 밝히고 박장(薄葬)을 주장하고 있지만 그 속에는 자신의 어버이를 후하게 장사지낸 것이 뭐가 잘못이냐는 의미가 숨겨져 있다.

서벽이 다시 맹자에게 이지의 말을 전하자 맹자는 이렇게 밝혀주었다.

"정말로 이지는 자기 형의 아들을 사랑하는 것처럼 이웃집 아이들을 사랑한다고 믿는단 말인가? 그 자가 그렇게 말한 것은 따로 취할 바가 있어서 그런 것이다. 하늘이 만물을 생성하는 데는 한 가지 원칙이 있는데, 이지는 두 가지 원칙을 따르고 있다. 먼 옛날에 제 어버이를 매장하지 않은 자가 있었는데, 그 자는 제 아비의 시신을 그냥 들어다가 산골짜기에 내다 버렸다. 며칠 뒤, 그 자는 골짜기를 지나다가 여우와 너구리가 제 아비의 시체를 뜯어먹고 파리와 모기가 피를 빨아먹는 꼴을 보게 되었다. 그 광경을 본 그의 이마에는 진땀이 솟았고, 차마 더 이상 그 광경을 지켜볼 수가 없었던 아들은 집으로 돌아와 삼태기와 삽을 가지고 골짜기로 가 흙으로 아비의 시체를 덮었다고 한다. 이것은 남의 이목 때문에 그런 것이 아니라 제 속마음이 밖으로 드러난 것뿐이다. 흙으로 덮는 것이 정말로 옳다면 효자나 인자한 사람이 그들의 어버이를 덮는 데에도 반드시 방법이 있어야 할 것이다."

다음 날 서벽은 이지에게 맹자의 말을 전했고, 맹자의 말을 전해들은 이지는 서벽에게 '잘 알았습니다'라는 말로 승복하고 말았다 한다.

맹자는 장례치르는 일을 예로 들어 사람이 사는 방도를 밝히고 있다. 아무렇게나 살다 죽더라도 한평생임에 틀림없다. 그러나 사람이라면 그 방법을 찾아 제대로, 바르게 살아야 한다. 유가는 그러한 방법을 사랑하고〔仁〕, 부끄러워할 줄 알고〔義〕, 선을 가르치고〔忠〕, 남의 허물을 잡지 않고〔恕〕 사는 것이라고 밝힌다.

유가는 사람이 죽으면 정성을 다해 장사를 치르라 하고, 묵가는 그렇게 하는 것을 천하게 여겨 박장(薄葬)을 주장한다. 이미 죽은 자에게 예를 갖추려면 산 사람이 애를 먹어야 한다는 것이 박장의 속셈이다. 죽은 사람을 함부로 대하면 세상은 전쟁터와 다를 바가 없어질 것이다. 적군의 총탄에 맞아 쓰러진 병사의 해골이 땅바닥에 뒹구는 모습을 보고 어느 누가 마음이 편하겠는가? 죽은 자를 애도함에 있어 예의 근본에 따라 치러야 하는 이유는 살다가 간 목숨이 소중한 까닭이다.

맹자는 묵가를 멀리했다. 묵가의 주장은 말만 앞설 뿐 마음의 성실을 바탕으로 이어질 수 없다고 보았던 까닭이다. 묵가는 검약(儉約)을 주장했다. 맹자인들 물건을 아끼고 소중히 하라는 검약을 반대할 리가 없다. 그러나 입으로만 검약을 외치는 것은 아무 소용이 없다는 것을 맹자는 알았다.

묵가는 겸애(兼愛)를 주장했다. 내 몸처럼 남을 사랑하라는 것이 겸애이다. 그러나 맹자는 겸애가 그렇게 말처럼 쉽게 될 수 있는 거냐며 의심했다. 나부터 수신(修身)하고 수기(守己)한 다음에야 가능한 것을 어찌하여 다 함께 그러려고 하는지를 의심했던 것이다.

묵가는 비전(非戰), 즉 전쟁을 하지 말 것을 주장했다. 그러나 맹자는 전쟁 없는 세상은 현실적으로 가능하지 않다는 사실을 직시했다. 폭군을 몰아내고 왕도를 세우기 위해서는 주 나라 무 왕이 은 나라의 폭군인 주를 물리쳐야 했던 것이다. 악을 범하는 폭군이 있다면 징벌해야 한다. 이것이 유가의 현실적인 진단이다.

말과 행동이 일치하지 않는다면 말을 하지 마라. 성인의 말은 수사학적인 것이 아니라 실제로 삶에서 이루어지는 지혜의 길일 뿐이다. 내가 남을 사랑하면 그도 나를 사랑할 것이요, 내가 남을 미워하면 그도 나를 미워할 것이다. 성인은 이렇게 사랑을 말하지만 무조건 사랑하라고 고집하지는 않는다.

그대여, 사랑받고 싶은가? 그렇다면 사랑을 요구하지 말고 먼저 남을 사랑하라. 공맹의 도는 이러한 논리로 펼쳐진다. 묵가들처럼 겸애설을 부르짖으며 그럴싸한 능변으로 넘어가지 않는 것이 바로 맹자의 도이다.

돈이나 권력 앞에 굽실거리지 마라

왕이 맹자를 만나자고 했다. 그러나 맹자는 왕의 부름에 응하지 않았다. 이에 맹자의 제자인 진대(陳代)가 말했다.

"왕을 만나지 않겠다고 하시는 걸로 보아 선생님께서는 마음을 좁게 쓰시는 것 같습니다. 이제 한 번쯤 왕을 뵙고 그의 사람됨이 크면 그를 왕자(王者)로 만드시고 작으면 패자(覇者)로 만드실 일입니다. 옛 말에도 '한 자를 굽혀서 여덟 자를 곧게 한다' 고 했습니다."

진대의 말에 맹자는 이렇게 밝혀 주었다.

"옛날 제 나라의 경공(景公)이 사냥을 갔다. 그런데 깃발을 들어 사냥터를 지키는 신하〔虞人〕을 불렀으나 그가 오지 않자 경공은 그를 죽이려고 했다. 이를 두고 공자께서는 '지사(志士)는 시궁창에 던져질 것을 잊지 않고, 용사(勇士)는 자기의 목을 잃게 될 것을 잊지 않는다' 고 하셨다. 법도에 맞추어 부르지 않으면 가지 않는다는 것을 일깨워 주신 것이다."

'사냥터에서는 대부를 정(旌)이라 부르고, 관리는 활로 부르며,

우인(虞人)은 피관(皮冠)으로 부른다' 고 《좌전(左傳)》의 〈소공(昭公) 25년 12월〉 조(條)에 나온다. 정(旌)은 대나무 끝에 새의 깃털을 단 깃발이고, 피관(皮冠)은 가죽으로 만든 모자 같은 것을 말한다. 이처럼 사람을 부르는 데도 그 법도가 있는 법이다.

제 나라 경공이 우인을 불렀을 때 자신을 부르는 걸 알면서도 응하지 않았던 것은 경공이 마구잡이로 우인을 불렀기 때문이다. 맹자는 옛일을 들어 왕일지라도 법도에 따라 아랫사람을 불러야지 마음대로 해서는 안 된다는 것을 진대에게 가르쳐 주고 있는 것이다.

'법도에 어긋나면 왕이 불러도 응하지 않는다.'

이 말은 실리(實利)를 따져 이득이 되면 꼬리를 흔들고 손해가 되면 꼬리를 접는 세상에서는 통하지 않는다.

의(義)에 따라 생각하고 행동하는 사람은 의에 어긋나는 일이면 어떠한 일이라도 받아들이지 않지만 이해득실(利害得失)을 따져 셈을 하지는 않는다. 이(利)에 따라 생각하고 행동하는 사람은 먹이를 줄 것 같으면 굶은 것처럼 꼬리를 살랑거리며 굽실거리는 시늉을 한다. 이것은 마음이 곧지 못해서이다.

사람이란 무엇인가? 곧음〔直〕이다. 이렇게 인간을 정의한 공자의 말을 잊지 말아야 한다. 진대는 의가 아니면 응할 수 없다는 마음가짐이 어떤 것인가를 몰랐던 것이다.

그러면서 맹자는 또다시 말을 이었다.

"만일 우인이 법도에 맞게 초청하기를 기다리지 않고 가서 만났다면 어찌 되었겠느냐? 한 자를 굽혀 여덟 자를 곧게 한다는 것은 이익을 앞세워 그렇게 한 것이다. 만일 여덟 자를 굽혀 한

자를 곧게 하여 이롭다면 할 수 있겠느냐?"

그러면서 맹자는 조간자(趙簡子)와 왕량(王良)의 고사를 들어 자상하게 진대를 타일러 주었다. 조간자는 진 나라의 경(卿)이었고, 왕량은 조간자의 수레를 몰던 하인이었다. 경은 정승이나 장관급에 해당하는 벼슬이다.

하루는 조간자가 왕량을 시켜 사냥 나간 해(奚)의 수레를 끌어 주라고 했다. 해는 조간자가 총애하던 신하였다. 해는 왕량이 모는 수레를 타고 온종일 사냥을 했지만 단 한 마리도 잡지 못했다. 그러자 해는 조간자에게 왕량을 천하에 몹쓸 수레꾼이라고 모함했다. 어떤 사람이 이를 왕량에게 일러 바쳤다. 이 말을 들은 왕량은 다시 한번 해의 수레를 몰겠다고 스스로 청했다. 그런데 이번에는 반나절도 못 되어 열 마리의 새를 잡을 수 있었다. 그러자 이번에는 조간자에게 왕량은 천하에 둘도 없는 훌륭한 수레꾼이라며 아첨을 떨었다.

그런 일이 있은 뒤, 조간자는 왕량에게 앞으로 계속해서 해의 수레를 몰게 해 주겠다고 말했다. 이에 왕량은 거절하며 말했다.

"제가 그를 위해서 법도대로 수레를 몰았을 때는 하루가 지나도록 새 한 마리 잡지 못했습니다. 그러나 법도에 어긋나게 수레를 몰았더니 아침나절 동안에만 열 마리의 새를 잡을 수 있었습니다. 저는 소인의 수레를 모는 데는 익숙치 않으니 거두어 주시기 바랍니다."

맹자는 이처럼 진대에게 조간자와 왕량의 고사를 들려 준 다음 다시 말을 이었다.

"수레를 모는 사람조차도 활 쏘는 사람에게 아부하기가 싫어

새와 짐승을 산더미같이 잡는다 해도 그런 짓은 하지 않겠다고 했네. 그런데 도를 어기면서까지 왕을 따라간다면 어떻게 되겠는가? 자네는 잘못을 범하고 있는 것일세. 자기를 굽히는 자 중에 남을 곧게 한 아직까지 없었다네."

공자는 낚시질은 하지만 그물질은 하지 않는다고 말했다. 욕심을 부린다 해도 법도에 어긋나게 하지는 않겠다는 말이다. 모로 가도 서울만 가면 그만이라고 여기는 세상에서 법도를 따지는 공맹의 태도가 시시콜콜하게 여겨질 수도 있다. 그러나 법도를 어기면서 살려고 하다 보니 삶의 질서를 잃고 난장에 나온 투사들처럼 인생을 멱살잡이로 후려치고 있는 것이 아닌가?

돈이나 권력 앞에 굽실거리지 마라. 그것은 자기 스스로를 시궁창에 처박고 썩기를 기다리는 꼴과 같다. 땀 흘린 만큼 벌어들인 재물이거나 자기 능력껏 부끄럼 없이 이룩한 권력이어야만 낚시질로 낚아 올린 한 마리의 물고기처럼 부끄러울 것이 없다. 훔쳐서 긁어모은 재물이나 권모술수로 낚아챈 지위는 양어장에 몰래 들어가 그물질로 남의 고기를 도둑질해 온 것밖에는 안 된다.

삶의 법도를 따른다 함은 법으로 정한 규정을 맹목적으로 따른다는 뜻이 아니다. 부끄럼 없이 사는 것이 곧 삶의 법도를 따름이다. 왕은 왕 대접을 받아야 하고, 신하는 신하 대접을 받아야 한다. 호랑이 없는 골에 토끼가 왕 노릇하는 식으로 세상을 엮거나 꾸려 나간다면 단 하루도 편할 수가 없다.

공리(功利)와 정도(正道) 중에 어느 길을 갈 것인가? 진대는 맹자에게 공리의 길을 걷자고 했다가 꾸중을 들었다. 공리는 일한 대가를 따져 이익을 챙기면 그만이지만, 정도에는 공치사를 바라거나 공을 두고 다투는 일이 없다. 왜냐하면 정도에는 덕이 앞서기 때문이다. 덕은 언제나 손익을 공평하게 하여 손해를 보는 쪽과 이익을 보는 쪽으로 나누지 않고 모두 다 이롭게 한다. 이것이 삶의 법도를 세우는 기준이다. 맹자는 이러한 기준에서 벗어나 살지 말라고 한다.

논공행상(論功行賞)의 속셈이 없다면 이미 정도의 문턱에 다다른 셈이다. 정도를 걸으라는 맹자의 말을 듣고 진대가 소인의 길에서 벗어나 대인의 길로 접어들 수 있었다면 진대는 맹자의 제자로서 손색이 없을 것이다.

지사는 시궁창에 던져질 것을 잊지 않고, 용사는 제 목을 잃을 것을 잊지 않는다 [志士不忘在溝壑 勇士不忘其元].
구학(溝壑)은 '시궁창' 이란 뜻이다.
원(元)은 '머리' 를 뜻한다.

자기를 굽히는 자 중에 남을 곧게 한 자는 아직까지 없었다 [枉己者 未有能直者也].
왕(枉)은 '휘어 굽어지게 한다' 는 뜻이다.

대장부는 떳떳하고 의젓하다

장부(丈夫)는 큰사람을 뜻한다. 대장부(大丈夫)는 그보다 더 큰 사람을 말한다. 무엇이 크단 말인가? 몸집이 커서 힘이 세거나 권세가 있어서 권력을 휘둘러 크다는 것이 아니다. 마음의 도량이 커야 장부도 되고 대장부도 된다. 마음이 크려면 덕이 있어야 한다. 덕이 없으면 어느 누구도 장부나 대장부가 될 수 없다. 장부는 떳떳하고 의젓하다.

졸장부(拙丈夫)는 반대로 좁은 사람을 말한다. 허우대가 아무리 근사해도 마음이 좁은 사람은 졸장부다. 사촌이 땅을 사면 배 아파하는 자가 졸장부의 표본이다. 졸장부에게 힘이 붙으면 그 인생은 가관이다. 드세고 건방을 떨며, 세상을 얕보고 할 짓, 못할 짓을 분간하지 못한다. 졸장부는 쩨쩨하고 비굴하다.

경춘(景春)이란 종횡가(縱橫家)가 있었다. 종횡가란 지금의 국제 로비스트를 말한다. 말하자면 나라와 나라 사이의 이해(利害)를 거간하고 흥정해서 재물과 영달을 얻는 자인 것이다.

경춘이 맹자를 만나 이렇게 말했다.

"공손연(公孫衍)과 장의(張儀)가 어째서 대장부가 아닙니까? 그들이 노하면 제후들이 두려워했고 그들이 편안히 있으면 세상이 잠잠했답니다."

맹자는 경춘의 말을 듣자마자 그를 질타하며 말했다.

"그렇게 해서야 어떻게 대장부가 될 수 있단 말인가? 당신은 예를 배우지 않았소? 사내가 벼슬길에 오르면 아버지가 명을 내리고, 딸이 출가하면 어머니가 '시댁에 가서는 반드시 어른을 공경하고 조심하여 남편의 뜻을 어기지 말라' 고 명을 내리오."

가재는 게 편이다. 경춘은 종횡가가 되고 싶어했으니 당연히 전국 시대 말엽 세 치 혀로 세상을 주물렀던 공손연과 장의를 흠모했을 것이다. 장의는 위 나라 사람이었지만 진 나라로 들어가 혜 왕을 도와 진 나라에 대항하는 무리들을 설복시켜 재상의 자리에 앉았다. 그리고 공손연은 장의가 죽자 그 자리를 낚아채 재상을 누렸다. 이들은 모두 세 치 혀로 제후들을 움직여 세상을 주물렀던 종횡가의 표본이다. 공손연과 장의가 득세하여 임금마저도 눈치를 보는 상황이었다고 하니 주종(主從)이 바뀐 셈이다. 맹자는 왕은 왕이고 신하는 신하여야 한다는 법도를 경춘에게 밝혀주고 있는 것이다.

권력을 바탕으로 세상에 군림한다고 해서 대장부가 되는 것은 아니다. 오히려 권력을 믿고 날아가는 새도 떨어뜨릴 수 있다고 호언하는 자가 있다면 그자가 곧 졸장부이다. 칼자루를 쥐었다고 겁 없이 칼을 휘둘러 대는 꼴은 망나니도 범하지 않는다.

대장부는 권력이나 재력 따위를 가지고 자신을 과시하지 않는다. 오로지 천하를 위하고 목숨을 소중하게 위할 뿐 그 밖의 것은 초개처럼 여긴다.

그러면서 맹자는 다시 말을 잇는다.

"천하라는 넓은 집에 살고 천하의 올바른 자리에 서고 천하의 대도를 실천하여 뜻을 이루면 백성과 함께 이루어 나가고 뜻을 이루지 못하면 홀로 자신의 길을 걸으며 산다. 부귀도 그의 마음을 흔들지 못하며 무력도 그를 굴복시킬 수 없는 경지가 되어야 대장부라 할 수 있는 거요."

천하를 하나의 가정으로 보는 사람, 모든 사람을 가족으로 여기는 사람, 이러한 사람이 맹자가 밝히는 대장부다. 세상을 다스리는 자라면 대장부의 정신을 지니고 있어야 한다. '군자는 어울리되 패거리를 짓지 않고〔君子和而不同〕 소인은 패거리를 짓되 어울리지 못한다〔小人同而不和〕' 고 공자가 이미 밝혀 두었다. 공자가 말하는 군자나 맹자가 밝히는 대장부는 같다. 어울릴 줄 모른다면 어찌 천하를 집으로 삼고 온 사람을 가족으로 끌어안을 것인가. 패거리를 지어 다툼을 하고 이긴 자가 진 자를 짓밟는 일들이 그치지 않는 세상일수록 대장부 정신이 필요하다. 패를 갈라 이해득실을 따져서 실속을 차리는 자가 어찌 대장부가 될 수 있겠는가. 맹자가 경춘을 질타한 속뜻이 어디에 있는가를 살펴 둘 일이다.

벼슬을 싫어할 사람은 없다

위 나라 사람 주소(周宵)가 맹자에게 물었다.

"옛날의 군자는 벼슬살이를 했습니까?"

맹자는 간단히 대답했다.

"그랬소."

주소가 맹자에게 이런 질문을 던진 것은 맹자를 딱하게 여긴 심사였을 것이다. 왜냐하면 주소의 눈에는 조금만 굽히면 높은 벼슬을 할 수 있는데도 벼슬을 멀리하는 맹자가 이상하게 보였을 것이기 때문이다. 어찌 맹자 같은 성현이 주소 같은 자의 속마음을 몰랐겠는가? 주소의 속셈을 읽은 맹자는 다시 말을 이었다.

"전해 오는 글을 보면, 공자께서는 석 달 동안 섬길 왕이 생기지 않으면 안타까워했고, 벼슬을 잃어 다른 나라로 갈 때에는 지(質)를 싣고 갔다고 하였소. 공명의(公明儀)는 석 달 동안 섬길 왕이 생기지 않으면 위문해 주었다고도 했소."

지(質)는 왕을 만날 때 들고 나가는 물건이다. 말하자면 신분을 나타내는 징표인 셈이다. 제후(諸侯)는 피백(皮帛)을 지로 들었고, 경(卿)은 고(羔)를 염소로, 경의 신분을 표시하는 지는 염소 모양을 본떴다. 대부(大夫)는 안(雁)을 들었다. 안(雁)은 기러기이다. 사(士)는 치(雉)를 들었다. 치(雉)는 꿩이다. 서민(庶民)은 목(鶩)을 들었다. 목(鶩)은 따오기이다. 그리고 공업이나 상업에 종사하는 이는 계(鷄)를 들었다. 계(鷄)는 닭이다.

공자가 다른 나라로 갈 때 자신의 신분을 표시해 주는 지를 싣고 갔다는 맹자의 말은 공자가 다른 나라에서 벼슬길을 모색하려고 했다는 것을 암시한다. 공자가 벼슬을 바랐던 것은 왕을 가르쳐 왕도를 걷게 하려던 것이었지 부귀와 영달을 바라고 그랬던 것은 아님을 맹자가 몰랐을 리 없다. 맹자는 공자를 성인으로 모셨다. 그런데 왜 맹자는 벼슬을 멀리한 것일까? 위 나라 사람 주소는 맹자의 심중을 헤아리지 못했던 모양이다.

국경을 나갈 때 지를 싣고 간 연유가 무엇이냐고 주소가 맹자에게 다시 물었다.

"선비가 벼슬을 사는 것은 농부가 농사를 짓는 것과 같은 거요. 농부가 국경을 나가기 위해서 어찌 밭 가는 쟁기를 버린단 말이오?"

맹자는 이렇게 주소를 깨우쳐 주었다.

공자는 왕을 왕자(王者)로 만들고 싶어했다. 힘으로 다스리는 군주가 아니라 인의로 다스리는 왕을 원했다. 석 달 동안 섬길 왕이 생기지 않으면 안타까워했던 공자를 되돌아보면 세상이 바르게 다스려지기를 갈망했던 그의 심중을 헤아릴 수 있을 것이다. 그러나 주소는 공자가 벼슬자리를 다급하게 기다렸다는 뜻으로 새기고 있으니 딱한 일이다.

"벼슬을 사는 것이 그 정도로 다급한 일이라면 왜 군자가 벼슬살이를 어려워하는 겁니까?"

주소가 맹자에게 다시 묻자 맹자는 이렇게 밝혀 주었다.

"옛 사람들은 벼슬을 살려고 하지 않았던 적은 없지만 정당한 방법을 따르지 않는 것은 싫어했다오. 정당한 방법을 따르지 않고 벼슬하러 가는 것은 구멍을 뚫고 들여다보는 짓에 불과하오."

급하다고 바늘 허리에 실 매어 바느질을 할 수는 없는 법이다. 손바느질을 하려면 실과 바늘이 있어야 하고 바늘귀에 실을 제대로 꿰어야만 바느질이 되는 법이다. 이것이 손바느질의 정당한 절차요, 방법이다. 맹자의 말은 벼슬살이의 정당한 방법 또한 절차의 법도가 있어야 한다는 의미다. 권모술수를 써서 벼슬자리를 약탈하거나 훙정해서 얻으려는 짓은 곧 구멍을 뚫고 몰래 들여다보는 짓에 불과하다.

공자가 석 달 동안 섬길 임금이 생기지 않아 안타까워했던 것은 벼슬자리가 다급해서가 아니라 왕자의 재목이 될 만한 왕이 생겨나지 않아서였으리라. 이를 주소가 헤아려 새겼을까? 그랬다면 주소는 맹자가 왜 벼슬살이를 멀리했는지도 알았을 것이다.

벼슬을 사고파는 세상에서 맹자의 말이 뚱딴지처럼 들릴 수도 있다. 벼슬자리를 고깃덩이로 생각한다면 남보다 먼저 물어야 제 몫을 찾아 먹을 수 있다고 다짐하기 때문이다. 벼슬을 의를 행하는 자리로 보지 않고 이익을 얻는 수단으로 보게 되면 나라는 썩고 세상은 망한다. 썩으면 아무것도 살지 못한다. 아무것도 살 수 없는 세상은 헛세상이다. 군자는 모두가 제대로 살 수 있는 세상을 만들기 위해 벼슬을 바랄 뿐이다.

군자는 벼슬살이에 힘쓰고 자신의 도를 널리 퍼뜨리려 한다. 벼슬살이를 통해 정의를 관철시키고 인을 행하며 예로써 기다리면서 삶을 엮는다. 그래서 군자는 벼슬살이를 하되 의젓하고 버젓할 뿐이다. 그러나 녹을 바라고 벼슬살이를 하면 구차스러워진다. 윗사람의 비위나 맞추고 권력 앞에 굽실거리며 아부하면 누구나 구차스러운 존재가 되고 만다. 구차하면 뻔뻔해지고 염치가 없어져 부끄러움을 잊어버린다. 또한 염치없이 굶은 개처럼 게걸스러워진다. 이보다 더 천한 것은 없다.

삶을 곁눈질로 보지 마라. 삶을 눈치 하나로 재서 속셈대로 재단하려고 하지 마라. 그러면 인생의 간신이 되고 만다. 궁궐이나 권부에만 간신이 있는 것은 아니다. 삶에도 간신이 있는 법이다. 말하자면 삶에 구멍을 뚫고 남의 인생을 곁눈질하며 시샘하는 무리가 있다는 뜻이다. 그러니 어찌 맹자의 말을 벼슬살이에만 국한해 들어야 하겠는가? 군자는 벼슬살이를 곁눈질하지 않듯이 삶도 곁눈질하지 않는다. 내가 내 삶을 당당하게 하면 나는 저절로 의젓해지고 버젓해져 대장부의 곁에서 숨쉴 수 있다.

15

공밥을 얻어먹지 않는다

거미가 거미줄을 치고 먹이를 구하는 것은 그저 먹이를 구하는 것이 아니다. 밤이슬을 참고 견디면서 몸통에서 거미줄을 뽑아내 거미줄을 쳐야만 먹이를 얻을 수 있다. 그저 가만히 앉아서 먹이를 얻어먹으려 하면 거미도 굶어 죽을 수밖에 없다. 사람도 예외는 아니다. 거미가 거미줄을 치는 것이 정당한 것처럼 인간이 저마다 맡은 일을 정당하게 하는 것 또한 지나칠 것이 없다.

맹자도 공자처럼 천하를 두루 돌아다녔다. 유람(遊覽) 삼아 다닌 것이 아니라 이 나라, 저 나라를 돌며 왕들을 만나 폭군이 되지 말고 왕도를 걸으라고 가르치기 위해서 돌아다녔다. 맹자는 홀로 돌아다닌 것이 아니라 그를 따르는 수백 명의 사람들과 함께 돌아다녔다. 맹자가 탄 수레가 지나가면 제자들이 탄 수십 대의 수레와 걸어서 따라가는 추종자가 수백 명에 이르렀다.

어느 날 맹자의 제자였던 팽경(彭更)이 당돌한 질문을 던졌다.

"수백 명을 거느리고 이 왕에서 저 왕으로 돌아다니면서 녹을 먹는 것은 너무 지나치지 않습니까?"

팽경의 생각으로는 맹자의 출정이 주유천하(周遊天下)로 보였던 모양이다. 맹자가 풍류 삼아 이 나라, 저 나라를 떠돌며 즐기는 것으로 여겨 이런 질문을 던졌다면 팽경은 맹자의 깊은 속뜻을 헤아리지 못한 것이다. 그러나 제자에게 난감한 질문을 받은 맹자는 적절하게 응해 주었다.

"정당한 방법이 아니라면 한 그릇의 밥도 남에게 받아서는 안 된다. 그렇지 않고 정당한 방법에 의한 것이라면 순 임금이 요 임금의 천하를 받는다 해도 지나치지 않다. 그런데 자네는 내 행차를 빌미 삼아 지나치다고 하는 건가?"

일하고 먹는 것은 괜찮지만 일하지 않고 공밥만 축내서는 안 된다. 불로소득을 얻는 것은 도둑의 짓일 뿐 온당치 않은 것이므로 정당할 수가 없다. 세 치 혀로 말이나 팔아 백성이 낸 세금을 녹으로 받아먹고 사는 사람은 도둑 아니면 기생충에 불과하다. 왕을 가르쳐 왕자의 길로 인도하려는 맹자의 뜻을 종횡가의 그것쯤으로 여겨서는 안 된다. 맹자는 호랑이〔暴君〕를 잡기 위해 호랑이 굴을 찾아다녔지 자신의 부귀영달을 꾀하자고 이 왕, 저 왕을 찾아다니며 입질을 했던 것은 아니다.

맹자의 말에 팽경은 이렇게 반격했다.

"선생님의 나들이를 두고 말씀드린 것이 아닙니다. 선비가 하는 일도 없이 녹을 먹으면 안 된다는 것입니다."

이에 맹자는 다시 이렇게 타일러 주었다.

"자기가 만든 물건을 자기에게 없는 것과 바꾸어 유통하지 않는다면 농부에게는 곡식이 남을 것이고 여인에게는 천이 남아돌게 될 것이네. 그러나 만일 자네가 남는 곡식과 천을 거두어 유통한다면 목수나 수레를 만드는 사람들이 모두 자네에게서 그것들을 얻어 갈 걸세. 여기 한 사람이 있는데, 집 안에 들어가면 효성으로 어버이를 섬기고, 밖에 나가서는 어른들을 공경하고, 옛 왕의 왕도를 지키며, 그 도를 배울 후학들을 기다리고 있네. 하지만 지금 자네에게 먹을 것을 구하지 못하게 되었으니, 자네는 어찌 목수와 수레를 만드는 자는 존경할 줄 알면서 인의를 실천하는 자는 경멸하는 건가?"

맹자는 인의를 실천하며 그렇게 살아야 하는 정신과 방법을 가르쳐 주는 선생이다. 농부는 농사를 지어 곡식을 거두고, 목수나 수레를 만드는 사람들은 자신이 가지고 있는 기술을 발휘해 물건을 만든다. 선생도 먹어야 사는데, 선생이 하는 일은 물건이나 물질을 생산하는 것이 아니다. 맹자는 지금 정신의 문제를 경멸하고, 팽경에게 왜 물질의 문제를 존경하느냐고 안타깝게 묻고 있는 중이다.

그러나 팽경은 제 뜻을 굽히지 않고 다시 말을 이었다.

"목수나 수레를 만드는 자의 목적은 그들의 기술을 가지고 곡식을 얻고자 하는 것입니다. 그렇다면 군자가 정도를 실천하는 것 역시 그렇게 함으로써 먹을 것을 얻으려는 것입니까?"

이런 말을 듣고도 맹자는 제자의 좁은 소견을 팽개치지 않는다. 선생은 우둔한 제자를 꾸짖는 것이 아니라 그 우둔한 벽을 허물어 주는 데 있음을 보여 준다.

이에 맹자가 팽경에게 다시 반문했다.

"자네는 왜 목적을 앞세워 따지는가? 자네한테 해 준 일이 있으면 먹여 줄 만한 것이고, 또한 먹여 주는 것일세. 자네는 목적에 의해 먹여 주는가, 아니면 일에 의해 먹여 주는가?"

이에 팽경은 목적에 의해서 먹여 준다고 되받았다.

목적을 달성하면 대가를 주고, 달성하지 못하면 주지 않거나 깎아 버린다면 '목적만 달성하면 그만이다' 란 삿된 생각이 움트게 마련이다. 아무리 목적이 좋아도 그 목적을 달성해 가는 과정이 정도를 밟아야 한다. 그 과정이 곧 일하는 것이다. 목적에 따라 먹여 준다고 여기는 팽경은 동기는 여차하고 결과에만 매달려 사물을 보는 꼴이다. 이렇게 되면 선악을 분간하기가 어려워지고, 세상 또한 어지러워진다. 맹자는 이를 두려워했던 것이다.

"한 사람이 기왓장을 부수어 담벽에다 무엇을 그렸다. 그리고는 그 목적이 먹을 것을 얻기 위해서였다고 하면 먹여 주겠느냐?"

맹자가 팽경에게 반문하자 팽경은 먹여 줄 수 없다고 대답했다. 이 같은 팽경의 대답을 듣고 맹자는 다음과 같은 결론을 내려주었다.

"그렇다면 자네는 목적에 따라 먹여 주는 것이 아니라 해 놓은 일에 따라 먹여 주는 것일세."

선비는 마음을 써서 일하고 농부는 몸을 써서 일한다. 정신 노동도 있고 육체 노동도 있다. 어떤 노동이든 살기 위해서 하는 것이지 돈을 벌기 위해서 하는 것은 아니다. 일하는 것이 목적이 아니라 살기 위한 것이 목적이며, 삶이란 결국 목적을 위해 일하는 것이다. 그렇다면 어떻게 살아야 하느냐에 대한 문제가 있어야 다른 모든 일들이 제자리를 잡는다. 맹자는 사람이 사람으로서 살아가야 할 방법을 터 주려고 동분서주한 것이지, 풍류 삼아 소

일거리로 이 나라, 저 나라를 찾아다니며 왕을 만난 것이 아니다.

팽경은 선생의 말씀을 듣고 분명 뉘우쳤을 것이다. 그래도 팽경이 뉘우치지 못하고 선생을 따라다녔다면 그는 맹자 밑에서 공밥만 축내는 자에 불과했을 것이다.

맹자는 왜 자신이 당당하게 왕들에게 물질적인 도움을 받는지를 팽경을 통해 설파한 셈이다. 기술자는 자신의 노력으로 먹고 살고, 녹(祿)은 현자를 기른다. 왕이 맹자에게 녹을 주는 것은 사람을 가르쳐 사람이 되는 길을 터 주는 까닭이다. 나아가 맹자는 왕을 가르쳐 백성을 올바르게 다스리는 방법을 터 주기 때문에 응분의 녹으로 대접을 받는 것이다. 놀고 먹는 선비를 어느 누가 먹여 줄 것인가?

인생은 놀이가 아니다. 인생은 곧 일하는 것이다. 저마다 맡은 일을 해서 나름의 인생을 열고 닦는다. 매달 받는 월급 때문에 일터에 나간다고 여기는 사람은 인생의 참뜻을 알기 어렵다. 천하에 아무 일도 하지 않고 사는 목숨은 없다. 그러나 모든 일이 목숨을 위하는 것은 아니다. 목숨을 위하는 일도 있고 해치는 일도 있다. 목숨을 위하는 일이라면 그것이 곧 선이요, 목숨을 해치는 일이라면 그것이 곧 악이다. 선하게 태어난 인간이 악해지는 것을 두려워했던 맹자는 모든 인간을 선한 일터로 나아가게 하려고 인의를 가르쳐 사람이 사람답게 살게 하려고 했다.

무엇보다 맹자는 왕을 왕자로 만들어야 했다. 이것이 맹자의 뜻이었고, 그 뜻을 이루려는 것이 맹자의 목적이었다. 목적은 이루어질 수도 있고 이루어지지 않을 수도 있다. 다만 목적을 이루기 위해 일하는 과정이 선하다면 그것만큼 더 귀한 것은 없다. 맹자는 인을 닦고 의를 널리 펴기 위해 평생을 바쳤다. 그러나 맹자의 가르침을 받아 성군이 된 왕은 찾아보기 어렵다. 그렇다고 맹자의 잘못은 아니다. 맹자가 터 준 인의의 길을 걷는 것은 맹자의 몫이 아니라 우리 모두의 몫이다.

성군의 나라가 폭군의 나라를 이긴다

춘추 시대 때 송 나라의 왕 언(偃)이 왕도를 실천한다는 말을 듣고 맹자가 송 나라로 찾아갔다. 그 당시 송은 작은 나라로, 주변에는 제 나라와 초 나라가 있었다. 제와 초는 큰 나라였다. 국력으로만 따지자면 큰 나라가 작은 나라보다 당연히 강할 것이다. 그러나 백성과 왕의 관례가 인의로 뭉쳐 있다면 아무리 작은 나라라 해도 큰 나라보다 더 강할 수 있다는 것을 맹자는 알았다.

어느 날 맹자의 제자 만장(萬章)이 선생에게 자신이 걱정하는 바를 아뢰었다.

"송 나라는 작은 나라입니다. 지금 송 나라가 왕도를 베푸는 것을 제 나라와 초 나라가 싫어해 송 나라를 토벌하면 어떻게 합니까?"

이에 맹자는 탕 왕의 고사를 들어 제자의 걱정을 풀어 주었다.

은 나라를 개국한 탕(湯)은 미약한 제후 시절에 박(亳)이란 고을에 도읍을 두고 있었다. 탕은 갈 나라와 이웃하고 있었는데, 갈 왕은 방종을 일삼고 조상께 제사를 올리지 않았다. 탕이 어느 날 사람을 시켜 왜 그렇게 하느냐고 물으니 제사에 쓸 가축이 없어서 그랬노라고 했다. 이에 탕 왕은 사람을 시켜 소와 양을 보내 주었다. 그러나 갈 왕은 그것을 먹어 치우고 제사를 지내지 않았다.

다시 탕 왕이 사람을 보내 왜 그렇게 했느냐고 물었다. 그러자 이번에는 제사에 쓸 곡식이 없어서 그렇게 했노라고 했다. 이 말을 들은 탕 왕은 박 고을의 백성을 시켜 갈 왕을 위해 농사를 짓게 하고 늙고 병든 자들에게 먹을 것을 전해 주게 하였다. 그러나 갈 왕은 갈 나라 백성을 거느리고 나와 술을 빼앗아 마시고 밥을 빼앗아 먹고 수수와 쌀을 가진 자를 불러들여 빼앗고, 주지 않는 자가 있으면 죽이기까지 했다. 한 어린아이가 수수와 고기를 날라다 주자, 그 아이를 죽이고 가져간 것을 빼앗기까지 했다.

갈 나라 왕 갈백(葛伯)이 어린아이마저 죽였다는 소문을 들은 탕 왕은 갈백을 토벌했다. 그러자 온 사방의 백성들이 탕 왕의 토벌을 두고 이렇게 칭송했다.

"천하의 재물을 차지하려는 것이 아니라 백성을 위해 원수를 갚은 것이다."

맹자는 이와 같은 탕 왕의 고사를 만장에게 들려준 다음《시경》에 있는 '갈백은 먹을 것을 날라 간 사람과 원수가 되었다'는 시구를 들어 그 고사의 근거를 밝혀 주었다. 그리고는 '탕 왕은 갈 나라 정벌을 시작으로 열한 차례에 걸쳐 정벌을 감행했지만 천하에 그를 대적할 상대가 없었다'고 만장에게 확신시켜 주었다.

패도는 무력으로 천하를 통일할 수 있다고 믿는다. 그러나 왕도는 그러한 패도의 믿음을 파멸시킨다. 왕도는 백성을 위해 천하를 다스리고, 패도는 왕을 위해 천하를 전쟁터로 삼는다. 패도는 백성을 두렵게 하여 종처럼 부리지만 왕도는 백성을 편안하게 살도록 하기 때문에 백성이 천하에서 가장 강력한 성곽이 된다.

궁궐이 썩고 관리가 썩은 나라는 패도의 나라에 불과하다. 왕도의 나라에서는 부정부패가 절대 용납될 수 없다. 부정부패는 백성을 굶게 하는 병균이며, 백성의 것을 빼앗는 도둑에 불과하다. 권력의 무리는 살지고 백성은 굶주린다면 아무리 큰 나라라 해도 결국엔 망하고 만다. 탕 왕의 고사는 바로 이러한 천하의 지혜를 살펴 듣게 한다.

한 나라의 힘은 어디에 있는가? 국토에 있는 것도 아니고 군대의 무력에 있는 것도 아니다. 나아가 권력을 잡은 자의 손안에 있는 것도 아니다. 그것은 오로지 백성에게 있을 뿐이다. 탕 왕은 이러한 진실을 알았고, 갈 왕은 그것을 몰랐다. 인생의 흥망도 이와 같다.

아첨보다 괴로운 것은 없다

참말을 하면 마음이 편하고 거짓말을 하면 마음이 불안하다. 참말은 거침없이 나오지만 꾸며낸 말은 이것저것 살펴 말해야 하기 때문에 진땀을 뺀다. 숨기거나 감출 것이 있으면 비굴해져 도둑이 남의 집 안을 살피듯 곁눈질을 해야 한다. 그러니 몰골이 초라할 수밖에 없다. 어긋나면 덧나게 마련이다. 무례하면 뻔뻔스럽고 경망스러우면 거칠어진다. 이처럼 삶을 영위하기 위해서는 돌다리도 두드려 본 다음에 건너가야 한다. 몸조심을 한다는 것은 단순히 몸집을 소중하게 간직한다는 뜻에만 그치는 것이 아니라 마음 씀씀이가 어긋나거나 지나치지 말아야 한다는 의미까지 포함한다.

'예를 지켜라.' 이 말은 마음의 씀씀이를 진실되게 하라 함이다. 마음이 진실한 것을 두고 성(誠)이라 한다. 성은 선 앞에 진실하므로 충(忠)을 버리지 않게 한다. 충은 남에게 선을 가르치는 것이라고 맹자가 밝히지 않았던가.

공손추가 맹자께 물었다.

“제후를 만나시지 않는 것은 무슨 연유입니까?”

“옛날에는 그 신하가 되지 않으면 왕을 찾아가서 만나지 않았다. 단간목(段干木)은 담을 넘어 피했고, 설유(泄柳)는 문을 닫아 피했다지만 그런 짓들은 너무 심하다. 어쩔 수 없다면 만나 볼 일이다.”

진 나라 사람 단간목은 벼슬살이를 그만두고 자신의 절개를 지킨다며 왕이 문 앞까지 찾아왔으나 피해 버렸고, 노 나라의 현자 설유는 왕이 그의 집 앞까지 찾아왔지만 문을 닫아걸고 만나 주지 않았다. 맹자는 이러한 처사가 너무 심하다고 보고 있다. 왕이 찾아온 이상 만나야 하는 것이 도리라고 밝히고 있는 셈이다. 그러나 왕이 아무리 부른들 할 일 없이 왕을 찾아갈 필요는 없다는 것 또한 공손추에게 밝혀 주고 있다.

그러면서 맹자는 공손추에게 증자의 다음 말을 들려주었다.

“어깨를 올리고 아첨하며 웃는 꼴은 여름에 밭일을 하는 것보다 더 힘들다.”

또한 맹자는 자로(子路)의 말도 인용해 들려주었다.

“서로 생각이 다른 사람들이 말하는 얼굴빛을 보면 빨개져 있는데, 그런 짓은 내가 할 줄 아는 일이 아니다.”

그러면서 맹자는 공손추에게 군자가 할 일이 무엇인가를 살펴 두게 하려고 다시 말을 잇는다.

“이런 말씀들을 통해 보면 군자가 기르는 것이 무엇인가를 알게 될 것이다.”

아첨은 거짓이다. 마음에 없는 말을 지어내 입 밖에 내어 상대를 듣기 좋게 하는 것이 아첨이다. 아첨은 삿된 짓이다. 마음에 사악함이 없다면 아첨은 생겨나지 않는다. 아첨하는 것은 삼복 불볕 아래서 밭을 매는 일처럼 힘든 짓이다. 왜 이렇게 힘든 짓을 하는가? 말할 수 없는 꿍꿍이속이 있는 까닭이다. 야합하고 담합해 나는 이득을 보고 남은 손해를 보게 하려는 음모가 있으면 아첨이 생겨난다. 군자는 그런 짓을 할 수 없다.

별일 없이 왕을 만나 아첨을 하고 비위를 맞추어 벼슬자리를 얻는다 한들 무슨 소용이 있단 말인가? 맹자는 이러한 점을 살펴 들어 두게 한다. 맹자가 왕을 찾아가 만나지 않는 것은 분명 그 왕이 왕도에 뜻이 없던 까닭이었을 것이다. 그러함에도 공손추가 맹자에게 왜 왕을 찾아뵙지 않느냐고 묻자 증자와 자로의 말을 인용해 그 속뜻을 살펴 주었던 것이다.

남에게 잘 보이려고 노력할 것도 없고 남에게 밉보일까 봐 잔꾀를 부릴 것도 없다. 선하면 하고 악하면 하지 않는 것이 군자의 길이다. 소심해서 그렇게 하는 것도 아니고 오만해서 그렇게 하는 것도 아니다. 공자께서 무례한 것을 싫어했듯이 맹자 역시 무례함을 싫어했던 것이다.

어깨를 올리고 아첨하며 웃는 꼴은 여름에 밭일을 하는 것보다 더 힘들다[脅肩諂笑病于夏畦].
견(肩)은 '어깨' 를 말한다.
첨(諂)은 '아첨' 을 뜻한다.
휴(畦)는 '밭 매는 일' 을 말한다.

옳지 못한 것은 당장 버려라

도움이 되는 일은 빨리 할수록 좋다. 그러나 해로운 일은 빨리 거두어 치울수록 좋다. 어떤 일이 도움이 되고 어떤 일이 해가 되는지를 살펴, 돕는 일이면 결행하고 해가 되는 일이면 폐기하는 것이 현명함이다. 현명한 사람은 철저하게 이해하고 판단해 미루지 않는다.

성현은 천하의 사물에 대해 누구보다 이해가 빠르고 판단이 분명하다. 성현은 범인(凡人)이 보지 못하는 진실을 밝혀 내고, 현명해질 수 있는 방법을 가르쳐 주는 선생이다.

무엇을 이해한다는 것은 그 무엇을 따져 살펴보는 과정이다. 그 과정에서 그 무엇이 안고 있는 선악을 만나게 된다. 선을 취하고 악을 버리기 위해서는 마음의 결단을 내려야 한다. 그러한 결단이 곧 판단이다. 명료한 판단은 이성(理性)을 빛나게 한다. 그 빛에 따라 삶의 걸음걸이를 정할 때 삶은 현명하게 숨결을 잡는다. 욕망을 이성의 도마 위에 올려놓고 요리할 수 있다면 누구나 현명해질 수 있다.

우둔한 자를 현명하게 변화시키는 맹자의 요리 솜씨는 천하일품이다. 요리를 함에 있어서도 어렵게 하는 것이 아니라 아주 쉽게 하며, 그 어떤 요리보다 맛깔스럽고 살이 되게 한다. 우둔한 자를 현명한 자로 변화시키는 맹자의 이성은 조미료를 사용하지 않는다.

송 나라에 대영지(戴盈之)라는 대부가 있었다. 대부는 한 고을을 책임지고 다스리는 도백에 해당하는 벼슬이다. 그가 맹자를 찾아와 물었다.

"금년에는 십일조를 실시하고 통관세와 시세(市稅) 폐지를 시행할 수 없어 거두어들이는 세금을 경감하여 내년까지 기다려 본 다음 통관세와 시세를 폐지하려고 하는데 어떻겠습니까?"

대영지의 말을 들은 맹자는 이렇게 판결해 주었다.

"한 사람이 있는데, 그자가 매일 옆집의 닭을 훔쳐먹었답니다. 한 사람이 그자에게 '그런 짓은 군자가 할 일이 아니오' 라고 했더니 그자가 '그럼 그 수를 줄여서 한 달에 한 마리씩만 훔치고 내년까지 기다린 뒤에 그만둡시다' 라고 했답니다. 그 짓이 옳지 않다는 것을 알았다면 당장 그만둘 일이지 왜 내년까지 기다린단 말이오?"

생쥐가 꿀맛을 알면 꿀단지에 빠져 죽는 법이다. 매일같이 꿀을 훔쳐먹다 보면 꿀의 양이 줄어들고, 그러면 그만큼 꿀단지의 깊이는 깊어지게 마련이다. 생쥐는 제 주둥이에 꿀이 닿지 않는 것을 알고 꿀단지 속으로 머리를 내려 꿀을 훔치려다 결국 꿀 속에 빠져 죽고 만다는 것이다. 그렇게 죽지 않으려면 꿀단지를 떠나야 한다. 대영지에게는 백성의 세금이 꿀맛 같았을 것이다. 맹자는 대영지의 그런 속셈을 닭을 훔쳐먹는 자에 비유해 신랄하게 밝혀 준 것이다.

바로 여기서 맹자가 역설하는 인정(仁政)이 무엇인지 여실히 드러난다. 인정이란 무엇인가? 그것은 백성을 위한 정치이다. 학정(虐政)이란 무엇인가? 백성을 부려먹고 후리는 정치이다.

인정은 세금을 백성에게 빌린 것〔助〕으로 단정한다. 개인이 할 수 없는 일들을 대신해 주기 위해 백성에게 빌린 것이라고 여긴다. 그러나 학정은 세금을 백성에게 빼앗은 것〔征〕쯤으로 여기고 권력 집단의 이해에 따라 착복하기도 하고 분배하기도 한다.

대영지가 맹자의 말을 따랐다면 인정의 길을 밟았을 것이고, 따르지 않았다면 고을 백성을 이끌고 학정의 늪으로 빠져들었을 것이다. 맹자는 왜 대영지에게 매일 한 마리씩 닭을 훔쳐먹다가 앞으로는 한 달에 한 마리씩만 훔쳐먹겠다고 하는 자의 이야기를 들려주었을까? 실은 대영지야말로 바로 그와 같은 대부가 아니냐고 비꼬아 준 셈이다. 단호한 맹자의 말은 변명의 여지를 남기지 않는다. 불문곡직(不問曲直)하고 당장 인정을 베풀어라. 이것이 맹자의 말이다.

19

시대정신은 어떤 것이어야 하나

맹자의 제자였던 공도자(公都子)가 물었다.

"세상 사람들이 모두 선생께서는 논쟁을 좋아하신다고 합니다. 왜 그러는 것인지 감히 여쭈어 보고 싶습니다."

"내 어찌 논쟁하기를 좋아하겠는가? 나는 다만 어쩔 수 없어서 그러는 것일세."

맹자는 이렇게 말한 다음 그 어쩔 수 없는 연유를 설파했다. 그 내용은 장엄하면서도 처절하다.

"천하에 사람이 생겨난 지는 오래되었다. 세상은 한 번은 다스려졌다가 한 번은 혼란해지는 과정을 되풀이해 왔다."

이것이 맹자의 세계관이요, 시대정신이다. 사람이 잘살 수 있도록 다스려지는 세상이 치세(治世)요, 사람이 잘살 수 없는 세상이 난세(亂世)이다. 난세는 재앙의 시대이다. 그 재앙을 없애지 않으면 사람은 편히 살 수 없다. 맹자는 치세를 위해 논쟁을 해야 했다.

"요 왕 때는 물이 역행하여 중국 땅에 물이 범람해서 용과 뱀이 사람이 사는 곳까지 우글거렸고, 백성들은 경작할 곳이 없었으며, 아래쪽 사람들은 나무 위에 둥지를 틀었고 위쪽에 사는 사람들은 굴을 팠다. 《시경》에 '홍수(洚水)가 나의 경각심을 불러일으킨다' 고 했다. 홍수(洚水)는 홍수(洪水)이다. 요 임금은 우(禹)를 시켜서 물을 다스리게 했다. 우는 땅을 파서 물을 바다로 뽑았고 뱀을 몰아 풀이 있는 늪으로 쫓아냈다. 물이 양 언덕 안에서 흘러가게 되었으니 장강, 회수, 황하, 한수가 그것이다. 험한 데서 멀리 소개시켰고 새와 짐승이 사람을 해치는 일이 없어진 뒤에 사람들이 평탄한 땅을 얻어서 살게 되었다."

맹자는 이처럼 어떻게 하여 요 임금이 재앙을 다스려 사람이 편히 살 수 있는 세상으로 바꾸었는지를 말해 주었다.

"요 왕, 순 왕은 돌아가시고 성인의 도는 쇠약해지고 미미해져서 포악한 왕이 연이어 일어나게 되었다. 집을 허물고 연못을 만들어 백성이 편히 살 곳이 없어졌고, 밭을 치우고 사냥터〔園〕를 만들어 백성들이 입고 먹는 것을 얻지 못하게 하였으며, 삿된 주장과 폭행이 일어나게 되었고, 주(紂)의 시대에 이르러 천하가 다시 혼란해졌다."

이렇게 맹자는 폭군의 등장으로 인간의 재앙이 세상을 엄습한 탓에 백성이 살 곳을 잃게 되었음을 밝혔다.

"주공이 무 왕과 더불어 폭군 주를 죽이고, 삼 년에 걸쳐 엄(奄)나라를 토벌하여 엄 나라 왕을 죽이고, 비렴(飛廉)을 바닷가로 몰아가 죽였다. 멸망시킨 나라가 오십 개에 이르렀고, 호랑이와 표범과 코끼리 등의 짐승을 멀리 쫓았다. 그러자 온 천하가 크게 기뻐했다."

이렇게 맹자는 성군이 나타나 폭군이 지어 놓은 인간의 재앙과 자연의 재앙을 동시에 물리쳐 난세를 치세로 개혁했음을 밝혔다.

은 나라의 마지막 왕이었던 주는 폭군의 대명사이고, 그에게 붙어서 간사한 짓을 했던 비렴은 간신의 표본이다. 그리고 폭군을 징벌하기는커녕 옆에서 조장한 엄 나라는 포악하고 무례한 나라의 표본이다. 주 같은 폭군, 비렴 같은 간신, 엄 나라 같은 포악한 나라야말로 난세의 원흉이다. 맹자는 이러한 원흉을 말살한 주 나라의 무 왕을 치세를 이루어 낸 성군으로 찬양했다.

맹자는《서경》의 말을 인용해 난세를 치세로 개혁한 무 왕의 업적을 찬미하였다.

"크게 뚜렷하도다〔丕顯哉〕! 문 왕의 책모는〔文王謨〕 크게 계승했도다〔丕承哉〕! 무 왕의 빛나는 위업은〔武王烈〕 우리 후손을 위해 살길을 열어 주어〔佑啓我後人〕 모두가 정도로 살게 하고 결함이 없게 해 주었도다〔咸以正無缺〕."

한 번 치세가 이루어져 사람들이 편안하게 살던 시대 다음에는 난세가 빚어져 사람들이 못살게 된다. 이것이 바로 맹자가 확인했던 정치적 세계관이었던 것이다.

공자가 살던 시대는 춘추 시대였고 맹가 살았던 시대는 전국 시대였다. 춘추 전국 시대는 모두 난세였으니 공자와 맹자는 모두 난세를 지냈던 성현들이다. 도가의 성현인 노자와 장자는 난세라는 현실을 피해 갔지만, 유가의 성현인 공자와 맹자는 그런 현실을 정공법으로 부딪쳐 치세로 바꿔 보려고 했다.

맹자는 춘추 전국 시대를 이렇게 설파했다.

"치세의 세상이 쇠약해지고 정도가 미미해져 그릇된 주장과 폭행이 다시 일어나게 되었다. 신하로서 제 왕을 죽이는 자가 생겨났고, 자식으로서 제 아비를 죽이는 자가 생겨났다."

"공자께서는 이를 두려워해 《춘추(春秋)》라는 책을 지으셨다. 춘추는 천자의 일을 다룬 책이다. 그렇기 때문에 공자께서는 이렇게 밝혀 두셨다. '나를 이해하는 것도 오직 춘추를 통해서이고 나를 조여 주는 것도 오직 춘추를 통해서일 것이다.'"

"성군은 나오지 않고 제후는 방자하다. 지도급 인사들은 저마다 자기 주장을 앞세우고 양주와 묵적의 언론이 세상을 휩쓸어 천하의 언론은 양주 아니면 묵적의 언론으로 돌아간다."

"양(楊) 씨는 오로지 자기 자신을 위해서만 살자고 한다. 그런 주장은 제 왕을 무시하는 것이다. 묵(墨)씨는 차별 없이 사랑하자고 한다. 그것은 제 부모를 무시하는 것이다. 제 부모와 왕을 무시하는 사람은 새나 짐승과 다를 것이 없다. '푸줏간에는 먹음직한 고기가 있고 마구간에는 살진 말이 있는데도, 백성은 굶주린 기색을 띠고 들에는 굶어 죽은 시체가 있다면 그것은 짐승을 몰아다가 사람을 잡아먹게 하는 것이다' 라고 공명의(公明儀)는 말했다."

"양주와 묵적의 도는 없어지지 않고 공자의 도는 드러나지 않으니, 그것은 그릇된 주장들이 백성을 속이는 것이고, 인의를 꽉 틀어막아 버리는 짓이다. 인의를 틀어막아 버리는 것은 짐승을 몰아다 사람을 잡아먹게 하는 짓이고 사람이 사람을 서로 잡아먹게 하는 짓이다."

"나는 이를 두려워하여 돌아가신 성인들의 도를 지키고, 양주와 묵적을 막고, 방자한 말들을 몰아내고, 그릇된 주장을 펴는 자가 나오지 못하게 하려는 것이다. 마음에 그릇된 주장이 생기면 인에 해롭고, 일에 작용하면 정치에 해로워진다. 성인이 다시 태어난다 하더라도 내가 하는 말을 고치지 않을 것이다."

"옛날에 우는 홍수를 막아서 천하를 화평하게 했고, 주공은 야만인들을 달래고 맹수를 몰아내 백성을 편안하게 했으며, 공자께서는 춘추를 완성하여 난신(亂臣)과 적자(賊子)를 두렵게 했다. 제 부모를 무시하고 제 왕을 무시하는 자야말로 주공의 징벌 대상이었다. 나도 사람의 마음을 바로잡고, 사설을 없애고, 치우친 행동을 막고, 방자한 말들을 몰아내 세 분의 성현을 계승하려고 한다. 내 어찌 논쟁하기를 좋아하겠느냐? 나는 다만 어쩔 수 없어서 그러는 것일 뿐이다. 말로 양주와 묵적을 막아낼 수 있는 사람은 성인을 따르는 무리일 것이다."

맹자는 왜 자신이 논쟁을 벌여 시비를 가리고 지독한 난세를 치세로 개혁하기 위해 논쟁을 멈출 수 없는가를 이와 같이 공도자에게 설파했다. 맹자의 말은 자기 변명이 아니다. 어느 시대, 어떤 난세에도 들어맞는 난세의 진단이며 세상을 다스리기 위한 처방이다.

제 왕을 무시한다는 맹자의 말을 어떻게 들어야 할까? 왕을 무시하는 자는 분명 백성도 무시할 것이다. 폭군과 독재자는 다 같은 무리들이다. 독재 정치가 곧 난세의 주인공이다. 맹자는 백성이 난세의 주인공에게 짓밟히는 세상을 타파하고자 했으니, 그는 대장부의 뜻을 폈던 것이다.

지금 우리가 살고 있는 이 세상도 난세이다. 왕의 시대는 사라졌지만 폭군의 근성은 여전히 살아남아서 백성을 아프게 하고 또 세상을 암담하게 한다. 인의가 깡그리 무시되고 재물이 막강한 힘을 발휘하여 오로지 경쟁하고 싸우고 이기려는 기질로 사람이 병들어 가고 있다. 이보다 더한 난세는 없을 것이다. 재물이 사람을 죽이고 사람이 사람을 죽이는 일들이 날마다 반복되고 있는 이 시대의 난세를 어떻게 막아내고 뿌리쳐야 할 것인가? 맹자가 제시한 처방이 가장 틀림없는 길이다.

주방에는 살진 고기가 있고 마구간에는 살진 말이 있는데도, 백성은 굶주린 기색을 띠고 들에는 굶어 죽은 시체가 있다면 그것은 짐승을 몰아다가 사람을 잡아먹게 하는 것이다 [庖有肥肉 廐有肥馬 民有飢色 野有餓莩 此率獸而食人也].

포(庖)는 '부엌' 이란 뜻이다.
구(廐)는 '마구간' 이다.
기아(飢餓)는 '굶주린다' 는 뜻이다.
표(莩)는 '시체' 이다.

인의가 꽉 막히면 짐승을 몰아다 사람을 잡아먹게 하는 것이며, 사람이 사람을 잡아먹게 하는 것이다 [仁義充塞 則率獸食人 人將相食].

색(塞)은 '막히다' 라는 뜻이다.
솔(率)은 '몰아 모으다' 라는 뜻이다.

사악한 주장이 마음에 미치면 인을 해롭게 하고 일에 작용하면 다스리는 일을 해롭게 한다 [邪說者作於其心 害於其仁 作於其事 害於其政].

사(邪)는 '사악한 것' 을 말한다.

나는 인간의 마음을 바르게 하고 싶고, 사설을 없애고, 치우쳐 비뚤어진 행동을 막고, 방자한 말들을 몰아내고 싶다 [我欲正人心 息邪說 距

詖行 放淫辭].

식(息)은 '멈추게 하다' 는 뜻이다.

거(距)는 '못하게 막다' 는 뜻이다.

피행(詖行)은 '지나쳐 모가 나고 비뚤어진 행동' 을 말한다.

방(放)은 '몰아내다' 는 뜻이다.

음사(淫辭)는 '음탕하고 방자한 말' 을 뜻한다.

너는 백이냐, 도척이냐

제 나라 사람 광장(匡章)은 위 왕(威王)과 선 왕 2대에 걸쳐 무공을 세웠다. 진 나라의 대병을 물리쳤고, 연 나라를 토벌하여 승리를 거두었다. 그런 광장이었으니 아마도 그는 힘〔力〕을 믿었을 것이다. 힘은 남을 정복하려고 한다. 맹자는 그러한 힘을 패도의 앞잡이쯤으로 여길 뿐이다.

무력으로 무공을 세운 광장이 맹자를 만나 제 나라의 진중자(陳仲子)를 예찬했다.

"진중자야말로 어찌 청렴한 인물이 아니겠습니까? 오룡에 살면서 사흘 동안 먹지 않아 귀가 먹고 눈이 보이지 않았다는 것입니다. 우물 위쪽 오얏나무에서 오얏 열매가 떨어져 굼벵이가 파먹은 것이 태반이었습니다. 그가 기어가 그것들을 집어먹어 세 번을 삼킨 뒤에야 귀가 들리고 눈이 보였다니 말입니다."

진중자는 청렴 결백을 앞세워 장백산 깊은 산속에 들어가 숨어 살았다는 은둔자다. 맹자는 이러한 은둔자를 두고 청렴한 인간의 본보기로 삼는 광장에게 이렇게 응해 주었다.

"나 역시 제 나라의 인물 가운데 진중자를 엄지손가락에 해당하는 사람으로 꼽지요. 그렇다 해도 어찌 진중자를 청렴한 인물이라 하겠소. 중자의 절조를 충족시키자면 지렁이가 된 뒤에야 가능한 게지요. 지렁이는 위로는 마른 흙을 먹고 아래로는 흐린 물을 먹지요. 중자가 산 집은 백이가 지었던가요, 도척이 지었던가요? 그가 먹은 곡식은 백이가 심은 것인가요, 도척이 심은 것인가요? 그것은 알 수 없는 노릇이외다."

불의를 보고 피하는 것이 아니라 그 불의를 없애려고 할 때 청렴할 수 있는 법이다. 굼벵이처럼 게으름을 피우면서 세상이 썩었다고 은둔한 인물을 두고 청렴하다고 할 수는 없다는 것이 맹자의 생각이다. 오히려 지렁이처럼 마른 흙을 먹어 촉촉하게 해주고 흐린 물을 먹어 맑게 해 주어야 청렴한 것이라는 맹자의 말은 많은 것을 생각하게 한다.

맹자는 왜 진중자를 으뜸가는 인물이라고 여기면서도 청렴한 인물과는 거리가 멀다고 했을까? 마른 흙을 먹지 않고 피하고, 흐린 물을 먹지 않고 피해 은둔 생활을 하는 진중자의 태도 때문이었으리라.

마른 흙은 불인(不仁)으로, 흐린 물은 불의(不義)로, 지렁이는 더럽고 추한 것을 맑고 깨끗한 것으로 바꾸는 대상으로 받아들이면 될 것이다. 그러나 진중자는 더럽다고 피하고, 추하다고 멀리했으니 그것이 바로 소극적이고 비겁한 태도인 것이다.

홀로 고고한 척하지 마라. 도둑의 무리가 있으면 그 무리를 청소하려는 생각과 행동이 있어야 하고, 쓰레기가 있으면 비로 쓸어 내고 걸레로 훔쳐내야 깨끗해질 것이 아닌가? 세상을 하나의 방이라고 가정했을 때 더러운 방을 쓸어 낸 백이(伯夷)는 청렴한 은둔자요, 도척(盜跖)은 도둑의 표본이다.

"진중자가 살던 집과 그가 먹은 곡식은 백이의 것인가, 아니면 도척의 것인가?"

이렇게 질문한 맹자의 마음은 단호하다. 진중자의 집안은 제 나라에서 떵떵거리던 권문세도가가 아니냐는 반문이 맹자의 질문 속에 숨어 있음이다.

맹자의 말을 듣고 광장이 반문했다.

"그런 것들이 무슨 문제가 됩니까? 그 사람은 몸소 신을 삼아 신었고, 그의 처는 몸소 길쌈을 해서 바꿔다 먹고 산답니다."

이에 맹자는 진중자의 집에서 있었던 일을 말해 주었다.

"진중자는 제 나라에서 대대로 큰 벼슬을 한 집안의 사람이지요. 그의 형에 이르러서는 받는 녹이 만 종이나 되었지요. 허나 진중자는 형의 녹이 의롭지 않다 하여 그것을 먹지 않고, 형의 집이 의롭지 않다 하여 그곳에서 살지 않고, 오릉(於陵)에서 살았다지요. 훗날 그가 집으로 돌아갔을 때 그의 형에게 산 거위를 선사한 사람이 있었다고 합니다. 그는 꽥꽥거리는 거위를 보고 이맛살을 찌푸리며 이 따위를 무엇에 쓰자는 거냐고 말했다 합니다. 며칠 후 그의 어머니는 거위를 잡아 그에게 먹게 하였다고 하오. 그의 형이 밖에서 들어와 네가 먹은 그 고기가 며칠 전에 꽥꽥거리던 그 거위였다고 하자 그는 밖으로 나가 먹은 것을 토해 버렸다고 합니다. 모친이 주면 먹지 않고 아내가 주면 먹고, 형의 집이면 살지 않고 오릉이면 사니 그런 식으로 어찌 청렴의 원칙을 충족시킨단 말이오? 중자 같은 인간은 지렁이가 된 뒤에야 청렴의 절조를 충족시키는 거요."

모친이 준 것은 토하고, 아내가 주는 것은 먹고, 형의 집이면 살지 않고 오릉에서 숨어산다고 해서 청렴하단 말인가. 청렴하기 전에 먼저 인간의 도리를 잊지 말아야 한다. 어머니의 마음을 아프게 하고 형을 무시하고 저 홀로 청렴하다고 하는 것은 오기요, 과시일 뿐이다.

고고한 학이 되지 말고 더럽고 추한 것을 청소하는 지렁이가 되라. 권문세도에 붙어 있는 불인의 마른 흙을 먹어 치우고, 불의의 흐린 물을 먹어 치우는 지렁이가 되라. 세상이 썩었다고 투덜대고 빈둥거리며 게으름을 피우면서 불평과 불만을 늘어놓는 무리가 있다면 그 또한 세상에 붙어사는 무리에 불과할 뿐이다.

더러우면 비를 들어라. 더러우면 걸레질을 하라. 악하다고 힐난할 것이 아니라 선을 가르쳐 선한 인간이 되게 하라. 인의를 실천하기 위하여 일을 하지 않는다면 아무리 청렴하다 한들 무슨 소용이 있으랴. 이것이 유가의 현실 참여관이다. 이 얼마나 적극적인 행동인가.

냉소주의자를 두고 청렴하다 하지 마라. 물이 더러우면 맑게 해야 하고 흙이 썩었으면 흙을 살려야 한다. 그러나 이러한 일을 하기 전에 사람이라면 먼저 사람의 도리를 다해야 한다. 그 도리를 인륜이라고 한다. 진중자처럼 어머니가 해 준 음식을 토한다고 해서 청렴한 것은 아니다. 형을 무시하고 고고한 척한다고 해서 청렴한 것은 아니다.

진중자가 현실 속에서 불인을 제거하고, 불의를 제거하면서 부모를 섬기고, 형이 더러운 것에 물들지 않게 받들었다면 맹자는 진중자를 청렴한 인물로 인정했을 것이다. 그러나 지렁이 같은 구실을 마다하고 청렴 그 자체만 읊었던 진중자를 청렴한 인물이라고 치하해서 무슨 소용이 있단 말인가?